한국어
동사, 형용사
활용 길잡이

어간 편

한국어문화연구소 총서 9

한국어 동사, 형용사 활용 길잡이

어간 편

이홍식 | 강지연 | 양지선 | 이다빈 | 홍소영 지음

한국어에서는 동사나 형용사와 같은 용언이 다양한 어미의 결합형으로 나타난다. 한국어를 배운다는 것은 한국어 용언의 활용을 이해하고, 그 활용형을 필요에 맞게 산출하는 법을 배우는 것도 포함할 것이다. 그런데 한국어 활용의 양상을 규칙화해서 제시한 책은 많지 않으며, 이를 일목요연하게 제시한 책도 드문 형편이다. 이러한 현실을 감안하여 한국어 활용 규칙의 측면과 활용형의 목록화라는 측면을 모두 만족할 수 있는 책을 만들고자 하였다.

한국어에서 용언 어간은 어간의 끝에 오는 소리에 따라 활용의 양상이 달라진다. 그뿐만 아니라 결합하는 어미의 음운론적인 특징도 활용의 다양한 양상을 만들어 낸다. 어간의 음운론적 특징과 어미의 음운론적 특징을 기준으로 하여 활용 양상을 기술하면 한국어를 배우는 학습자나 한국어 활용에 관심이 있는 사람들에게 도움을 줄 수 있을 것이다. 이 책은 100여 개의 용언을 어간의 음운론적 특징에 따라 나누고, 그 어간 각각이 어떤 어미들과 결합하는지를 표의 형식으로 만들어 제시하였다. 각각의 용언 어간이 결합할 수 있는 어미의 수는 매우 많다. 모든 어미를 다 제시하는 것은 분량의 문제뿐만 아니라 잉여성의 문제를 안고 있어서 한국어 학습의

초급과 중급 단계에서 제시되는 어미들을 골라 용언 어간과의 결합 양상을 정리하였다.

　용언 어간은 크게 자음으로 끝나는 어간과 모음으로 끝나는 어간으로 나누었다. 자음으로 끝나는 어간은 어떤 자음으로 끝나는지에 따라 다시 나누어서 제시하였다. 같은 자음으로 끝나더라도 모음조화에 따라 활용 양상이 달라질 수 있으므로, 끝음절의 모음에 따라 용언을 다시 나누어 제시하였다. 용언 어간의 활용이 규칙인 것과 불규칙인 것 역시 구별하여 별도의 표제어로 제시하였다.

　어미들 역시 음운론적인 조건에 따라 구별하였다. 대표적으로는 자음 어미, 매개모음 어미, 모음 어미로 나눌 수 있다. 자음 어미는 자음으로 시작하는 어미이다. 매개모음 어미는 하나의 어미가 어간의 끝에 오는 소리에 따라 매개모음 '으'로 시작하기도 하고 '으'가 빠진 채 자음으로 시작하기도 한다. 모음 어미는 하나의 어미가 선행 용언 어간의 모음에 따라 'ㅏ'로 시작하기도 하고 'ㅓ'로 시작하기도 한다.

　음운론적 특징에 따라 나눈 용언 어간들은 다시 음운론적인 특징에 따라 나눈 어미들과 결합하게 되는데, 그러한 결합의 결과는 표로 제시하였다. 단순히 표만 제시하게 되면 용언 어간과 어미의 결합에서 나타나는 규칙적인 양상과 결합의 유형을 모르고 개별 활용형을 모두 암기해야 하는 학습상의 부담을 안게 될 것이다. 본고에서는 규칙과 패턴이라는 측면에서 용언 어간과 어미들의 결합 양상을 제시하여 한국어 학습자들이 한국어 활용의 규칙과 패턴을 익히는 데 도움을 주고자 하였다. 물론 규칙과 패턴의 결과는 자주 사용되는 어미들과의 결합형으로 제시되기 때문에, 구체적인 활용형을 암기하고자 하는 학습자들은 표의 활용형을 암기하는 방식으로 한국어 활용을 공부할 수도 있다.

이 작업은 숙명여자대학교 대학원 수업 시간에 이루어진 자료를 기반으로 이루어졌다. 대학원 수업에 참여한 학생들에게 감사의 말을 전한다. 아무쪼록 본서의 활용 정보가 한국어를 학습하는 학습자들에게 유용한 학습 자료가 되기를 소망한다.

저자들을 대표하여 이홍식 씀

표제어

1. 한국어에서 자주 사용하는 동사와 형용사를 선별하여 이들을 활용 유형별로 나누었다. 각 유형을 대표하는 동사와 형용사를 표제어로 선정하였다. 각 유형을 대표하는 표제어는 가장 기초적인 용언으로 선정하였다. 각 유형에 속하는 용언은 해당 표제어의 미시 구조에 나열하였다.

2. 용언의 활용을 보여 주기 위해 어미는 종결어미, 연결어미, 전성어미, 선어말어미로 나누어 제시하였다.

3. 종결어미는 자주 사용되는 정도를 기준으로 선정하였다. 모두 14개의 종결어미를 선정하였다. 활용에서는 음운론적 환경이 중요하기 때문에 자음으로 시작하는 어미, 모음으로 시작하는 어미, 매개모음으로 시작하는 어미로 유형을 정하고 이 유형을 고려해서 종결어미를 선정하였다.

> 자음 어미: -거든(요), -네(요), -자, -잖아(요), -지(요), -ㅂ/습니다,
>   -ㄴ/는다, -다
> 매개모음 어미: -(으)세요, -(으)ㄹ걸(요), -(으)ㄹ게(요), -(으)ㄹ까
>   (요), -(으)ㄹ래(요)
> 모음 어미: -아/어(요), -아/어라

4. 연결어미는 모두 40개를 선정하였다. 이 역시 빈도를 고려하였으며, 음운론적인 조건을 적용해서 선정하였다.

자음 어미: -거나, -거니와, -거든, -게, -고, -고도, -고서, -고자, -기에, -느라, -느라고, -다가, -다시피, -더니, -더라도, -던데, -도록, -든지, -듯이, -자마자, -지만, -ㄴ/는다고/-다고, -ㄴ/는다면/-다면, -는데,

매개모음 어미: -(으)나, -(으)ㄴ데, (으)니, (으)니까, (으)ㄹ래야, -(으)러, -(으)려고, -(으)면, -(으)면서, -(으)므로

모음 어미: -아/어, -아/어도, -아/어서, -아/어야, -아/어야지, 았/었더니

5. 전성어미는 관형사형 어미만 선정하였다. 부사형어미는 연결어미와 구별하기 쉽지 않아서 제외했으며, 명사형어미는 많이 사용되지 않는다고 보아 제외하였다.

전성어미: -는, -던, -은, -을

6. 선어말어미는 시제, 높임법 선어말어미로 선정하였다. 용언 어

간과 선어말어미의 결합형만 제시하면 이용자가 이해하기 어려울 것으로 판단하여 어말어미와의 결합형을 제시하였다.

　선어말어미: '-(으)시-', '-았/었-', '-겠-'

　7. 용언은 어간이 자음으로 끝나는 용언과 모음으로 끝나는 용언으로 나누었다.

　8. 표제어는 가나다순으로 배열되어 있으나 이는 용언 어간의 마지막 자음을 기준으로 한다. 어간이 'ㄱ'으로 끝나는 표제어가 가장 먼저 나오고, 'ㅎ'으로 끝나는 용언이 자음 어간 가운데에서는 가장 마지막에 온다. 그리고 모음으로 끝나는 어간이 배열된다. 모음은 '아 야 어 여 오 요 우 유 으 이'의 순서로 배열된다. 즉 '이'로 끝나는 어간이 가장 마지막에 온다.

　9. 자음으로 끝나는 어간은 자음의 종류에 따라 나누었다. 'ㄱ, ㄲ, ㄴ, ㄵ, ㄶ, ㄷ, ㄹ, ㄺ, ㄻ, ㄼ, ㄾ, ㄿ, ㅀ, ㅁ, ㅂ, ㅄ, ㅅ, ㅆ, ㅈ, ㅊ, ㅌ, ㅍ, ㅎ'이 한국어 용언 어간의 마지막에 나타나는 자음들이다.

10. 동일한 자음으로 끝나는 용언들은 품사에 따라 동사를 먼저 제시하고 형용사를 나중에 제시했다. 예를 들어 '막다'는 동사이므로 형용사인 '작다'보다 먼저 제시하였다. 이들 표제어 다음에 음성모음 어간인 '먹다'와 '적다'가 제시되는데, 이때도 역시 동사가 먼저 제시되고 형용사가 나중에 제시되었다.

11. 동일한 자음으로 끝나는 용언들은 모음의 종류에 따라 양성모음으로 끝나는 용언과 음성모음으로 끝나는 용언으로 구별하여 제시하였다. 이들은 '아/어'로 시작하는 모음 어미와의 결합에서 차이를 보이기 때문이다.

12. 동일한 자음으로 끝나고 동일한 모음을 가진다고 하여도 활용의 규칙성에 따라 다시 나누어서 제시하였다. 불규칙 용언 역시 모음의 차이에 따라 '아/어' 어미의 선택이 달라질 때는 별도의 표제어로 제시하였다.

13. 어간 끝음절이 모음으로 끝나는 용언 어간은 종류에 따라 나누었다. 'ㅏ, ㅐ, ㅓ, ㅔ, ㅕ, ㅗ, ㅚ, ㅜ, ㅟ, ㅞ, ㅡ, ㅢ, ㅣ'가 모음으로 끝나는 용언 어간의 종류이다. 모음으로 끝나는 용언의 어간

끝 모음은 위의 모음이 전부이다.

14. 각 용언의 활용은 자음 어미와 매개모음 어미, 모음 어미에 따라 다르게 나타나는데, 어미는 문법적인 지위에 따라 배열되어 있어서 이러한 음운론적 조건은 각 어미 내에서 구별되어 제시되었다.

15. 형용사 어간과 결합하지 않는 어미들은 표에서 제시하고 결합형도 제시하지만, 가로줄을 그어 표시하였다. 예를 들어 '작다'는 형용사인데 목적을 나타내는 어미 '-으러'와 결합하지 않는다. 이러한 정보를 제시하기 위해 활용표에서는 '작으러'와 같은 형식으로 제시하였다.

　한국어는 용언이 어간과 어미로 이루어진다. '먹었다'에서 '먹-'
은 어간이고 '-었다'는 어미이다. 어미를 다시 나누면 '-었-'은 선어
말어미이고 '-다'는 어말어미이다. 어간과 어미의 결합을 활용이라
고 한다. 활용의 양상은 어간과 어미의 종류에 따라 다양하게 나타
난다. 활용의 기술을 위해 어간을 음운론적인 성격에 따라 나누고
어미 역시 음운론적인 성격에 따라 나누어서 이들의 결합 양상을
기술할 수 있다.

　용언 어간은 먼저 자음 어간과 모음 어간으로 나눈다. 자음 어간
은 자음의 종류에 따라 나눈다. 이때 서로 다른 자음이라도 활용의
양상은 같을 수 있다. 자음 어간의 종류는 ㄱ, ㄲ, ㄴ, ㄷ, ㄹ, ㅁ,
ㅂ, ㅅ, ㅆ, ㅈ, ㅊ, ㅌ, ㅍ, ㅎ이 있다. 이들 중에서 ㄷ, ㅂ, ㅅ, ㅎ은
규칙 활용과 불규칙 활용의 두 가지 방식의 활용을 보인다. 모음
어간은 마지막 음절의 모음에 따라 양성모음 어간과 음성모음 어간
으로 나눌 수 있다. 어미는 자음으로 시작하는 어미, 매개모음으로
시작하는 어미, 모음으로 시작하는 어미로 나눌 수 있다.

　※ 한국어에서 용언은 동사와 형용사로 이루어진다. 동사의 활용
과 형용사의 활용은 비슷하지만 차이점도 많다. 아래의 어미들은
동사 어간과 결합하지만, 형용사 어간과는 결합하지 못한다. '작다'

는 '작자, 작는다, 작을게요, 작을까요(의지), 작을래요, 작아라, 작고서' 등의 활용형이 불가능하다. 대부분의 형용사는 아래 어미들과 결합하지 못하지만 형용사 가운데에는 아래 어미들과 결합하기도 하는 형용사들도 있다. 예를 들어 '건강해라, 조용해라, 침착해라' 등은 가능하다.

-자, -ㄴ/는다, -(으)ㄹ게(요), -(으)ㄹ까(요), -(으)ㄹ래(요), -아/어라, -고서, -고자, -느라, -느라고, -다가, -다시피, -도록, -자마자, -(으)ㄹ래야, -(으)러, -(으)려고, -았/었더니, -는

※ 어미 가운데 '아/어'로 시작하는 어미들은 어간의 모음에 따라 '아'나 '어'가 선택된다. '아'나 '오'로 끝나는 어간은 '아'를 선택하고 그 밖의 모음으로 끝나는 어간은 '어'를 선택한다. '막다'는 '-아(요)'와 결합하여 '막아(요)'로 활용하고 '-았-'과 결합하여 '막았-'과 같이 활용한다. '먹다'는 '먹어(요)'나 '먹었-'과 같이 활용한다.

※ 어간이 자음으로 끝나는 용언 어간은 매개모음 '으'로 시작하는 어미와 결합하고, 모음으로 끝나는 용언 어간은 매개모음이 없는 어미와 결합한다. 'ㄹ'은 자음이지만 'ㄹ'로 끝나는 용언 어간은

매개모음이 없는 어미와 결합한다. '막다'는 '막으며'와 같이 활용하고, '가다'는 '가며'와 같이 활용한다. '살다'는 '살며'와 같이 활용한다.

    자음 어간: 막으며, 닦으며, 안으며, 앉으며, 않으며, 받으며, 밝으
           며, 삶으며, 밟으며, 훑으며, 읊으며, 앓으며, 담으며,
           잡으며, 없으며, 빼앗으며, 가만있으며, 찾으며, 쫓으
           며, 맡으며, 갚으며, 놓으며
    ㄹ 어간: 만들며
    모음 어간: 사며, 보내며, 서며, 메며, 펴며, 보며, 되며, 주며, 쉬
           며, 꿰며, 모으며, 띄며, 기다리며

    ※ 어간이 자음으로 끝나는 용언 어간은 '아/어'로 시작하는 어미나 매개모음 어미로 시작하는 어미와 결합하면 자음을 연음시켜 발음한다. 다만 'ㄹ'로 끝나는 용언 어간은 매개모음이 없는 어미와 결합한다. 'ㅎ'으로 끝나는 용언 어간은 모음 어미나 매개모음 어미와 결합할 때 'ㅎ'이 탈락한다. '없어, 없으며'에서 'ㅅ'은 경음으로 발음하여 '[업:써], [업:쓰며]'가 된다. '놓아'는 '[노아]'로 발음되지만 '[놔:]'로 발음하기도 한다.

'아/어' 어미: 막아[마가], 닦아[다까], 안아[아나], 앉아[안자], 않
　　　　　아[아나], 받아[바다], 밝아[발가], 삶아[살마], 밟아
　　　　　[발바], 훑어[훌터], 읊어[을퍼], 앓아[아라], 담아[다
　　　　　마], 잡아[자바], 없어[업ː써], 빼앗아[빼아사], 가만
　　　　　있어[가마니써], 찾아[차자], 쫓아[쪼차], 맡아[마
　　　　　타], 갚아[가파], 놓아[노아]
매개모음 어미: 막으며[마그며], 닦으며[다끄며], 안으며[아느며],
　　　　　앉으며[안즈며], 않으며[아느며], 받으며[바드며],
　　　　　밝으며[발그며], 삶으며[살므며], 밟으며[발브며],
　　　　　훑으며[훌트며], 읊으며[을프며], 앓으며[아르며],
　　　　　담으며[다므며], 잡으며[자브며], 없으며[업ː쓰며],
　　　　　빼앗으며[빼아스며], 가만있으며[가마니쓰며], 찾
　　　　　으며[차즈며], 쫓으며[쪼츠며], 맡으며[마트며],
　　　　　갚으며[가프며], 놓으며[노으며]

※ 'ㄴ, ㅁ'으로 끝나는 용언 어간이 'ㄱ, ㄷ, ㅈ'으로 시작하는 어
미를 만나면 어미의 'ㄱ, ㄷ, ㅈ'은 'ㄲ, ㄸ, ㅉ'으로 발음한다.

'안고[안ː꼬], 안대[안ː따], 안지[안ː찌], 담고[담ː꼬], 담대[담ː따],
담지[담ː찌]

※ 'ㄱ, ㄷ, ㅂ'으로 끝나는 용언 어간은 'ㄱ, ㄷ, ㅅ, ㅈ'으로 시작하는 어미와 만나면 'ㄱ, ㄷ, ㅅ, ㅈ'을 경음화시킨다. '막고, 막다, 막습니다, 막지'는 '[막꼬], [막따], [막씀니다], [막찌]'로 '닫고, 닫다, 닫습니다, 닫지'는 '[닫꼬], [닫따], [닫씀니다], [닫찌]'로, '잡고, 잡다, 잡습니다, 잡지'는 '[잡꼬], [잡따], [잡씀니다], [잡찌]'로 발음된다.

※ 'ㄱ, ㄷ, ㅂ'으로 끝나는 용언 어간은 'ㄴ'으로 시작하는 어미와 만나면 'ㅇ, ㄴ, ㅁ'으로 발음된다. '막네, 닫네, 잡네'는 각각 '[망네], [단네], [잠네]'로 발음한다.

※ 'ㄲ, ㅅ, ㅆ, ㅈ, ㅊ, ㅋ, ㅌ, ㅍ'으로 끝나는 용언 어간은 'ㄱ, ㄷ, ㅅ, ㅈ'으로 시작하는 어미와 만나면 'ㄲ'은 'ㄱ'으로, 'ㅅ, ㅆ, ㅈ, ㅊ, ㅌ'은 'ㄷ'으로 'ㅍ'은 'ㅂ'으로 발음하며, 어미의 초성 'ㄱ, ㄷ, ㅅ, ㅈ'은 경음으로 발음한다. '닦고, 닦다, 닦습니다, 닦지, 빼앗고, 가만있고, 찾고, 쫓고, 맡고, 갚고'는 '[닥꼬], [닥따], [닥씀니다], [닥찌], [빼알꼬], [가마닏꼬], [찯꼬], [쫃꼬], [맏꼬], [갑꼬]'로 발음한다.

※ 'ㅎ'으로 끝나는 용언 어간은 'ㄱ, ㄷ, ㅈ'으로 시작하는 어미

와 결합하면 축약되어 'ㅋ, ㅌ, ㅊ'으로 발음한다. 예를 들어 '놓고
[노코], 놓다[노타], 놓지[노치]'와 같다. 'ㅎ'으로 끝나는 용언 어간
이 'ㄴ'으로 시작하는 어미와 결합하면 '놓네[논네]'와 같이 'ㄴ'으
로 발음한다. 'ㅎ'으로 끝나는 용언 어간이 'ㅅ'으로 시작하는 어미
와 결합하면 '놓습니다[녿씀니다]'와 같이 'ㅎ'은 'ㄷ'으로 발음하고
'ㅅ'은 'ㅆ'으로 발음한다. 그러나 현실적으로는 '놓습니다[노씀니
다]'와 같이 발음한다.

　※ 두 개의 자음으로 끝나는 용언 어간은 뒤에 자음으로 시작하
는 어미가 오면 두 개의 자음 가운데 하나를 탈락시킨다. 뒤에 오
는 'ㄱ, ㄷ, ㅈ'은 'ㄲ, ㄸ, ㅉ'과 같이 경음으로 발음된다. 'ㄶ, ㅀ'
은 'ㅎ'이 뒤에 오는 자음과 축약된다. 두 개의 자음 가운데 탈락되
는 자음은 용언 어간마다 다르다. 'ㄵ'은 'ㅈ'이 탈락된다. 'ㄺ'은
'ㄹ'이 탈락되지만 'ㄱ'으로 시작하는 어미가 오면 'ㄱ'이 탈락된다.
'ㄻ'은 'ㄹ'이 탈락된다. 'ㄼ'은 '밟다'의 경우만 'ㄹ'이 탈락되고 다
른 용언 어간은 'ㅂ'이 탈락된다. 'ㄾ'은 'ㅌ'이 탈락되고 'ㄿ'은
'ㄹ'이 탈락된다. 'ㅄ'은 'ㅅ'이 탈락된다. 두 개의 자음 가운데 하
나가 탈락되고 'ㅂ, ㄱ'만 남게 된 경우, 'ㄴ'으로 시작하는 어미가
오면 'ㅂ, ㄱ'은 'ㅁ, ㅇ'으로 발음한다. 'ㄹ'만 남는 경우, 'ㄴ'으로

시작하는 어미가 오면 '[ㄹㄹ]'로 발음한다.

앉고[안꼬], 않고[안코], 밝고[발꼬], 삶고[삼:꼬], 밟고[밥:꼬], 넓고[널꼬], 훑고[훌꼬], 읊고[읍꼬], 앓고[알코], 없고[업:꼬]

앉다[안따], 않다[안타], 밝다[박따], 삶다[삼:따], 밟다[밥:따], 넓다[널따], 훑다[훌따], 읊다[읍따], 앓다[알타], 없다[업:따]

앉지[[안찌], 않지[안치], 밝지[박찌], 삶지[삼:찌], 밟지[밥:찌], 넓지[널찌], 훑지[훌찌], 읊지[읍찌], 앓지[알치], 없지[업:찌]

밝네[방네], 밟네[밤:네], 넓네[널레], 훑네[훌레], 읊네[음네], 앓네[알레], 없네[엄:네]

※ 한국어 용언 가운데 위의 활용과는 다른 활용을 하는 용언들이 있다. 이들을 불규칙 용언이라 한다. 불규칙 용언에는 'ㄷ, ㅂ, ㅅ, ㅎ' 불규칙 용언이 있고 '르, 러, 여, 우' 불규칙 용언이 있다.

☞ '듣다'는 자음으로 시작하는 어미와 결합하면 '듣고, 듣지'와 같이 활용하지만, 모음으로 시작하는 어미와 결합하면 '들-' 또는 '들으-'로 어간의 모양이 바뀐다. '듣+어'는 '들어', '듣+으며'는 '들으며'가 된다.

☛ '돕다'는 자음으로 시작하는 어미와 결합하면 '돕고, 돕지'와 같이 활용하지만, 모음 어미나 매개모음 어미와 결합하면 '도우-'로 모양이 바뀐다. '돕+아'는 '도와', '돕+으며'는 '도우며'가 된다.

☛ '낫다'는 자음으로 시작하는 어미와 결합하면 '낫고[낟꼬], 낫지[낟찌]'와 같이 활용하지만 모음 어미나 매개모음 어미와 결합하면 '나-' 또는 '나으-'로 모양이 바뀐다. '낫+아'는 '나아', '낫+으며'는 '나으며'가 된다.

☛ '빨갛다'는 자음으로 시작하는 어미와 결합하면 'ㅎ'과 후행하는 자음이 축약되거나 'ㄴ'이 된다. '빨갛고'는 '[빨가코]'와 같이 발음하고 '빨갛네'는 '[빨간네]'로 발음한다. 이는 규칙 용언과 같다. '빨갛다'가 모음 어미와 결합하면 어간과 어미 모두 변하게 된다. '빨갛+아'는 '빨개'가 된다. '빨갛다'가 매개모음 어미와 결합하면 'ㅎ'은 탈락하고 어미의 매개모음도 탈락한다. '빨갛+으며'는 '빨가며'가 된다.

☛ '고르다'는 '르' 불규칙 용언이다. '고르다'는 자음 어미와 결합하면 '고르고, 고르지'처럼 규칙적인 활용을 하며, 매개모음 어미

와 결합하면 '고르며'처럼 규칙적인 활용을 한다. 그러나 모음 어미와 결합하면 '골라, 골랐다'처럼 어간의 모양이 불규칙하게 바뀐다.

☛ '이르다'는 '러' 불규칙 용언이다. 모음 어미와 결합하는 경우, '이르+어'는 '이르러'로 활용한다. '이르+었다'는 '이르렀다'로 활용한다.

☛ '하다'는 '여' 불규칙 용언이라고 부른다. 모음 어미와 결합하는 경우 '하+어'는 '하여'로 활용한다. '하+었다'는 '하였다'가 된다. 또한 '하여'와 '하였다'는 일반적으로 '해'와 '했다'로 줄어들기도 한다. 구어에서는 '해'와 '했다'가 사용된다. '하다'로 끝나는 모든 용언은 이와 같이 활용한다. '공부하다'는 '공부하여, 공부해', '공부하였다', '공부했다'와 같이 활용한다.

☛ '푸다'는 '우' 불규칙 용언이다. 모음 어미와 결합하는 경우, '푸+어'는 '퍼'로 활용한다. '푸+었다'는 '펐다'로 활용한다.

※ '되다'와 같이 어간의 끝음절의 모음이 'ㅚ'인 경우에 모음 어미와 결합할 때 줄어들기도 한다. '되+어'는 '되어'로 활용하는데

'돼'와 같이 줄어들기도 한다. '되+었다'는 '되었다'로 활용하나 '됐다'로 줄어들기도 한다. 구어에서는 '돼, 됐다'와 같은 활용형이 주로 사용된다. '되다'로 끝나는 모든 용언은 이와 같이 활용한다. '발달되다'는 '발달되어, 발달되었다'로 활용하기도 하지만, '발달돼, 발달됐다'로 줄어들기도 한다.

※ 모음 'ㅗ'로 끝나는 용언은 모음 어미와 결합할 때 줄어들기도 한다. '보다'는 모음 어미와 결합하면 '보아', '보았다'와 같이 활용하는데, '봐, 봤다'와 같이 줄어들기도 한다. 구어에서는 '봐, 봤다'가 주로 사용된다.

※ 모음 'ㅜ'로 끝나는 용언은 모음 어미와 결합할 때 줄어들기도 한다. '주어, 주었다'는 '줘, 줬다'로 줄어들기도 한다. 구어에서는 '줘, 줬다'의 활용형이 주로 사용된다.

※ 모음 'ㅣ'로 끝나는 용언은 모음 어미와 결합할 때 줄어들기도 한다. '기다리다'는 '기다리어, 기다리었다'로 활용하지만 '기다려, 기다렸다'로 줄어들기도 한다. 구어에서는 '기다려, 기다렸다' 활용형이 주로 사용된다.

모음 어간 · 223

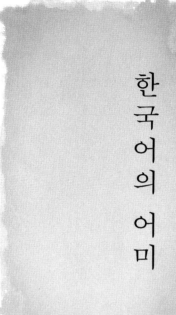

한국어의 어미

1. 종결어미

종결어미는 자주 사용되는 정도를 기준으로 모두 14개를 선정하였다. 활용에서는 음운론적 환경이 중요하기 때문에, 자음으로 시작하는 어미, 모음으로 시작하는 어미, 매개모음으로 시작하는 어미로 유형을 정하고 이 유형을 고려해서 아래와 같이 종결어미를 선정하였다.

(1) 자음 어미

1. -거든(요)

어떤 이유나 사실을 당연한 듯이 말할 때 사용한다. 주로 구어에서 사용한다. '-거든'은 듣는 사람이 말하는 사람보다 아랫사람이거나 서로 친한 사이일 때 사용하며, '-거든요'는 윗사람에게 사용한다.

저는 커피를 마시면 잠을 **못 자거든요.** 그래서 잘 안 마셔요.
다니엘 씨는 한국어를 못해요. 한국 사람이 **아니거든요.**

2. -네(요)

말하는 사람이 직접 경험하여 새롭게 알게 된 사실을 나타낸다. 흔히 감탄의 뜻으로 사용한다. '-네'는 듣는 사람이 말하는 사람보다 아랫사람이거나 서로 친한 사이일 때 사용하며, '-네요'는 윗사람에게 사용한다.

다니엘 씨는 한국어 발음이 정말 **좋네요.**

오늘은 눈이 많이 **오네요.**

3. -자

말하는 사람이 듣는 사람에게 어떤 행동을 같이 할 것을 권유, 제안, 요청할 때 사용한다. 듣는 사람이 말하는 사람보다 아랫사람이거나 서로 친한 사이일 때 사용하며, 주로 구어에서 사용한다.

이번 주말에 연극을 보러 **가자.**

점심을 먹고 나서 산책을 **하자.**

4. -잖아(요)

말하는 사람이 듣는 사람에게 어떤 상황을 확인시키고자 할 때 사용한다. '-지 않다'가 줄어든 표현이었지만 그 의미가 변하여 독립된 종결어미로 쓰인다. 주로 구어에서 쓰인다. '-잖아'는 듣는 사람이 말하는 사람보다 아랫사람이거나 서로 친한 사이일 때 사용하며, '-잖아요'는 윗사람에게 사용한다.

오늘은 비가 오니까 내일 가자고 **했잖아요.**

추우니까 목도리를 하라고 **했잖아요.**

5. -지(요)

'-지'는 듣는 사람이 말하는 사람보다 아랫사람이거나 서로 친한 사이일 때 사용하며, '-지요'는 윗사람에게 사용한다. '-지요'는 구어에서는 '죠[조]'로 줄여서 발음한다.

1) 말하는 사람이 어떠한 사실에 대해 듣는 사람도 알고 있다고 전제하여 말할 때 사용한다. 주로 상대방의 의견에 동의하거나 사실을 재확인할 때 사용한다.

안나 씨는 한국어를 배운 지 1년이 **되었지요.**
출근 시간에는 차가 많이 **막히지요.**

2) 말하는 사람이 어떠한 사실을 듣는 사람도 알고 있다고 생각하고 다시 한번 질문할 때 사용한다. 주로 상대방의 의견에 동의하거나 사실을 재확인할 때 사용한다.

내일은 태풍이 온다고 **하지요?**
떡볶이가 많이 **맵지요?**

6. -ㅂ/습니다
사실을 말하며 알림을 나타낸다. 평서형 종결어미 중 가장 상대방을 높이는 최고 높임의 뜻을 가지며, 격식적인 상황에서 말하는 사람이 듣는 사람에게 현재 상황이나 동작에 대해 정중하게 설명할 때 사용한다.

저는 한국 사람이 **아닙니다.**
이 책은 **15,000원입니다.**

7. -ㄴ/는다/다

주로 현재의 사실이나 행위를 나타내면서 문장을 끝맺을 때 사용한다. 신문, 서적 등 객관적인 글에 사용하며, 구어적 상황에서는 듣는 사람이 말하는 사람보다 아랫사람이거나 친한 친구 사이일 때 사용할 수 있다. '-ㄴ/는다'는 동사 어간에 결합하고 '-다'는 형용사 어간에 결합한다.

학생들은 도서관에서 책을 **읽는다.**
철수는 아침밥을 꼭 **먹는다.**

(2) 매개모음 어미

1. -(으)세요: -으셔요/-셔요/-으시어요/-시어요
1) 문장의 주어를 높이며 현재의 동작이나 상태에 대해 말할 때 사용한다.

아버지는 아침에 신문을 **읽으세요.**
선생님은 매운 음식을 **좋아하세요.**

2) 문장의 주어를 높이면서 말하는 사람이 듣는 사람에게 현재 상태나 동작에 관해 물어볼 때 사용한다.

수지 씨, 수업 끝나고 어디 **가세요?**
환자분, 어디가 **아프세요?**

3) 어떠한 행동을 할 것을 명령하거나 요청할 때 사용한다.

과제는 다음 주까지 **제출하세요.**
수업시간에는 한국어로 **말하세요.**

2. -(으)ㄹ걸(요)

어떤 사실에 대한 추측의 뜻을 나타낸다. 주로 구어에서 사용한다. '-(으)ㄹ걸'은 듣는 사람이 말하는 사람보다 아랫사람이거나 서로 친한 사이일 때 사용하며, '-(으)ㄹ걸요'는 윗사람에게 사용한다. '-을걸'은 '[을껄]'이라고 발음한다.

지선이는 떡볶이를 **먹을걸요.**
그 사람은 한국에서 유명한 **배우일걸.**

3. -(으)ㄹ게(요)

말하는 사람이 미래의 어떤 일을 하겠다는 뜻 혹은 의지를 나타내거나 약속할 때 사용한다. '-(으)ㄹ게'는 듣는 사람이 말하는 사람보다 아랫사람이거나 서로 친한 사이일 때 사용하며, '-(으)ㄹ게요'는 윗사람에게 사용한다. '-을게'는 '[을께]'라고 발음한다.

지금 방 청소를 **할게요.**
내일 저녁에는 운동하러 **갈게요.**

4. -(으)ㄹ까(요)

1) 듣는 사람에게 앞으로 할 일을 제안하며 의견이나 생각을 물어볼 때 사용한다. '-(으)ㄹ까'는 듣는 사람이 말하는 사람보다 아랫사람이거나 서로 친한 사이일 때 사용하며, '-(으)ㄹ까요'는 윗사람에게 사용한다.

수업 끝나고 같이 밥 **먹을까요?**

크리스틴 씨 생일 선물로 장갑이 **어떨까요?**

2) 추측을 제기하면서 다른 사람의 의견이나 생각을 물어볼 때 사용한다. '-(으)ㄹ까'는 듣는 사람이 말하는 사람보다 아랫사람이거나 서로 친한 사이일 때 사용하며, '-(으)ㄹ까요'는 윗사람에게 사용한다.

내일 날씨가 **추울까요?**

이 옷은 많이 **비쌀까요?**

5. -(으)ㄹ래(요)

1) 말하는 사람이 듣는 사람에게 앞으로 할 일에 대해 자신의 의사를 밝혀 말할 때 사용하며, 주로 구어에서 많이 사용한다. '-(으)ㄹ래'는 듣는 사람이 말하는 사람보다 아랫사람이거나 서로 친한 사이일 때 사용하며, '-(으)ㄹ래요'는 윗사람에게 사용한다.

몸이 안 좋아서 오늘은 집에 **있을래요.**

저는 무서운 걸 싫어해서 공포영화는 **안 볼래요.**

2) 말하는 사람이 듣는 사람의 생각을 알기 위해 질문할 때 사용하며, 주로 구어에서 많이 사용한다. '-(으)ㄹ래'는 듣는 사람이 말하는 사람보다 아랫사람이거나 서로 친한 사이일 때 사용하며, '-(으)ㄹ래요'는 윗사람에게 사용한다.

오늘 저녁 8시에 카페 앞에서 **만날래요?**
배고프면 먼저 **먹을래?**

(3) 모음 어미
1. -아/어(요):
1) 말하는 사람의 생각이나 사실을 말할 때 사용한다. '-아/어'는 듣는 사람이 말하는 사람보다 아랫사람이거나 서로 친한 사이일 때 사용하며, '-아/어요'는 윗사람에게 사용한다.

학교 식당에서 비빔밥이 제일 **맛있어(요).**
미나 씨는 음악 듣는 걸 **좋아해(요).**

2) 말하는 사람이 듣는 사람에게 현재 상태나 동작에 관해 물어볼 때 사용한다. '-아/어'는 듣는 사람이 말하는 사람보다 아랫사람이거나 서로 친한 사이일 때 사용하며, '-아/어요'는 윗사람에게 사용한다.

영수 씨, 잃어버렸던 지갑은 **찾았어요?**

무슨 음악을 **좋아해요?**

3) 주로 듣는 사람에게 무언가를 시킬 때 사용한다. '-아/어'는 듣는 사람이 말하는 사람보다 아랫사람이거나 서로 친한 사이일 때 사용하며, '-아/어요'는 윗사람에게 사용한다.

늦었어요. 빨리 **일어나요.**

서울역에서 1호선으로 **갈아타요.**

2. -아/어라

말하는 사람이 듣는 사람에게 어떤 행동을 할 것을 명령할 때 사용한다. 듣는 사람이 말하는 사람보다 아랫사람이거나 친한 친구 사이일 때 사용할 수 있다.

앞으로 학교 지각**하지 마라.**

식기 전에 빨리 **먹어라.**

2. 연결어미

연결어미는 모두 40개를 선정하였다. 이 역시 빈도를 고려하였으며, 음운론적인 조건을 적용해서 선정하였다.

자음 어미: -거나, -거니와, -거든, -게, -고, -고도, -고서, -고자, -

기에, -느라, -느라고, -다가, -다시피, -더니, -더라도, -던데, -도록, -든지, -듯이, -자마자, -지만, -ㄴ/는다고/-다고, -ㄴ/는다면/-다면, -는데/-(으)ㄴ데

매개모음 어미: -(으)나, (으)니, (으)니까, (으)ㄹ래야, -(으)러, -(으)려고, -(으)면, -(으)면서, -(으)므로

모음 어미: -아/어, -아/어도, -아/어서, -아/어야, -아/어야지, 았/었더니

(1) 자음 어미

1. -거나

1) 두 가지 이상의 행동이나 상태를 나란히 나열하고 그 가운데 하나를 선택할 때 사용한다.

저는 가끔 영어 신문을 **읽거나** 미국 드라마를 봐요.
다음 주 월요일에는 구름이 **많거나** 비가 오겠습니다.

2) 주로 '-거나 -거나'로 쓰여, 둘 모두를 선택해도 괜찮거나 상관없음을 나타낼 때 사용한다. 이때 '-거나'로 연결되는 앞과 뒤의 내용은 서로 반대되거나 매우 다른 뜻을 나타낸다.

수영을 **하거나** 야구를 **하거나** 다 좋아요.
날씨가 **춥거나** **덥거나** 저는 이곳에서 살고 싶어요.

2. -거니와

앞의 내용을 인정하면서 뒤의 내용을 덧붙일 때 사용한다.

경수는 공부도 **잘하거니와** 축구도 잘한다.

제주도는 바다를 볼 수 **있거니와** 맛있는 음식도 많아서 여행객에게 인기가 많다.

3. -거든

뒤 절의 행위를 하게 하는 조건이나 가정으로서, 어떤 행위를 하거나 어떤 상태에 있게 되는 경우를 앞 절에 미리 제시할 때 사용한다.

저녁에 비가 **오거든** 내일 오십시오.

대중교통에서 노인이나 임산부를 **보거든** 자리를 양보하세요.

4. -게

1) 뒤에 오는 상태나 행동의 정도, 또는 방식을 나타낼 때 사용한다. '어떻게' 또는 '얼마나'에 대한 답으로 사용한다.

어머니는 항상 집을 **깨끗하게** 청소하십니다.

이 고양이는 정말 **예쁘게** 생겼어요.

2) 뒤 절의 행위에 대한 목적이나 결과를 나타낼 때 사용한다. 앞 절의 상황을 이루기 위한 조건이나 방법이 뒤 절에서 나올 때

사용한다.

커피가 새지 **않게** 잘 포장해 주세요.
이 케이크는 채식주의자도 먹을 수 **있게** 만들었어요.

5. -고
1) 시간의 순서와 관계없이 두 가지 이상의 사실이나 내용을 대등하게 연결할 때 사용한다.

나는 서울에 **살고** 동생은 부산에 살아요.
이 옷은 **부드럽고** 따뜻합니다.

2) 시간적으로 먼저 하는 행동과 나중에 하는 행동을 이어 말할 때 사용한다.

저는 **운동하고** 샤워를 합니다.
영화가 **끝나고** 친구와 같이 저녁을 먹었어요.

6. -고도
앞 절의 사실이나 내용과 반대되는 말이 오거나, 앞 절의 사실이나 내용과 다른 특성이 있음을 나타낼 때 사용한다.

아까 그렇게 많이 **자고도** 또 자고 싶니?
그 시는 **슬프고도** 아름다운 연인들의 사랑 이야기를 담았다.

7. -고서

앞 절의 동작이 뒤 절의 동작보다 먼저 일어났음을 강조할 때 사용한다.

금요일까지 이 논문을 **읽고서** 보고서를 제출하세요.
그는 아침마다 운동을 **하고서** 출근을 한다.

8. -고자

말하는 이가 어떤 행위를 하는 목적이나 의도를 드러내기 위해 사용한다. 주로 문어 혹은 준구어에 쓰인다.

나는 미국 대학원에 **가고자** 밤낮없이 열심히 영어 공부를 했다.
박수미 씨는 좋은 선생님이 **되고자** 결심했습니다.

9. -기에

앞 절이 뒤 절의 원인이나 이유, 근거를 나타낼 때 사용한다. 주로 문어에 쓰인다. 구어에서는 '-길래'가 사용된다.

카페 밖에서 싸우는 소리가 **나기에** 모두 밖으로 나갔다.
꽃이 예뻐 **보이기에** 한 송이 사 왔어요.

10. -느라

앞 절의 어떤 행위가 뒤 절의 행위를 하지 못했거나, 뒤 절에 발생한 부정적인 결과의 원인이나 이유를 나타낼 때 사용한다. '-느라고'는 구어에서 '-느라'로 더 많이 쓰인다.

> 남자친구와 통화를 **하느라** 어제 늦게 잤어요.
> 영화를 **보느라** 엄마의 문자메시지를 못 봤어요.

11. -느라고

앞 절의 어떤 행위가 뒤 절의 행위를 하지 못했거나, 뒤 절에 발생한 부정적인 결과의 원인이나 이유를 나타낼 때 사용한다. '-느라고'는 구어에서 '-느라'로 더 많이 쓰인다.

> 친구와 이야기를 **하느라고** 버스에서 못 내렸어요.
> 새로 나온 책을 **읽느라고** 시간 가는 줄 몰랐어요.

12. -다가

어떠한 행위나 상태가 중단되고 다른 행위나 상태로 바뀜을 나타낼 때 사용한다.

> 언니는 아이를 **보다가** 초인종 소리를 듣고 나갔어요.
> 소영이는 퇴근을 **하다가** 빵집에 들렀다.

13. -다시피

앞 절의 내용이 듣는 사람이 이미 알고 있는 것임을 나타내거나 앞 절의 동작에 가까움을 나타낸다.

들으셨다시피 이번 시험 문제는 아주 어렵습니다.
다이어트를 해서 거의 밥을 안 **먹다시피** 했어요.

14. -더니
1) 말하는 사람이 과거에 관찰하여 알게 된 사실에 뒤이어 일어난 행위나 상황을 나타낼 때 사용한다.

동생이 돈을 **빌려가더니** 제 전화를 안 받네요.
친구가 한참을 **망설이더니** 고민을 말하더라고요.

2) 말하는 사람이 과거에 관찰하여 알게 된 사실과 대조적인 사실이나 상황이 있음을 나타낼 때 사용한다.

어제는 **흐리더니** 오늘은 날씨가 좋네요.
저번에는 파스타를 안 **먹더니** 오늘은 잘 먹네.

3) 말하는 사람이 과거에 관찰하여 알게 된 사실에 대해 어떤 결과가 나타났는지 말할 때 사용한다.

그 학생은 꾸준히 한국어 공부를 **하더니** 좋은 성적을 받았어요.
수지는 열심히 운동을 **하더니** 몰라보게 날씬해졌어요.

15. -더라도
앞 절의 내용을 인정하거나 가정한다고 해도 앞 절의 내용으로 기대하는 바가 뒤 절에서 부정됨을 나타낼 때 사용한다.

아무리 **피곤하더라도** 숙제는 꼭 하세요.
다이어트를 **하더라도** 굶지는 마세요.

16. -던데
뒤 절에서 어떤 일을 설명하거나 묻거나 시키거나 제안하기 위하여, 그와 상관있는 과거에 경험하거나 관찰한 사실을 나타낸다. 주로 구어에서 사용한다.

떡볶이가 정말 **맛있던데** 어떤 재료를 사용하신 거예요?
지난번에 보니까 베트남어를 **잘하시던데** 얼마나 배우셨어요?

17. -도록
1) 뒤에 나오는 행위에 대한 목적을 나타낼 때 사용한다.

해외여행을 갈 수 **있도록** 저축을 꾸준히 해야 합니다.
다음 시험에서 좋은 성적을 **받도록** 열심히 공부하세요.

2) 뒤에 나오는 동작이나 작용의 정도나 한계를 나타낸다.
감기에 **걸리도록** 추운 곳에 있는 것은 좋지 않아요.
아무리 신나도 **취하도록** 맥주를 마시는 것은 좋은 습관이 아닙니다.

18. -든지

선택할 수 있는 여러 가지를 나열하여 그중 어느 것을 선택하거나 그 어느 것을 선택해도 상관이 없음을 나타낸다.

음악을 **듣든지** 드라마를 **보든지** 책을 **읽든지** 하루에 1시간은 혼자만의 시간을 갖는 것이 좋다.
내가 무엇을 **먹든지** 신경 쓰지 마세요.

19. -듯이

앞 절의 내용이 뒤 절의 내용과 거의 같음을 나타낸다. 비유적으로 나타낼 때 주로 사용한다.

사람마다 외모가 **다르듯이** 성격도 각양각색이에요.
그러니까 선생님이 **말씀하셨듯이** 수업을 열심히 들어야 해요.

20. -자마자

(동사에 붙어) 앞 절의 동작이 이루어진 후, 바로 뒤이어 다음 절의 사건이나 동작이 일어남을 나타낸다.

택시를 **타자마자** 출발했어요.
피곤해서 침대에 **눕자마자** 잠이 들었어요.

21. -지만

앞 절과 뒤 절이 서로 반대되는 내용임을 나타낸다. 앞 절에서 어떤 사실을 말하고 뒤 절에서 그와 반대되는 사실이나 다른 내용을 연결하여 말할 때 사용한다. '-ㄴ/는다면'은 동사 어간에 결합하고 '-다면'은 형용사 어간에 결합한다.

저는 한국 가요를 자주 **듣지만** 제 동생은 팝송을 자주 들어요.
아내는 매운 음식을 **좋아하지만** 저는 매운 음식을 안 좋아합니다.
새로 이사한 집은 **작지만** 아주 깨끗해요.

22. -ㄴ/는다고/-다고

앞 절이 뒤 절에 대해서 어떤 상황의 이유, 근거, 원인을 나타내거나 어떤 행위의 목적, 의도를 나타내는 데 쓴다. '-ㄴ/는다고'는 동사 어간에 결합하고 '-다고'는 형용사 어간에 결합한다.

준이는 과제를 **한다고** 늦은 밤인데도 환히 불을 켰다.
선미는 **덥다고** 아이스크림을 먹자고 했다.

23. -ㄴ/는다면/-다면

어떤 상황을 가정한다는 뜻으로, 그 조건에 따라 다른 어떤 행위를 하거나 다른 어떤 상태에 있음을 나타날 때 사용한다. '-ㄴ/는다면'은 동사 어간에 결합하고 '-다면'은 형용사 어간에 결합한다.

이 비밀을 **지켜준다면** 그 은혜를 절대 잊지 않겠습니다.
내가 요리를 **잘한다면** 좋을 텐데.
준이가 아버지 사업을 물려받기 **싫다면** 어쩌죠?

미쯔꼬 씨도 **먹겠다면** 치킨을 두 마리 시킬게요.

24. -ㄴ/는데/-(으)ㄴ데

뒤 절에서 서술하거나 질문하거나 시키거나 제안하기에 앞서서
관련 배경이나 상황을 설명할 때 주로 사용한다. 주로 사용한다. '-
ㄴ/는데'는 동사 어간에 결합하고 '-(으)ㄴ데'는 형용사 어간에 결합
한다. '-(으)ㄴ데'는 매개모음을 가진 어미이다.

저는 요즘 중국어를 **배우는데** 정말 어려워요.
더운데 창문을 좀 열까요?

(2) 매개모음 어미

1. -(으)나

앞 절의 내용과 반대되는 내용을 뒤 절에서 말할 때 사용한다.
주로 문어에서 더 많이 쓴다.

어제는 날씨가 **맑았으나** 오늘은 날씨가 흐리다.
여자 친구는 **직장인이나** 저는 아직 학생입니다.

2. -(으)니

1) 앞 절에 나타난 이유나 원인으로 인해 뒤 절에 그에 따른 결
과나 판단이 나오게 될 때 사용한다.

11월이 **되니** 기온이 많이 떨어졌다.
그 영화는 **재미없으니** 보지 않는 것이 좋겠다.

2) 앞 절의 행위 후에 뒤 절에서 새롭게 알게 된 내용이 있을 때,
즉 발견의 의미로 사용된다.

집에 늦게 **들어오니** 모두들 자고 있었다.
요리를 배워 **보니** 정말 재미있어요.

3) 앞 절의 내용과 관련하여 설명을 덧붙일 때 사용한다.

그는 다른 사람보다 더 잘 **먹었으니** 한 끼에 3인분은 보통이었다.
저녁마다 가는 곳이 **있으니** 그곳은 작은 자원봉사 단체였다.

3. -(으)니까
1) 앞 절에 나타난 이유나 원인으로 인해 뒤 절에 그에 따른 결
과나 판단이 나오게 될 때 사용한다.

방 안이 **환하니까** 잠을 잘 수 없어요.
30분 전에 **출발했으니까** 금방 도착할 거예요.

2) 앞 절의 내용이 진행된 결과 뒤 절의 내용처럼 되거나 그런
일이 일어남을 나타낼 때 사용한다.

1시간 정도 **기다리니까** 주문한 치킨이 왔어요.
창문을 **여니까** 벌레가 들어왔어요.

4. -(으)ㄹ래야

뒤에 의도와는 반대되는 내용이 와서 의도를 가지고 어떤 행위를 하려고 아무리 노력해도 그렇게 되지 않을 때 사용한다. 주로 구어에서 사용한다.

그 사람은 하도 눈치가 빨라서 **속일래야** 속일 수 없어요.
여행을 **갈래야** 갈 돈이 있어야 말이죠.

5. -(으)러

앞 절의 행동을 하기 위해 이동함을 나타낼 때 사용한다.

염색을 **하러** 미용실에 가요.
현아 씨는 요즘 태권도를 **배우러** 다녀요.

6. -(으)려고

주어가 어떤 의도로 뒤 절의 행위를 하는지에 대해 말할 때 사용한다.

미쯔꼬 씨는 살을 **빼려고** 매일 운동을 해요.
친구에게 **주려고** 선물을 샀어요.

7. -(으)면

뒤 절의 내용이 일어나기 위한 근거나 상황에 대한 조건, 확실하지 않거나 아직 이루어지지 않은 사실을 가정하여 말할 때 사용한다.

배가 **부르면** 잠이 와요.
시간이 **없으면** 다음에 만나자.

8. -(으)면서

두 가지 이상의 행동이나 상태를 동시에 겸하고 있음을 나타낼 때 사용한다.

차 좀 **마시면서** 기다리세요.
이 원피스는 **예쁘면서** 값도 쌉니다.

9. -(으)므로

앞의 내용이 뒤에 오는 내용의 이유나 근거임을 나타낸다. 주로 문어에서 사용한다.

오늘은 황사가 **심하므로** 외출 시 마스크를 꼭 끼셔야겠습니다.
죄를 **지었으므로** 벌을 받는 것이 당연하다.

(3) 모음 어미

1. -아/어

1) 어떤 상태가 왜 그런지, 어떤 일이 왜 일어났는지에 대해 말

할 때 사용한다.

　옷을 얇게 **입어** 좀 추워요.
　문제가 **많아** 다 풀지 못했어요.

　2) 앞의 내용이 먼저 일어나고 뒤의 내용이 나중에 일어남을 나
타낼 때 사용한다.

　저는 돈을 **모아** 노트북을 살 거예요.
　채소를 **씻어** 그릇에 담았어요.

　2. -아/어도
　앞 절에서 말하는 사실이나 가정에 대해 기대하는 것이 뒤 절에
서 어긋남을 나타낸다.

　그는 키가 **커도** 농구를 잘 못해요.
　몇 번을 **봐도** 무슨 내용인지 모르겠어요.

　3. -아/어서
　1) 어떤 상태가 왜 그런지, 어떤 일이 왜 일어났는지에 대해 말
할 때 사용한다.

　옷을 얇게 **입어서** 좀 추워요.
　문제가 **많아서** 다 풀지 못했어요.

2) 앞의 내용이 먼저 일어나고 뒤의 내용이 나중에 일어남을 나타낼 때 사용한다.

음식을 **만들어서** 식탁에 놓았어요.
버스에서 **내려서** 택시를 탔어요.

4. -아/어야
1) 앞의 내용이 뒤에 오는 내용의 필수 조건임을 나타낸다.

잠을 충분히 **자야** 피부가 좋아져요.
연습을 꾸준히 **해야** 실력이 늘어요.

2) 아무리 가정하여도 뒤 절의 내용에 효과나 영향이 없다는 의미를 나타낸다.

아무리 **빌어 봐야** 용서받을 수 없어.
눈물을 흘려 **봐야** 기회는 이미 지나갔어.

5. -아/어야지
앞의 내용이 뒤에 오는 내용의 필수 조건임을 나타낸다. 주로 구어에서 사용한다.

잘 **먹어야지** 기운이 나지.
겸손해야지 사람들이 좋아해요.

6. 았/었더니

1) 과거에 직접 관찰하거나 경험한 행위에 대한 반응을 나타낸다.

제가 화를 **냈더니** 아이들이 무서워했어요.
김치를 **만들었더니** 외국인들이 좋아했어요.

2) 과거에 직접 경험한 것에 이어 알게 된 사실을 나타낸다.

밤에 창문을 **열었더니** 벌레가 들어왔다.
일찍 집에 **왔더니** 아무도 없었다.

3) 과거에 직접 관찰하거나 경험한 사실의 결과를 나타낸다.

커피를 **마셨더니** 더 이상 졸리지 않았다.
매일 2시간씩 **걸었더니** 살이 빠졌다.

3. 전성어미

전성어미는 관형사형 어미만 선정하였다. 부사형어미는 연결어미와 구별하기 쉽지 않아서 제외했으며, 명사형어미는 많이 사용되지 않는다고 보아 제외하였다.

1. -는

그 동작이나 행위가 현재 일어나고 있음을 나타낸다. '-는' 앞에 오는 동사 등을 관형사형으로 바꾸어 뒤에 오는 명사를 수식할 때 사용한다.

고향에 **계시는** 부모님이 그리워요.
축구하는 친구들이 운동장에 많아요.

2. -던

여러 번 또는 한동안 계속된 과거의 사건이나 행위, 상태를 다시 떠올림을 나타내거나, 과거의 사건, 행위, 상태가 완료되지 않고 중단되었음을 나타낸다. '-던' 앞에 오는 말과 결합하여 뒤에 오는 명사를 수식하는 관형사형을 만드는 데 사용한다.

어제 같이 **있던** 사람은 저의 동생입니다.
제가 여행 **했던** 곳은 사람이 많이 살지 않는 곳이었어요.
어릴 때 **놀던** 곳이 지금은 사라졌어요.

3. -은

1) (동사에 붙어) 그 동작이나 행위가 과거에 있었거나 완료된 행위가 유지되고 있음을 나타낸다. '-은' 앞에 오는 동사를 관형사형으로 바꾸어 뒤에 오는 명사를 수식할 때 사용한다.

제가 어제 **먹은** 음식은 너무 맛있었어요.

작년에 **산** 신발은 이제 너무 작아요.

2) 수식하는 명사의 구체적인 속성이나 상태를 나타낸다. 형용사 등을 관형사형으로 바꾸어 뒤에 오는 명사를 수식할 때 사용한다.

이 물고기는 **맑은** 물에 살아요.
넓은 사무실로 이사를 하니 어때요?
나는 **싼** 물건을 사려고 재래시장에 자주 가요.

4. -을
미래에 발생하는 상황이나 행위에 대한 추측, 예정, 의도 등을 나타낸다. '-을' 앞에 오는 동사와 형용사 등을 관형사형으로 바꾸어 뒤에 오는 명사를 수식할 때 사용한다.

저는 주말에 집에서 책을 **읽을** 생각이에요.
안나 씨는 지난달에 한국에 **올** 예정이었어요.

4. 선어말어미

선어말어미는 시제, 높임법 선어말어미로 선정하였다.

1. -(으)시-
문장 안에 등장하는 주어를 높여서 주어의 행위나 상태를 존대함을 나타낼 때 사용한다.

그 음식은 할머니께서 **만드셨어요**.
선생님, 더 자세히 **말씀해주시겠어요?**

2. -았/었-
과거에 발생한 상황이나 사건을 나타낼 때 사용한다. 부차적으로
과거의 상황이나 사건이 이미 완료됨을 나타내거나, 지금까지 지속
되고 있음을 나타낼 때 사용한다.

아침에 죽을 **먹었어요**.
하진 씨가 오전에 연락을 **했어요**.
저는 작년에 서울로 이사를 **왔어요**.

3. -겠-
1) 미래에 대한 의지를 드러낼 때 사용한다.

저는 올해에 수영을 **배우겠어요**.
금요일 저녁까지 모든 일을 **완성하겠어요**.

2) 다른 사람의 일이나 상황에 대해 추측함을 나타낸다.

시험이 다가오니까 공부하느라 **바쁘겠어요**.
연아 씨가 우승을 했으니 상금을 많이 **받겠어요**.

자음 어간

막다 [막따] [makt͈a] 동사: block, obstruct

종결어미			
-거든(요)	막거든(요)	-(으)세요	막으세요
-네(요)	막네(요)	-(으)ㄹ걸(요)	막을걸(요)
-자	막자	-(으)ㄹ게(요)	막을게(요)
-잖아(요)	막잖아(요)	-(으)ㄹ까(요)	막을까(요)
-지(요)	막지(요)	-(으)ㄹ래(요)	막을래(요)
-ㅂ/습니다	막습니다	-아/어(요)	막아(요)
-ㄴ/는다, -다	막는다	-아/어라	막아라
연결어미			
-거나	막거나	-지만	막지만
-거니와	막거니와	-ㄴ/는다거나,-다거나	막는다거나
-거든	막거든	-ㄴ/는다고, -다고	막는다고
-게	막게	-ㄴ/는다면, -다면	막는다면
-고	막고	-는데, -(으)ㄴ데	막는데
-고도	막고도	-(으)나	막으나
-고서	막고서	-(으)니	막으니
-고자	막고자	-(으)니까	막으니까
-기에	막기에	-(으)ㄹ래야	막을래야
-느라	막느라	-(으)러	막으러
-느라고	막느라고	-(으)려고	막으려고
-다가	막다가	-(으)면	막으면
-다시피	막다시피	-(으)면서	막으면서
-더니	막더니	-(으)므로	막으므로
-더라도	막더라도	-아/어	막아
-던데	막던데	-아/어도	막아도
-도록	막도록	-아/어서	막아서
-든지	막든지	-아/어야	막아야
-듯이	막듯이	-아/어야지	막아야지
-자마자	막자마자	-았/었더니	막았더니
전성어미			
-는	막는	-(으)ㄴ	막은
-던	막던	-(으)ㄹ	막을
선어말어미			

선어말어미 + -고		선어말어미 + -(으)며	
-(으)시-	막으시고	-(으)시-	막으시며
-겠-	막겠고	-겠-	막겠으며
-았/었-	막았고	-았/었-	막았으며
-(으)시었-	막으셨고	-(으)시었-	막으셨으며
-(으)시겠-	막으시겠고	-(으)시겠-	막으시겠으며
-(으)시었겠-	막으셨겠고	-(으)시었겠-	막으셨겠으며
선어말어미 + -아/어(요)		**선어말어미 + -ㅂ/습니다**	
-(으)시-	막으세요	-(으)시-	막으십니다
-겠-	막겠어요	-겠-	막겠습니다
-았/었-	막았어요	-았/었-	막았습니다
-(으)시었-	막으셨어요	-(으)시었-	막으셨습니다
-(으)시겠-	막으시겠어요	-(으)시겠-	막으시겠습니다
-(으)시었겠-	막으셨겠어요	-(으)시었겠-	막으셨겠습니다

동일 유형 용언:

가로막다, 녹다, 박다, 속다, 틀어막다

활용과 발음

- '막다'의 어간 '막'의 모음은 양성모음 '아'이므로, '아/어'로 시작하는 어미 중 '아'로 시작하는 어미와 결합하여 '막아(요)', '막았고'와 같이 활용한다.
- '막다'의 어간 '막'은 자음으로 끝나므로 매개모음 '으'로 시작하는 어미와 결합하여 '막으세요', '막으며'와 같이 활용한다.
- '막다'는 'ㄱ, ㄷ, ㅅ, ㅈ'과 같은 자음으로 시작하는 어미와 결합하여 '막고, 막다, 막습니다, 막지'와 같이 활용하면 '[막꼬], [막따], [막씀니다], [막찌]'와 같이 발음한다.
- '막다'는 '-네, -는'과 같이 'ㄴ'으로 시작하는 어미와 결합하면 '막네[망네], 막는[망는]'과 같이 발음한다.

작다 [작ː따] [tsaːkʼà] 형용사: small, tiny

종결어미			
-거든(요)	작거든(요)	-(으)세요	작으세요
-네(요)	작네(요)	-(으)ㄹ걸(요)	작을걸(요)
-자	작자	-(으)ㄹ게(요)	작을게(요)
-잖아(요)	작잖아(요)	-(으)ㄹ까(요)	작을까(요)
-지(요)	작지(요)	-(으)ㄹ래(요)	작을래(요)
-ㅂ/습니다	작습니다	-아/어(요)	작아(요)
-ㄴ/는다, -다	작다	-아/어라	작아라
연결어미			
-거나	작거나	-지만	작지만
-거니와	작거니와	-ㄴ/는다거나, -다거나	작다거나
-거든	작거든	-ㄴ/는다고, -다고	작다고
-게	작게	-ㄴ/는다면, -다면	작다면
-고	작고	-는데, -(으)ㄴ데	작은데
-고도	작고도	-(으)나	작으나
-고서	작고서	-(으)니	작으니
-고자	작고자	-(으)니까	작으니까
-기에	작기에	-(으)ㄹ래야	작을래야
-느라	작느라	-(으)러	작으러
-느라고	작느라고	-(으)려고	작으려고
-다가	작다가	-(으)면	작으면
-다시피	작다시피	-(으)면서	작으면서
-더니	작더니	-(으)므로	작으므로
-더라도	작더라도	-아/어	작아
-던데	작던데	-아/어도	작아도
-도록	작도록	-아/어서	작아서
-든지	작든지	-아/어야	작아야
-듯이	작듯이	-아/어야지	작아야지
-자마자	작자마자	-았/었더니	작았더니
전성어미			
-는	작는	-(으)ㄴ	작은
-던	작던	-(으)ㄹ	작을
선어말어미			

선어말어미 + -고		선어말어미 + -(으)며	
-(으)시-	작으시고	-(으)시-	작으시며
-겠-	작겠고	-겠-	작겠으며
-았/었-	작았고	-았/었-	작았으며
-(으)시었-	작으셨고	-(으)시었-	작으셨으며
-(으)시겠-	작으시겠고	-(으)시겠-	작으시겠으며
-(으)시었겠-	작으셨겠고	-(으)시었겠-	작으셨겠으며
선어말어미 + -아/어(요)		선어말어미 + -ㅂ/습니다	
-(으)시-	작으세요	-(으)시-	작으십니다
-겠-	작겠어요	-겠-	작겠습니다
-았/었-	작았어요	-았/었-	작았습니다
-(으)시었-	작으셨어요	-(으)시었-	작으셨습니다
-(으)시겠-	작으시겠어요	-(으)시겠-	작으시겠습니다
-(으)시었겠-	작으셨겠어요	-(으)시었겠-	작으셨겠습니다

동일 유형 용언:

고리삭다, 낡삭다, 약다, 작디작다, 옥다

활용과 발음

- '작다'는 형용사이므로, 동사와만 결합하는 종결어미, 연결어미, 관형사형 어미와는 결합하지 못한다.
- '작다'의 어간 '작'의 모음은 양성모음 '아'이므로, '아/어'로 시작하는 어미 중 '아'로 시작하는 어미와 결합하여 '작아(요)', '작았고'와 같이 활용한다.
- '작다'는 자음으로 끝나므로 매개모음 '으'로 시작하는 어미와 결합하여 '작으세요', '작으며'와 같이 활용한다.
- '작다'는 'ㄱ, ㄷ, ㅅ, ㅈ'과 같은 자음으로 시작하는 어미와 결합하여 '작고, 작다, 작습니다, 작지'와 같이 활용하면, '[작:꼬], [작:따], [작:씀니다], [작:찌]'와 같이 발음한다.
- '작다'는 '-네'와 같이 'ㄴ'으로 시작하는 어미와 결합하면 '작네[장:네]'와 같이 발음한다.

먹다 [먹따] [məkˀa] 동사: eat, have

종결어미			
-거든(요)	먹거든(요)	-(으)세요	먹으세요
-네(요)	먹네(요)	-(으)ㄹ걸(요)	먹을걸(요)
-자	먹자	-(으)ㄹ게(요)	먹을게(요)
-잖아(요)	먹잖아(요)	-(으)ㄹ까(요)	먹을까(요)
-지(요)	먹지(요)	-(으)ㄹ래(요)	먹을래(요)
-ㅂ/습니다	먹습니다	-아/어(요)	먹어(요)
-ㄴ/는다, -다	먹는다	-아/어라	먹어라
연결어미			
-거나	먹거나	-지만	먹지만
-거니와	먹거니와	-ㄴ/는다거나, -다거나	먹는다거나
-거든	먹거든	-ㄴ/는다고, -다고	먹는다고
-게	먹게	-ㄴ/는다면, -다면	먹는다면
-고	먹고	-는데, -(으)ㄴ데	먹는데
-고도	먹고도	-(으)나	먹으나
-고서	먹고서	-(으)니	먹으니
-고자	먹고자	-(으)니까	먹으니까
-기에	먹기에	-(으)ㄹ래야	먹을래야
-느라	먹느라	-(으)러	먹으러
-느라고	먹느라고	-(으)려고	먹으려고
-다가	먹다가	-(으)면	먹으면
-다시피	먹다시피	-(으)면서	먹으면서
-더니	먹더니	-(으)므로	먹으므로
-더라도	먹더라도	-아/어	먹어
-던데	먹던데	-아/어도	먹어도
-도록	먹도록	-아/어서	먹어서
-든지	먹든지	-아/어야	먹어야
-듯이	먹듯이	-아/어야지	먹어야지
-자마자	먹자마자	-았/었더니	먹었더니
전성어미			
-는	먹는	-(으)ㄴ	먹은
-던	먹던	-(으)ㄹ	먹을
선어말어미			
-(으)시-(주어 높임), -았/었-(과거), -겠-(미래)			

선어말어미 + -고		선어말어미 + -(으)며	
-(으)시-	먹으시고	-(으)시-	먹으시며
-겠-	먹겠고	-겠-	먹겠으며
-았/었-	먹었고	-았/었-	먹었으며
-(으)시었-	먹으셨고	-(으)시었-	먹으셨으며
-(으)시겠-	먹으시겠고	-(으)시겠-	먹으시겠으며
-(으)시었겠-	먹으셨겠고	-(으)시었겠-	먹으셨겠으며
선어말어미 + -아/어(요)		선어말어미 + -ㅂ/습니다	
-(으)시-	먹으세요	-(으)시-	먹으십니다
-겠-	먹겠어요	-겠-	먹겠습니다
-았/었-	먹었어요	-았/었-	먹었습니다
-(으)시었-	먹으셨어요	-(으)시었-	먹으셨습니다
-(으)시겠-	먹으시겠어요	-(으)시겠-	먹으시겠습니다
-(으)시었겠-	먹으셨겠어요	-(으)시었겠-	먹으셨겠습니다

동일 유형 용언:

까먹다, 마음먹다, 맞먹다, 무르익다, 묵다1(여관에), 묵다2(물건이), 식다, 썩다, 얻어먹다, 익다, 잡아먹다, 적다(글자를), 죽다, 찍다(도장을), 팔아먹다

활용과 발음

- '먹다'의 어간 '먹'의 모음은 음성모음 '어'이므로, '아/어'로 시작하는 어미 중 '어'로 시작하는 어미와 결합하여 '먹어(요)', '먹었고'와 같이 활용한다.
- '먹다'는 자음으로 끝나므로 매개모음 '으'로 시작하는 어미와 결합하여 '먹으세요', '먹으며'와 같이 활용한다.
- '먹다'는 'ㄱ, ㄷ, ㅅ, ㅈ'과 같은 자음으로 시작하는 어미와 결합하여 '먹고, 먹다, 먹습니다, 먹지'와 같이 활용하면 '[먹꼬], [먹따], [먹씀니다], [먹찌]'와 같이 발음한다.
- '먹다'는 '-네, -는'과 같이 'ㄴ'으로 시작하는 어미와 결합하면 '먹네[멍네], 먹는[멍는]'과 같이 발음한다.

적다 [적ː따] [tsəːk͈a] 형용사: few, small

종결어미			
-거든(요)	적거든(요)	-(으)세요	적으세요
-네(요)	적네(요)	-(으)ㄹ걸(요)	적을걸(요)
-자	~~적자~~	-(으)ㄹ게(요)	~~적을게(요)~~
-잖아(요)	적잖아(요)	-(으)ㄹ까(요)	적을까(요)
-지(요)	적지(요)	-(으)ㄹ래(요)	~~적을래(요)~~
-ㅂ/습니다	적습니다	-아/어(요)	적어(요)
-ㄴ/는다, -다	적다	-아/어라	~~적어라~~
연결어미			
-거나	적거나	-지만	적지만
-거니와	적거니와	-ㄴ/는다거나, -다거나	적다거나
-거든	적거든	-ㄴ/는다고, -다고	적다고
-게	적게	-ㄴ/는다면, -다면	적다면
-고	적고	-는데, -(으)ㄴ데	적은데
-고도	적고도	-(으)나	적으나
-고서	~~적고서~~	-(으)니	적으니
-고자	~~적고자~~	-(으)니까	적으니까
-기에	적기에	-(으)ㄹ래야	~~적을래야~~
-느라	~~적느라~~	-(으)러	~~적으라~~
-느라고	~~적느라고~~	-(으)려고	~~적으려고~~
-다가	~~적다가~~	-(으)면	적으면
-다시피	~~적다시피~~	-(으)면서	적으면서
-더니	적더니	-(으)므로	적으므로
-더라도	적더라도	-아/어	적어
-던데	적던데	-아/어도	적어도
-도록	~~적도록~~	-아/어서	적어서
-든지	적든지	-아/어야	적어야
-듯이	적듯이	-아/어야지	적어야지
-자마자	~~적자마자~~	-았/었더니	~~적었더니~~
전성어미			
-는	~~적는~~	-(으)ㄴ	적은
-던	적던	-(으)ㄹ	적을
선어말어미			

선어말어미 + -고		선어말어미 + -(으)며	
-(으)시-	적으시고	-(으)시-	적으시며
-겠-	적겠고	-겠-	적겠으며
-았/었-	적었고	-았/었-	적었으며
-(으)시었-	적으셨고	-(으)시었-	적으셨으며
-(으)시겠-	적으시겠고	-(으)시겠-	적으시겠으며
-(으)시었겠-	적으셨겠고	-(으)시었겠-	적으셨겠으며
선어말어미 + -아/어(요)		선어말어미 + -ㅂ/습니다	
-(으)시-	적으세요	-(으)시-	적으십니다
-겠-	적겠어요	-겠-	적겠습니다
-았/었-	적었어요	-았/었-	적었습니다
-(으)시었-	적으셨어요	-(으)시었-	적으셨습니다
-(으)시겠-	적으시겠어요	-(으)시겠-	적으시겠습니다
-(으)시었겠-	적으셨겠어요	-(으)시었겠-	적으셨겠습니다

동일 유형 용언:

어리석다, 낯익다

활용과 발음

- '적다'는 형용사이므로, 동사와만 결합하는 종결어미, 연결어미, 관형 사형 어미와는 결합하지 못한다.
- '적다'의 어간 '적'의 모음은 음성모음 '어'이므로, '아/어'로 시작하는 어미 중 '어'로 시작하는 어미와 결합하여 '적어(요)', '적었고'와 같 이 활용한다.
- '적다'는 자음으로 끝나므로 매개모음 '으'로 시작하는 어미와 결합하 여 '적으세요', '적으며'와 같이 활용한다.
- '적다'는 'ㄱ, ㄷ, ㅅ, ㅈ'과 같은 자음으로 시작하는 어미와 결합하여 '적고, 적다, 적습니다, 적지'와 같이 활용하면 '[적:꼬], [적:따], [적: 씁니다], [적:찌]'와 같이 발음한다.
- '적다'는 '-네'와 같이 'ㄴ'으로 시작하는 어미와 결합하면 '적네[정: 네]'와 같이 발음한다.

닦다 [닥따] [takˈa] 동사: clean, wash

종결어미			
-거든(요)	닦거든(요)	-(으)세요	닦으세요
-네(요)	닦네(요)	-(으)ㄹ걸(요)	닦을걸(요)
-자	닦자	-(으)ㄹ게(요)	닦을게(요)
-잖아(요)	닦잖아(요)	-(으)ㄹ까(요)	닦을까(요)
-지(요)	닦지(요)	-(으)ㄹ래(요)	닦을래(요)
-ㅂ습니다	닦습니다	-아/어(요)	닦아(요)
-ㄴ/는다, -다	닦는다	-아/어라	닦아라
연결어미			
-거나	닦거나	-지만	닦지만
-거니와	닦거니와	-ㄴ/는다거나, -다거나	닦는다거나
-거든	닦거든	-ㄴ/는다고, -다고	닦는다고
-게	닦게	-ㄴ/는다면, -다면	닦는다면
-고	닦고	-는데, -(으)ㄴ데	닦는데
-고도	닦고도	-(으)나	닦으나
-고서	닦고서	-(으)니	닦으니
-고자	닦고자	-(으)니까	닦으니까
-기에	닦기에	-(으)ㄹ래야	닦을래야
-느라	닦느라	-(으)러	닦으러
-느라고	닦느라고	-(으)려고	닦으려고
-다가	닦다가	-(으)면	닦으면
-다시피	닦다시피	-(으)면서	닦으면서
-더니	닦더니	-(으)므로	닦으므로
-더라도	닦더라도	-아/어	닦아
-던데	닦던데	-아/어도	닦아도
-도록	닦도록	-아/어서	닦아서
-든지	닦든지	-아/어야	닦아야
-듯이	닦듯이	-아/어야지	닦아야지
-자마자	닦자마자	-았/었더니	닦았더니
전성어미			
-는	닦는	-(으)ㄴ	닦은
-던	닦던	-(으)ㄹ	닦을

선어말어미 -(으)시-(주어 높임), -았/었-(과거), -겠-(미래)				
선어말어미 + -고		**선어말어미 + -(으)며**	
-(으)시-	닦으시고	-(으)시-	닦으시며
-겠-	닦겠고	-겠-	닦겠으며
-았/었-	닦았고	-았/었-	닦았으며
-(으)시었-	닦으셨고	-(으)시었-	닦으셨으며
-(으)시겠-	닦으시겠고	-(으)시겠-	닦으시겠으며
-(으)시었겠-	닦으셨겠고	-(으)시었겠-	닦으셨겠으며
선어말어미 + -아/어(요)		**선어말어미 + -ㅂ/습니다**	
-(으)시-	닦으세요	-(으)시-	닦으십니다
-겠-	닦겠어요	-겠-	닦겠습니다
-았/었-	닦았어요	-았/었-	닦았습니다
-(으)시었-	닦으셨어요	-(으)시었-	닦으셨습니다
-(으)시겠-	닦으시겠어요	-(으)시겠-	닦으시겠습니다
-(으)시었겠-	닦으셨겠어요	-(으)시었겠-	닦으셨겠습니다

동일 유형 용언:

깎다, 낚다, 볶다

활용과 발음

- '닦다'의 어간 '닦'의 모음은 양성모음 '아'이므로, '아/어'로 시작하는 어미 중 '아'로 시작하는 어미와 결합하여 '닦아(요)', '닦았고'와 같이 활용한다.
- '닦다'는 자음으로 끝나므로 매개모음 '으'로 시작하는 어미와 결합하여 '닦으세요', '닦으며'와 같이 활용한다.
- '닦다'의 'ㄲ'은 자음 어미와 결합하면 'ㄱ'으로 발음한다. '닦고, 닦다, 닦습니다, 닦지'는 [닥꼬], [닥따], [닥씀니다], [닥찌]'와 같이 발음한다.
- '닦다'는 'ㄴ'으로 시작하는 '-네, -는'과 같은 어미와 결합하면 '닦네[당네], 닦는[당는]'과 같이 발음한다.

묶다 [묵따] [mukt͈a] 동사: tie (up), bind

종결어미			
-거든(요)	묶거든(요)	-(으)세요	묶으세요
-네(요)	묶네(요)	-(으)ㄹ걸(요)	묶을걸(요)
-자	묶자	-(으)ㄹ게(요)	묶을게(요)
-잖아(요)	묶잖아(요)	-(으)ㄹ까(요)	묶을까(요)
-지(요)	묶지(요)	-(으)ㄹ래(요)	묶을래(요)
-ㅂ/습니다	묶습니다	-아/어(요)	묶어(요)
-ㄴ/는다, -다	묶는다	-아/어라	묶어라
연결어미			
-거나	묶거나	-지만	묶지만
-거니와	묶거니와	-ㄴ/는다거나, -다거나	묶는다거나
-거든	묶거든	-ㄴ/는다고, -다고	묶는다고
-게	묶게	-ㄴ/는다면, -다면	묶는다면
-고	묶고	-는데, -(으)ㄴ데	묶는데
-고도	묶고도	-(으)나	묶으나
-고서	묶고서	-(으)니	묶으니
-고자	묶고자	-(으)니까	묶으니까
-기에	묶기에	-(으)ㄹ래야	묶을래야
-느라	묶느라	-(으)러	묶으러
-느라고	묶느라고	-(으)려고	묶으려고
-다가	묶다가	-(으)면	묶으면
-다시피	묶다시피	-(으)면서	묶으면서
-더니	묶더니	-(으)므로	묶으므로
-더라도	묶더라도	-아/어	묶어
-던데	묶던데	-아/어도	묶어도
-도록	묶도록	-아/어서	묶어서
-든지	묶든지	-아/어야	묶어야
-듯이	묶듯이	-아/어야지	묶어야지
-자마자	묶자마자	-았/었더니	묶었더니
전성어미			
-는	묶는	-(으)ㄴ	묶은
-던	묶던	-(으)ㄹ	묶을
선어말어미			

-(으)시-(주어 높임), -았/었-(과거), -겠-(미래)			
선어말어미 + -고		**선어말어미 + -(으)며**	
-(으)시-	묶으시고	-(으)시-	묶으시며
-겠-	묶겠고	-겠-	묶겠으며
-았/었-	묶었고	-았/었-	묶었으며
-(으)시었-	묶으셨고	-(으)시었-	묶으셨으며
-(으)시겠-	묶으시겠고	-(으)시겠-	묶으시겠으며
-(으)시었겠-	묶으셨겠고	-(으)시었겠-	묶으셨겠으며
선어말어미 + -아/어(요)		**선어말어미 + -ㅂ/습니다**	
-(으)시-	묶으세요	-(으)시-	묶으십니다
-겠-	묶겠어요	-겠-	묶겠습니다
-았/었-	묶었어요	-았/었-	묶었습니다
-(으)시었-	묶으셨어요	-(으)시었-	묶으셨습니다
-(으)시겠-	묶으시겠어요	-(으)시겠-	묶으시겠습니다
-(으)시었겠-	묶으셨겠어요	-(으)시었겠-	묶으셨겠습니다

동일 유형 용언:
겪다, 꺾다, 섞다, 엮다

활용과 발음

- '묶다'의 어간 '묶'의 모음은 음성모음 '우'이므로, '아/어'로 시작하는 어미 중 '어'로 시작하는 어미와 결합하여 '묶어(요)', '묶었고'와 같이 활용한다.
- '묶다'는 자음으로 끝나므로 매개모음 '으'로 시작하는 어미와 결합하여 '묶으세요', '묶으며'와 같이 활용한다.
- '묶다'의 'ㄲ'은 자음 어미와 결합하면 'ㄱ'으로 발음한다. '묶고, 묶다, 묶습니다, 묶지'는 '[묵꼬], [묵따], [묵씁니다], [묵찌]'와 같이 발음한다.
- '묶다'는 'ㄴ'으로 시작하는 '-네, -는'과 같은 어미와 결합하면 '묶네[뭉네], 묶는[뭉는]'과 같이 발음한다.

안다 [안:따] [aːnt ˈa] 동사: hug, cuddle

종결어미			
-거든(요)	안거든(요)	-(으)세요	안으세요
-네(요)	안네(요)	-(으)ㄹ걸(요)	안을걸(요)
-자	안자	-(으)ㄹ게(요)	안을게(요)
-잖아(요)	안잖아(요)	-(으)ㄹ까(요)	안을까(요)
-지(요)	안지(요)	-(으)ㄹ래(요)	안을래(요)
-ㅂ/습니다	안습니다	-아/어(요)	안아(요)
-ㄴ/는다, -다	안는다	-아/어라	안아라
연결어미			
-거나	안거나	-지만	안지만
-거니와	안거니와	-ㄴ/는다거나, -다거나	안는다거나
-거든	안거든	-ㄴ/는다고, -다고	안는다고
-게	안게	-ㄴ/는다면, -다면	안는다면
-고	안고	-는데, -(으)ㄴ데	안는데
-고도	안고도	-(으)나	안으나
-고서	안고서	-(으)니	안으니
-고자	안고자	-(으)니까	안으니까
-기에	안기에	-(으)ㄹ래야	안을래야
-느라	안느라	-(으)러	안으러
-느라고	안느라고	-(으)려고	안으려고
-다가	안다가	-(으)면	안으면
-다시피	안다시피	-(으)면서	안으면서
-더니	안더니	-(으)므로	안으므로
-더라도	안더라도	-아/어	안아
-던데	안던데	-아/어도	안아도
-도록	안도록	-아/어서	안아서
-든지	안든지	-아/어야	안아야
-듯이	안듯이	-아/어야지	안아야지
-자마자	안자마자	-았/었더니	안았더니
전성어미			
-는	안는	-(으)ㄴ	안은
-던	안던	-(으)ㄹ	안을
선어말어미			

-(으)시-(주어 높임), -았/었-(과거), -겠-(미래)			
선어말어미 + -고		**선어말어미 + -(으)며**	
-(으)시-	안으시고	-(으)시-	안으시며
-겠-	안겠고	-겠-	안겠으며
-았/었-	안았고	-았/었-	안았으며
-(으)시었-	안으셨고	-(으)시었-	안으셨으며
-(으)시겠-	안으시겠고	-(으)시겠-	안으시겠으며
-(으)시었겠-	안으셨겠고	-(으)시었겠-	안으셨겠으며
선어말어미 + -아/어(요)		**선어말어미 + -ㅂ/습니다**	
-(으)시-	안으세요	-(으)시-	안으십니다
-겠-	안겠어요	-겠-	안겠습니다
-았/었-	안았어요	-았/었-	안았습니다
-(으)시었-	안으셨어요	-(으)시었-	안으셨습니다
-(으)시겠-	안으시겠어요	-(으)시겠-	안으시겠습니다
-(으)시었겠-	안으셨겠어요	-(으)시었겠-	안으셨겠습니다

동일 유형 용언:
껴안다, 끌어안다

활용과 발음
- '안다'의 어간 '안'의 모음은 양성모음 '아'이므로, '아/어'로 시작하는 어미 중 '아'로 시작하는 어미와 결합하여 '안아(요)', '안았고'와 같이 활용한다.
- '안다'는 자음으로 끝나므로 매개모음 '으'로 시작하는 어미와 결합하여 '안으세요', '안으며'와 같이 활용한다.
- '안다'는 'ㄱ, ㄷ, ㅅ, ㅈ'으로 시작하는 어미와 결합하면 어미의 'ㄱ, ㄷ, ㅅ, ㅈ'이 경음이 되어 '안고[안:꼬], 안다[안:따], 안습니다[안:씀니다], 안지[안:찌]'로 발음한다.

신다 [신따] [sint à] 동사: put on

종결어미			
-거든(요)	신거든(요)	-(으)세요	신으세요
-네(요)	신네(요)	-(으)ㄹ걸(요)	신을걸(요)
-자	신자	-(으)ㄹ게(요)	신을게(요)
-잖아(요)	신잖아(요)	-(으)ㄹ까(요)	신을까(요)
-지(요)	신지(요)	-(으)ㄹ래(요)	신을래(요)
-ㅂ/습니다	신습니다	-아/어(요)	신어(요)
-ㄴ/는다, -다	신는다	-아/어라	신어라
연결어미			
-거나	신거나	-지만	신지만
-거니와	신거니와	-ㄴ/는다거나, -다거나	신는다거나
-거든	신거든	-ㄴ/는다고, -다고	신는다고
-게	신게	-ㄴ/는다면, -다면	신는다면
-고	신고	-는데, -(으)ㄴ데	신는데
-고도	신고도	-(으)나	신으나
-고서	신고서	-(으)니	신으니
-고자	신고자	-(으)니까	신으니까
-기에	신기에	-(으)ㄹ래야	신을래야
-느라	신느라	-(으)러	신으러
-느라고	신느라고	-(으)려고	신으려고
-다가	신다가	-(으)면	신으면
-다시피	신다시피	-(으)면서	신으면서
-더니	신더니	-(으)므로	신으므로
-더라도	신더라도	-아/어	신어
-던데	신던데	-아/어도	신어도
-도록	신도록	-아/어서	신어서
-든지	신든지	-아/어야	신어야
-듯이	신듯이	-아/어야지	신어야지
-자마자	신자마자	-았/었더니	신었더니
전성어미			
-는	신는	-(으)ㄴ	신은
-던	신던	-(으)ㄹ	신을

선어말어미 -(으)시-(주어 높임), -았/었-(과거), -겠-(미래)			
선어말어미 + -고		**선어말어미 + -(으)며**	
-(으)시-	신으시고	-(으)시-	신으시며
-겠-	신겠고	-겠-	신겠으며
-았/었-	신었고	-았/었-	신었으며
-(으)시었-	신으셨고	-(으)시었-	신으셨으며
-(으)시겠-	신으시겠고	-(으)시겠-	신으시겠으며
-(으)시었겠-	신으셨겠고	-(으)시었겠-	신으셨겠으며
선어말어미 + -아/어(요)		**선어말어미 + -ㅂ/습니다**	
-(으)시-	신으세요	-(으)시-	신으십니다
-겠-	신겠어요	-겠-	신겠습니다
-았/었-	신었어요	-았/었-	신었습니다
-(으)시었-	신으셨어요	-(으)시었-	신으셨습니다
-(으)시겠-	신으시겠어요	-(으)시겠-	신으시겠습니다
-(으)시었겠-	신으셨겠어요	-(으)시었겠-	신으셨겠습니다

동일 유형 용언:

지르신다, 꿰신다, 덧신다, *묻다

활용과 발음

- ‘신다’의 어간 ‘신’의 모음은 음성모음 ‘이’이므로 ‘아/어’로 시작하는 어미 중 ‘어’로 시작하는 어미와 결합하여 ‘신어(요)’, ‘신었고’와 같이 활용한다.
- ‘신다’는 자음으로 끝나므로 매개모음 ‘으’로 시작하는 어미와 결합하여 ‘신으세요’, ‘신으며’와 같이 활용한다.
- ‘신다’는 ‘ㄱ, ㄷ, ㅅ, ㅈ’으로 시작하는 어미와 결합하면 어미의 ‘ㄱ, ㄷ, ㅅ, ㅈ’이 경음이 되어 ‘신고[신꼬], 신다[신따], 신습니다[신씀니다], 신지[신찌]’로 발음한다.
- * ‘묻다’는 ‘무느다’의 준말로 자음 어미와만 결합한다.

앉다 [안따] [ant à] 동사: sit (down)

종결어미			
-거든(요)	앉거든(요)	-(으)세요	앉으세요
-네(요)	앉네(요)	-(으)ㄹ걸(요)	앉을걸(요)
-자	앉자	-(으)ㄹ게(요)	앉을게(요)
-잖아(요)	앉잖아(요)	-(으)ㄹ까(요)	앉을까(요)
-지(요)	앉지(요)	-(으)ㄹ래(요)	앉을래(요)
-ㅂ/습니다	앉습니다	-아/어(요)	앉아(요)
-ㄴ/는다, -다	앉는다	-아/어라	앉아라
연결어미			
-거나	앉거나	-지만	앉지만
-거니와	앉거니와	-ㄴ/는다거나, -다거나	앉는다거나
-거든	앉거든	-ㄴ/는다고, -다고	앉는다고
-게	앉게	-ㄴ/는다면, -다면	앉는다면
-고	앉고	-는데, -(으)ㄴ데	앉는데
-고도	앉고도	-(으)나	앉으나
-고서	앉고서	-(으)니	앉으니
-고자	앉고자	-(으)니까	앉으니까
-기에	앉기에	-(으)ㄹ래야	앉을래야
-느라	앉느라	-(으)러	앉으러
-느라고	앉느라고	-(으)려고	앉으려고
-다가	앉다가	-(으)면	앉으면
-다시피	앉다시피	-(으)면서	앉으면서
-더니	앉더니	-(으)므로	앉으므로
-더라도	앉더라도	-아/어	앉아
-던데	앉던데	-아/어도	앉아도
-도록	앉도록	-아/어서	앉아서
-든지	앉든지	-아/어야	앉아야
-듯이	앉듯이	-아/어야지	앉아야지
-자마자	앉자마자	-았/었더니	앉았더니
전성어미			
-는	앉는	-(으)ㄴ	앉은
-던	앉던	-(으)ㄹ	앉을

선어말어미 -(으)시-(주어 높임), -았/었-(과거), -겠-(미래)			
선어말어미 + -고		선어말어미 + -(으)며	
-(으)시-	앉으시고	-(으)시-	앉으시며
-겠-	앉겠고	-겠-	앉겠으며
-았/었-	앉았고	-았/었-	앉았으며
-(으)시었-	앉으셨고	-(으)시었-	앉으셨으며
-(으)시겠-	앉으시겠고	-(으)시겠-	앉으시겠으며
-(으)시었겠-	앉으셨겠고	-(으)시었겠-	앉으셨겠으며
선어말어미 + -아/어(요)		선어말어미 + -ㅂ/습니다	
-(으)시-	앉으세요	-(으)시-	앉으십니다
-겠-	앉겠어요	-겠-	앉겠습니다
-았/었-	앉았어요	-았/었-	앉았습니다
-(으)시었-	앉으셨어요	-(으)시었-	앉으셨습니다
-(으)시겠-	앉으시겠어요	-(으)시겠-	앉으시겠습니다
-(으)시었겠-	앉으셨겠어요	-(으)시었겠-	앉으셨겠습니다

동일 유형 용언:

가라앉다, 걸터앉다, 내려앉다, 둘러앉다, 들어앉다, 주저앉다

활용과 발음

- '앉다'의 '앉'의 모음은 양성모음 '아'이므로, '아/어'로 시작하는 어미 중 '아'로 시작하는 어미와 결합하여 '앉아(요)[안자요]', '앉았고[안잗 꼬]'와 같이 활용한다.
- '앉다'는 자음으로 끝나므로 매개모음 '으'로 시작하는 어미와 결합하여 '앉으세요[안즈세요]', '앉으며[안즈며]'와 같이 활용한다.
- '앉다'는 자음으로 시작하는 어미와 결합하면 'ㅈ'이 탈락하여 '앉고 [안꼬], 앉다[안따], 앉습니다[안씀니다], 앉지[안찌]'로 발음한다.

얹다 [언따] [ənt 'a] 동사: put on, place

종결어미			
-거든(요)	얹거든(요)	-(으)세요	얹으세요
-네(요)	얹네(요)	-(으)ㄹ걸(요)	얹을걸(요)
-자	얹자	-(으)ㄹ게(요)	얹을게(요)
-잖아(요)	얹잖아(요)	-(으)ㄹ까(요)	얹을까(요)
-지(요)	얹지(요)	-(으)ㄹ래(요)	얹을래(요)
-ㅂ/습니다	얹습니다	-아/어(요)	얹어(요)
-ㄴ/는다, -다	얹는다	-아/어라	얹어라
연결어미			
-거나	얹거나	-지만	얹지만
-거니와	얹거니와	-ㄴ/는다거나, -다거나	얹는다거나
-거든	얹거든	-ㄴ/는다고, -다고	얹는다고
-게	얹게	-ㄴ/는다면, -다면	얹는다면
-고	얹고	-는데, -(으)ㄴ데	얹는데
-고도	얹고도	-(으)나	얹으나
-고서	얹고서	-(으)니	얹으니
-고자	얹고자	-(으)니까	얹으니까
-기에	얹기에	-(으)ㄹ래야	얹을래야
-느라	얹느라	-(으)러	얹으러
-느라고	얹느라고	-(으)려고	얹으려고
-다가	얹다가	-(으)면	얹으면
-다시피	얹다시피	-(으)면서	얹으면서
-더니	얹더니	-(으)므로	얹으므로
-더라도	얹더라도	-아/어	얹어
-던데	얹던데	-아/어도	얹어도
-도록	얹도록	-아/어서	얹어서
-든지	얹든지	-아/어야	얹어야
-듯이	얹듯이	-아/어야지	얹어야지
-자마자	얹자마자	-았/었더니	얹었더니
전성어미			
-는	얹는	-(으)ㄴ	얹은
-던	얹던	-(으)ㄹ	얹을
선어말어미			

선어말어미 + -고		선어말어미 + -(으)며	
-(으)시-	얹으시고	-(으)시-	얹으시며
-겠-	얹겠고	-겠-	얹겠으며
-았/었-	얹었고	-았/었-	얹었으며
-(으)시었-	얹으셨고	-(으)시었-	얹으셨으며
-(으)시겠-	얹으시겠고	-(으)시겠-	얹으시겠으며
-(으)시었겠-	얹으셨겠고	-(으)시었겠-	얹으셨겠으며
선어말어미 + -아/어(요)		선어말어미 + -ㅂ/습니다	
-(으)시-	얹으세요	-(으)시-	얹으십니다
-겠-	얹겠어요	-겠-	얹겠습니다
-았/었-	얹었어요	-았/었-	얹었습니다
-(으)시었-	얹으셨어요	-(으)시었-	얹으셨습니다
-(으)시겠-	얹으시겠어요	-(으)시겠-	얹으시겠습니다
-(으)시었겠-	얹으셨겠어요	-(으)시었겠-	얹으셨겠습니다

동일 유형 용언:

끼얹다

활용과 발음

- '얹다'의 어간 '얹'의 모음은 음성모음 '어'이므로 '아/어'로 시작하는 어미 중 '어'로 시작하는 어미와 결합하여 '얹어(요)[언저요]', '얹었고[언젇꼬]'와 같이 활용한다.
- '얹다'는 자음으로 끝나므로 매개모음 '으'로 시작하는 어미와 결합하여 '얹으세요[언즈세요]', '얹으며[언즈며]'와 같이 활용한다.
- '얹다'는 자음으로 시작하는 어미와 결합하면 'ㅈ'이 탈락하여 '얹고[언꼬], 얹다[언따], 얹습니다[언씁니다], 얹지[언찌]'로 발음한다.

않다 [안타] [ant^{h}a] 동사: be not, do not

종결어미			
-거든(요)	않거든(요)	-(으)세요	않으세요
-네(요)	않네(요)	-(으)ㄹ걸(요)	않을걸(요)
-자	않자	-(으)ㄹ게(요)	않을게(요)
-잖아(요)	않잖아(요)	-(으)ㄹ까(요)	않을까(요)
-지(요)	않지(요)	-(으)ㄹ래(요)	않을래(요)
-ㅂ/습니다	않습니다	-아/어(요)	않아(요)
-ㄴ/는다, -다	않는다	-아/어라	않아라
연결어미			
-거나	않거나	-지만	않지만
-거니와	않거니와	-ㄴ/는다거나, -다거나	않는다거나
-거든	않거든	-ㄴ/는다고, -다고	않는다고
-게	않게	-ㄴ/는다면, -다면	않는다면
-고	않고	-는데, -(으)ㄴ데	않는데
-고도	않고도	-(으)나	않으나
-고서	않고서	-(으)니	않으니
-고자	않고자	-(으)니까	않으니까
-기에	않기에	-(으)ㄹ래야	않을래야
-느라	않느라	-(으)러	않으러
-느라고	않느라고	-(으)려고	않으려고
-다가	않다가	-(으)면	않으면
-다시피	않다시피	-(으)면서	않으면서
-더니	않더니	-(으)므로	않으므로
-더라도	않더라도	-아/어	않아
-던데	않던데	-아/어도	않아도
-도록	않도록	-아/어서	않아서
-든지	않든지	-아/어야	않아야
-듯이	않듯이	-아/어야지	않아야지
-자마자	않자마자	-았/었더니	않았더니
전성어미			
-는	않는	-(으)ㄴ	않은
-던	않던	-(으)ㄹ	않을
선어말어미 -(으)시-(주어 높임), -았/었-(과거), -겠-(미래)			

선어말어미 + -고		선어말어미 + -(으)며	
-(으)시-	않으시고	-(으)시-	않으시며
-겠-	않겠고	-겠-	않겠으며
-았/었-	않았고	-았/었-	않았으며
-(으)시었-	않으셨고	-(으)시었-	않으셨으며
-(으)시겠-	않으시겠고	-(으)시겠-	않으시겠으며
-(으)시었겠-	않으셨겠고	-(으)시었겠-	않으셨겠으며
선어말어미 + -아/어(요)		선어말어미 + -ㅂ/습니다	
-(으)시-	않으세요	-(으)시-	않으십니다
-겠-	않겠어요	-겠-	않겠습니다
-았/었-	않았어요	-았/었-	않았습니다
-(으)시었-	않으셨어요	-(으)시었-	않으셨습니다
-(으)시겠-	않으시겠어요	-(으)시겠-	않으시겠습니다
-(으)시었겠-	않으셨겠어요	-(으)시었겠-	않으셨겠습니다

동일 유형 용언:

끓다

활용과 발음

- '않다'의 어간 '않'의 모음은 양성모음 '아'이므로 '아/어'로 시작하는 어미 중 '아'로 시작하는 어미와 결합하여 '않아(요)', '않았고'와 같이 활용한다. 이때 'ㅎ'은 탈락하여 '않아요[아나요], 않았고[아낟꼬]'로 발음한다.
- '않다'는 자음으로 끝나므로 매개모음 '으'로 시작하는 어미와 결합하여 '않으세요', '않으며'와 같이 활용한다. 이때 'ㅎ'은 탈락하여 '않으세요[아느세요], 않으며[아느며]'로 발음한다.
- '않다'는 'ㄱ, ㄷ, ㅈ'으로 시작하는 어미와 결합하면 'ㅎ'이 'ㄱ, ㄷ, ㅈ'과 축약되어 'ㅋ, ㅌ, ㅊ'이 되며 '않고[안코], 않다[안타], 않지[안치]'로 발음한다.
- '않다'는 'ㄴ'으로 시작하는 어미와 결합하면 'ㅎ'이 탈락하여 '않네[안네]'로 발음한다.
- '않다'는 'ㅅ'으로 시작하는 어미와 결합하면 'ㅎ'이 탈락하고 'ㅅ'은 'ㅆ'이 되어 '않습니다[안씀니다]'로 발음한다.

많다 [만ː타] [maːntʰa] 형용사: a lot of, many, much

종결어미			
-거든(요)	많거든(요)	-(으)세요	많으세요
-네(요)	많네(요)	-(으)ㄹ걸(요)	많을걸(요)
-자	~~많자~~	-(으)ㄹ게(요)	~~많을게(요)~~
-잖아(요)	많잖아(요)	-(으)ㄹ까(요)	~~많을까(요)~~
-지(요)	많지(요)	-(으)ㄹ래(요)	~~많을래(요)~~
-ㅂ/습니다	많습니다	-아/어(요)	많아(요)
-ㄴ/는다, -다	많다	-아/어라	~~많어라~~
연결어미			
-거나	많거나	-지만	많지만
-거니와	많거니와	-ㄴ/는다거나, -다거나	많다거나
-거든	많거든	-ㄴ/는다고, -다고	많다고
-게	많게	-ㄴ/는다면, -다면	많다면
-고	많고	-는데, -(으)ㄴ데	많은데
-고도	많고도	-(으)나	많으나
-고서	~~많고서~~	-(으)니	많으니
-고자	~~많고자~~	-(으)니까	많으니까
-기에	많기에	-(으)ㄹ래야	많을래야
-느라	~~많느라~~	-(으)러	~~많으라~~
-느라고	~~많느라고~~	-(으)려고	~~많으려고~~
-다가	~~많다가~~	-(으)면	많으면
-다시피	~~많다시피~~	-(으)면서	많으면서
-더니	많더니	-(으)므로	많으므로
-더라도	많더라도	-아/어	많아
-던데	많던데	-아/어도	많아도
-도록	~~많도록~~	-아/어서	많아서
-든지	많든지	-아/어야	많아야
-듯이	많듯이	-아/어야지	많아야지
-자마자	~~많자마자~~	-았/었더니	~~많았더니~~
전성어미			
-는	~~많는~~	-(으)ㄴ	많은
-던	많던	-(으)ㄹ	많을
선어말어미			
선어말어미 + -고		선어말어미 + -(으)며	
-(으)시-	많으시고	-(으)시-	많으시며

-겠-	많겠고	-겠-	많겠으며
-았/었-	많았고	-았/었-	많았으며
-(으)시었-	많으셨고	-(으)시었-	많으셨으며
-(으)시겠-	많으시겠고	-(으)시겠-	많으시겠으며
-(으)시었겠-	많으셨겠고	-(으)시었겠-	많으셨겠으며
선어말어미 + -아/어(요)		**선어말어미 + -ㅂ/습니다**	
-(으)시-	많으세요	-(으)시-	많으십니다
-겠-	많겠어요	-겠-	많겠습니다
-았/었-	많았어요	-았/었-	많았습니다
-(으)시었-	많으셨어요	-(으)시었-	많으셨습니다
-(으)시겠-	많으시겠어요	-(으)시겠-	많으시겠습니다
-(으)시었겠-	많으셨겠어요	-(으)시었겠-	많으셨겠습니다

동일 유형 용언:

괜찮다, 귀찮다, 변변찮다, 머지않다, 못지않다, 수많다, 앓다2, 언짢다, 적잖다, 점잖다, 편찮다, 하찮다

활용과 발음

- '많다'는 형용사이므로, 동사와만 결합하는 종결어미, 연결어미, 관형사형 어미와는 결합하지 못한다.
- '많다'의 어간 '많'의 모음은 양성모음 '아'이므로, '아/어'로 시작하는 어미 중 '아'로 시작하는 어미와 결합하여 '많아(요)', '많았고'와 같이 활용한다. 이때 'ㅎ'은 탈락하여 '많아요[마:나요], 많았고[마:낟꼬]'로 발음한다.
- '많다'는 자음으로 끝나므로 매개모음 '으'로 시작하는 어미와 결합하여 '많으세요', '많으며'와 같이 활용한다. 이때 'ㅎ'은 탈락하여 '많으세요[마:느세요], 많으며[마:느며]'로 발음한다.
- '많다'는 'ㄱ, ㄷ, ㅈ'으로 시작하는 어미와 결합하면 'ㅎ'이 'ㄱ, ㄷ, ㅈ'과 축약되어 'ㅋ, ㅌ, ㅊ'이 되며 '많고[만:코], 많다[만:타], 많지[만:치]'로 발음한다.
- '많다'는 'ㄴ'으로 시작하는 어미와 결합하면 'ㅎ'이 탈락하여 '많네[만:네]'로 발음한다.
- '많다'는 'ㅅ'으로 시작하는 어미와 결합하면 'ㅎ'이 탈락하고 'ㅅ'은 'ㅆ'이 되어 '많습니다[만:씀니다]'로 발음한다.

끊다 [끈타] [k ʼiuntʰa] 동사: cut, quit

<table>
<tr><th colspan="4">종결어미</th></tr>
<tr><td>-거든(요)</td><td>끊거든(요)</td><td>-(으)세요</td><td>끊으세요</td></tr>
<tr><td>-네(요)</td><td>끊네(요)</td><td>-(으)ㄹ걸(요)</td><td>끊을걸(요)</td></tr>
<tr><td>-자</td><td>끊자</td><td>-(으)ㄹ게(요)</td><td>끊을게(요)</td></tr>
<tr><td>-잖아(요)</td><td>끊잖아(요)</td><td>-(으)ㄹ까(요)</td><td>끊을까(요)</td></tr>
<tr><td>-지(요)</td><td>끊지(요)</td><td>-(으)ㄹ래(요)</td><td>끊을래(요)</td></tr>
<tr><td>-ㅂ/습니다</td><td>끊습니다</td><td>-아/어(요)</td><td>끊어(요)</td></tr>
<tr><td>-ㄴ/는다, -다</td><td>끊는다</td><td>-아/어라</td><td>끊어라</td></tr>
<tr><th colspan="4">연결어미</th></tr>
<tr><td>-거나</td><td>끊거나</td><td>-지만</td><td>끊지만</td></tr>
<tr><td>-거니와</td><td>끊거니와</td><td>-ㄴ/는다거나, -다거나</td><td>끊는다거나</td></tr>
<tr><td>-거든</td><td>끊거든</td><td>-ㄴ/는다고, -다고</td><td>끊는다고</td></tr>
<tr><td>-게</td><td>끊게</td><td>-ㄴ/는다면, -다면</td><td>끊는다면</td></tr>
<tr><td>-고</td><td>끊고</td><td>-는데, -(으)ㄴ데</td><td>끊는데</td></tr>
<tr><td>-고도</td><td>끊고도</td><td>-(으)나</td><td>끊으나</td></tr>
<tr><td>-고서</td><td>끊고서</td><td>-(으)니</td><td>끊으니</td></tr>
<tr><td>-고자</td><td>끊고자</td><td>-(으)니까</td><td>끊으니까</td></tr>
<tr><td>-기에</td><td>끊기에</td><td>-(으)ㄹ래야</td><td>끊을래야</td></tr>
<tr><td>-느라</td><td>끊느라</td><td>-(으)러</td><td>끊으러</td></tr>
<tr><td>-느라고</td><td>끊느라고</td><td>-(으)려고</td><td>끊으려고</td></tr>
<tr><td>-다가</td><td>끊다가</td><td>-(으)면</td><td>끊으면</td></tr>
<tr><td>-다시피</td><td>끊다시피</td><td>-(으)면서</td><td>끊으면서</td></tr>
<tr><td>-더니</td><td>끊더니</td><td>-(으)므로</td><td>끊으므로</td></tr>
<tr><td>-더라도</td><td>끊더라도</td><td>-아/어</td><td>끊어</td></tr>
<tr><td>-던데</td><td>끊던데</td><td>-아/어도</td><td>끊어도</td></tr>
<tr><td>-도록</td><td>끊도록</td><td>-아/어서</td><td>끊어서</td></tr>
<tr><td>-든지</td><td>끊든지</td><td>-아/어야</td><td>끊어야</td></tr>
<tr><td>-듯이</td><td>끊듯이</td><td>-아/어야지</td><td>끊어야지</td></tr>
<tr><td>-자마자</td><td>끊자마자</td><td>-았/었더니</td><td>끊었더니</td></tr>
<tr><th colspan="4">전성어미</th></tr>
<tr><td>-는</td><td>끊는</td><td>-(으)ㄴ</td><td>끊은</td></tr>
<tr><td>-던</td><td>끊던</td><td>-(으)ㄹ</td><td>끊을</td></tr>
<tr><th colspan="4">선어말어미</th></tr>
</table>

선어말어미 + -고		선어말어미 + -(으)며	
-(으)시-	끊으시고	-(으)시-	끊으시며
-겠-	끊겠고	-겠-	끊겠으며
-았/었-	끊었고	-았/었-	끊었으며
-(으)시었-	끊으셨고	-(으)시었-	끊으셨으며
-(으)시겠-	끊으시겠고	-(으)시겠-	끊으시겠으며
-(으)시었겠-	끊으셨겠고	-(으)시었겠-	끊으셨겠으며
선어말어미 + -아/어(요)		선어말어미 + -ㅂ/습니다	
-(으)시-	끊으세요	-(으)시-	끊으십니다
-겠-	끊겠어요	-겠-	끊겠습니다
-았/었-	끊었어요	-았/었-	끊었습니다
-(으)시었-	끊으셨어요	-(으)시었-	끊으셨습니다
-(으)시겠-	끊으시겠어요	-(으)시겠-	끊으시겠습니다
-(으)시었겠-	끊으셨겠어요	-(으)시었겠-	끊으셨겠습니다

동일 유형 용언:

애끊다, 잡아끊다

활용과 발음

- '끊다'의 어간 '끊'의 모음은 음성모음 '으'이므로 '아/어'로 시작하는 어미 중 '어'로 시작하는 어미와 결합하여 '끊어(요)', '끊었고'와 같이 활용한다. 이때 'ㅎ'은 탈락하여 '끊어[끄너요], 끊었고[끄넏꼬]'로 발음한다.
- '끊다'는 자음으로 끝나므로 매개모음 '으'로 시작하는 어미와 결합하여 '끊으세요', '끊으며'와 같이 활용한다. 이때 'ㅎ'은 탈락하여 '끊으세요[끄느세요], 끊으며[끄느며]'로 발음한다.
- '끊다'는 'ㄱ, ㄷ, ㅈ'으로 시작하는 어미와 결합하면 'ㅎ'이 'ㄱ, ㄷ, ㅈ'과 축약되어 'ㅋ, ㅌ, ㅊ'이 되며 '끊고[끈코], 끊다[끈타], 끊지[끈치]'로 발음한다.
- '끊다'는 'ㄴ'으로 시작하는 어미와 결합하면 'ㅎ'이 탈락하여 '끊네[끈네]'로 발음한다.
- '끊다'는 'ㅅ'으로 시작하는 어미와 결합하면 'ㅎ'이 탈락하고 'ㅅ'은 'ㅆ'이 되어 '끊습니다[끈씀니다]'로 발음한다.

받다 [받따] [paťt à] 동사: accept, receive

종결어미			
-거든(요)	받거든(요)	-(으)세요	받으세요
-네(요)	받네(요)	-(으)ㄹ걸(요)	받을걸(요)
-자	받자	-(으)ㄹ게(요)	받을게(요)
-잖아(요)	받잖아(요)	-(으)ㄹ까(요)	받을까(요)
-지(요)	받지(요)	-(으)ㄹ래(요)	받을래(요)
-ㅂ/습니다	받습니다	-아/어(요)	받아(요)
-ㄴ/는다, -다	받는다	-아/어라	받아라
연결어미			
-거나	받거나	-지만	받지만
-거니와	받거니와	-ㄴ/는다거나, -다거나	받는다거나
-거든	받거든	-ㄴ/는다고, -다고	받는다고
-게	받게	-ㄴ/는다면, -다면	받는다면
-고	받고	-는데, -(으)ㄴ데	받는데
-고도	받고도	-(으)나	받으나
-고서	받고서	-(으)니	받으니
-고자	받고자	-(으)니까	받으니까
-기에	받기에	-(으)ㄹ래야	받을래야
-느라	받느라	-(으)러	받으러
-느라고	받느라고	-(으)려고	받으려고
-다가	받다가	-(으)면	받으면
-다시피	받다시피	-(으)면서	받으면서
-더니	받더니	-(으)므로	받으므로
-더라도	받더라도	-아/어	받아
-던데	받던데	-아/어도	받아도
-도록	받도록	-아/어서	받아서
-든지	받든지	-아/어야	받아야
-듯이	받듯이	-아/어야지	받아야지
-자마자	받자마자	-았/었더니	받았더니
전성어미			
-는	받는	-(으)ㄴ	받은
-던	받던	-(으)ㄹ	받을
선어말어미			

선어말어미 + -고		선어말어미 + -(으)며	
-(으)시-	받으시고	-(으)시-	받으시며
-겠-	받겠고	-겠-	받겠으며
-았/었-	받았고	-았/었-	받았으며
-(으)시었-	받으셨고	-(으)시었-	받으셨으며
-(으)시겠-	받으시겠고	-(으)시겠-	받으시겠으며
-(으)시었겠-	받으셨겠고	-(으)시었겠-	받으셨겠으며
선어말어미 + -아/어(요)		선어말어미 + -ㅂ/습니다	
-(으)시-	받으세요	-(으)시-	받으십니다
-겠-	받겠어요	-겠-	받겠습니다
-았/었-	받았어요	-았/었-	받았습니다
-(으)시었-	받으셨어요	-(으)시었-	받으셨습니다
-(으)시겠-	받으시겠어요	-(으)시겠-	받으시겠습니다
-(으)시었겠-	받으셨겠어요	-(으)시었겠-	받으셨겠습니다

동일 유형 용언:

닫다, 물려받다, 본받다, 북돋다, 쏟다, 이어받다, 인정받다, 주고받다

활용과 발음

- '받다'의 어간 '받'의 모음은 양성모음 '아'이므로 '아/어'로 시작하는 어미 중 '아'로 시작하는 어미와 결합하여 '받아(요)[바다요]', '받았고 [바닫꼬]'와 같이 활용한다.
- '받다'는 자음으로 끝나므로 매개모음 '으'로 시작하는 어미와 결합하여 '받으세요[바드세요]', 받으며[바드며]'와 같이 활용한다.
- '받다'는 'ㄱ, ㄷ, ㅅ, ㅈ'과 같은 자음으로 시작하는 어미와 결합하여 '받고, 받다, 받습니다, 받지'와 같이 활용하면 [받꼬], [받따], [받씀니다], [받찌]'와 같이 발음한다.
- '받다'는 '-네, -는'과 같이 'ㄴ'으로 시작하는 어미와 결합하면 '받네 [반네], 받는[반는]'과 같이 발음한다.

곧다 [곧따] [kot͈'a] 형용사: straight, upright

종결어미			
-거든(요)	곧거든(요)	-(으)세요	곧으세요
-네(요)	곧네(요)	-(으)ㄹ걸(요)	곧을걸(요)
-자	곧자	-(으)ㄹ게(요)	곧을게(요)
-잖아(요)	곧잖아(요)	-(으)ㄹ까(요)	곧을까(요)
-지(요)	곧지(요)	-(으)ㄹ래(요)	곧을래(요)
-ㅂ/습니다	곧습니다	-아/어(요)	곧아(요)
-ㄴ/는다, -다	곧다	-아/어라	곧어라
연결어미			
-거나	곧거나	-지만	곧지만
-거니와	곧거니와	-ㄴ/는다거나, -다거나	곧다거나
-거든	곧거든	-ㄴ/는다고, -다고	곧다고
-게	곧게	-ㄴ/는다면, -다면	곧다면
-고	곧고	-는데, -(으)ㄴ데	곧은데
-고도	곧고도	-(으)나	곧으나
-고서	곧고서	-(으)니	곧으니
-고자	곧고자	-(으)니까	곧으니까
-기에	곧기에	-(으)ㄹ래야	곧을래야
-느라	곧느라	-(으)러	곧으라
-느라고	곧느라고	-(으)려고	곧으려고
-다가	곧다가	-(으)면	곧으면
-다시피	곧다시피	-(으)면서	곧으면서
-더니	곧더니	-(으)므로	곧으므로
-더라도	곧더라도	-아/어	곧아
-던데	곧던데	-아/어도	곧아도
-도록	곧도록	-아/어서	곧아서
-든지	곧든지	-아/어야	곧아야
-듯이	곧듯이	-아/어야지	곧아야지
-자마자	곧자마자	-았/었더니	곧았더니
전성어미			
-는	곧는	-(으)ㄴ	곧은
-던	곧던	-(으)ㄹ	곧을
선어말어미			

선어말어미 + -고		선어말어미 + -(으)며	
-(으)시-	곧으시고	-(으)시-	곧으시며
-겠-	곧겠고	-겠-	곧겠으며
-았/었-	곧았고	-았/었-	곧았으며
-(으)시었-	곧으셨고	-(으)시었-	곧으셨으며
-(으)시겠-	곧으시겠고	-(으)시겠-	곧으시겠으며
-(으)시었겠-	곧으셨겠고	-(으)시었겠-	곧으셨겠으며
선어말어미 + -아/어(요)		선어말어미 + -ㅂ/습니다	
-(으)시-	곧으세요	-(으)시-	곧으십니다
-겠-	곧겠어요	-겠-	곧겠습니다
-았/었-	곧았어요	-았/었-	곧았습니다
-(으)시었-	곧으셨어요	-(으)시었-	곧으셨습니다
-(으)시겠-	곧으시겠어요	-(으)시겠-	곧으시겠습니다
-(으)시었겠-	곧으셨겠어요	-(으)시었겠-	곧으셨겠습니다

동일 유형 용언:
곧이곧다, 아금받다, 올곧다

활용과 발음

- '곧다'는 형용사이므로, 동사와만 결합하는 종결어미, 연결어미, 관형사형 어미와는 결합하지 못한다.
- '곧다'의 어간 '곧'의 모음은 양성모음 '오'이므로 '아/어'로 시작하는 어미 중 '아'로 시작하는 어미와 결합하여 '곧아(요)', '곧았고'와 같이 활용한다.
- '곧다'는 자음으로 끝나므로 매개모음 '으'로 시작하는 어미와 결합하여 '곧으세요', '곧으며'와 같이 활용한다.
- '곧다'는 'ㄱ, ㄷ, ㅅ, ㅈ'과 같은 자음으로 시작하는 어미와 결합하여 '곧고, 곧다, 곧습니다, 곧지'와 같이 활용하며 '[곧꼬], [곧따], [곧씀니다], [곧찌]'와 같이 발음한다.
- '곧다'는 '-네'와 같이 'ㄴ'으로 시작하는 어미와 결합하면 '곧네[곤네]'와 같이 발음한다.

얻다 [얻:따] [ə:tt á] 동사: get, gain

종결어미			
-거든(요)	얻거든(요)	-(으)세요	얻으세요
-네(요)	얻네(요)	-(으)ㄹ걸(요)	얻을걸(요)
-자	얻자	-(으)ㄹ게(요)	얻을게(요)
-잖아(요)	얻잖아(요)	-(으)ㄹ까(요)	얻을까(요)
-지(요)	얻지(요)	-(으)ㄹ래(요)	얻을래(요)
-ㅂ/습니다	얻습니다	-아/어(요)	얻어(요)
-ㄴ/는다, -다	얻는다	-아/어라	얻어라
연결어미			
-거나	얻거나	-지만	얻지만
-거니와	얻거니와	-ㄴ/는다거나, -다거나	얻는다거나
-거든	얻거든	-ㄴ/는다고, -다고	얻는다고
-게	얻게	-ㄴ/는다면, -다면	얻는다면
-고	얻고	-는데, -(으)ㄴ데	얻는데
-고도	얻고도	-(으)나	얻으나
-고서	얻고서	-(으)니	얻으니
-고자	얻고자	-(으)니까	얻으니까
-기에	얻기에	-(으)ㄹ래야	얻을래야
-느라	얻느라	-(으)러	얻으러
-느라고	얻느라고	-(으)려고	얻으려고
-다가	얻다가	-(으)면	얻으면
-다시피	얻다시피	-(으)면서	얻으면서
-더니	얻더니	-(으)므로	얻으므로
-더라도	얻더라도	-아/어	얻어
-던데	얻던데	-아/어도	얻어도
-도록	얻도록	-아/어서	얻어서
-든지	얻든지	-아/어야	얻어야
-듯이	얻듯이	-아/어야지	얻어야지
-자마자	얻자마자	-았/었더니	얻었더니
전성어미			
-는	얻는	-(으)ㄴ	얻은
-던	얻던	-(으)ㄹ	얻을
선어말어미			

선어말어미 + -고		선어말어미 + -(으)며	
-(으)시-	얻으시고	-(으)시-	얻으시며
-겠-	얻겠고	-겠-	얻겠으며
-았/었-	얻었고	-았/었-	얻었으며
-(으)시었-	얻으셨고	-(으)시었-	얻으셨으며
-(으)시겠-	얻으시겠고	-(으)시겠-	얻으시겠으며
-(으)시었겠-	얻으셨겠고	-(으)시었겠-	얻으셨겠으며
선어말어미 + -아/어(요)		선어말어미 + -ㅂ/습니다	
-(으)시-	얻으세요	-(으)시-	얻으십니다
-겠-	얻겠어요	-겠-	얻겠습니다
-았/었-	얻었어요	-았/었-	얻었습니다
-(으)시었-	얻으셨어요	-(으)시었-	얻으셨습니다
-(으)시겠-	얻으시겠어요	-(으)시겠-	얻으시겠습니다
-(으)시었겠-	얻으셨겠어요	-(으)시었겠-	얻으셨겠습니다

동일 유형 용언:

걷다1(소매를), 걷다2(거두다), 굳다, *내딛다, *딛다, 뜯다, 묻다1(먼지가), 묻다2(땅에), 믿다, 뻗다, 파묻다, 헐뜯다

활용과 발음

- '얻다'의 어간 '얻'의 모음은 음성모음 '어'이므로 '아/어'로 시작하는 어미 중 '어'로 시작하는 어미와 결합하여 '얻어(요)[어ː더요]', '얻었고 [어ː덛꼬]'와 같이 활용한다.
- '얻다'는 자음으로 끝나므로 매개모음 '으'로 시작하는 어미와 결합하여 '얻으세요[어ː드세요]', '얻으며[어ː드며]'와 같이 활용한다.
- '얻다'는 'ㄱ, ㄷ, ㅅ, ㅈ'과 같은 자음으로 시작하는 어미와 결합하여 '얻고, 얻다, 얻습니다, 얻지'와 같이 활용하면 '[얻ː꼬], [얻ː따], [얻ː씀 니다], [얻ː찌]'와 같이 발음한다.
- '얻다'는 '-네, -는'과 같이 'ㄴ'으로 시작하는 어미와 결합하면 '얻네 [언ː네], 얻는[언ː는]'과 같이 발음한다.

* '딛다'와 '내딛다'는 '디디다'와 '내디디다'의 준말인데, 자음 어미와만 결합할 수 있다. '딛고, 딛는, 딛지', '내딛고, 내딛는, 내딛지'와 같이 활용한다.

깨닫다 [깨닫따] [kɛ̀dat̚ à] 동사: realize, find, become aware [conscious] of <ㄷ 불규칙>

종결어미			
-거든(요)	깨닫거든(요)	-(으)세요	깨달으세요
-네(요)	깨닫네(요)	-(으)ㄹ걸(요)	깨달을걸(요)
-자	깨닫자	-(으)ㄹ게(요)	깨달을게(요)
-잖아(요)	깨닫잖아(요)	-(으)ㄹ까(요)	깨달을까(요)
-지(요)	깨닫지(요)	-(으)ㄹ래(요)	깨달을래(요)
-ㅂ/습니다	깨닫습니다	-아/어(요)	깨달아(요)
-ㄴ/는다, -다	깨닫는다	-아/어라	깨달아라
연결어미			
-거나	깨닫거나	-지만	깨닫지만
-거니와	깨닫거니와	-ㄴ/는다거나, -다거나	깨닫는다거나
-거든	깨닫거든	-ㄴ/는다고, -다고	깨닫는다고
-게	깨닫게	-ㄴ/는다면, -다면	깨닫는다면
-고	깨닫고	-는데, -(으)ㄴ데	깨닫는데
-고도	깨닫고도	-(으)나	깨달으나
-고서	깨닫고서	-(으)니	깨달으니
-고자	깨닫고자	-(으)니까	깨달으니까
-기에	깨닫기에	-(으)ㄹ래야	깨달을래야
-느라	깨닫느라	-(으)러	깨달으러
-느라고	깨닫느라고	-(으)려고	깨달으려고
-다가	깨닫다가	-(으)면	깨달으면
-다시피	깨닫다시피	-(으)면서	깨달으면서
-더니	깨닫더니	-(으)므로	깨달으므로
-더라도	깨닫더라도	-아/어	깨달아
-던데	깨닫던데	-아/어도	깨달아도
-도록	깨닫도록	-아/어서	깨달아서
-든지	깨닫든지	-아/어야	깨달아야
-듯이	깨닫듯이	-아/어야지	깨달아야지
-자마자	깨닫자마자	-았/었더니	깨달았더니
전성어미			
-는	깨닫는	-(으)ㄴ	깨달은
-던	깨닫던	-(으)ㄹ	깨달을

선어말어미			
선어말어미 + -고		**선어말어미 + -(으)며**	
-(으)시-	깨달으시고	-(으)시-	깨달으시며
-겠-	깨닫겠고	-겠-	깨닫겠으며
-았/었-	깨달았고	-았/었-	깨달았으며
-(으)시었-	깨달으셨고	-(으)시었-	깨달으셨으며
-(으)시겠-	깨달으시겠고	-(으)시겠-	깨달으시겠으며
-(으)시었겠-	깨달으셨겠고	-(으)시었겠-	깨달으셨겠으며
선어말어미 + -아/어(요)		**선어말어미 + -ㅂ/습니다**	
-(으)시-	깨달으세요	-(으)시-	깨달으십니다
-겠-	깨닫겠어요	-겠-	깨닫겠습니다
-았/었-	깨달았어요	-았/었-	깨달았습니다
-(으)시었-	깨달으셨어요	-(으)시었-	깨달으셨습니다
-(으)시겠-	깨달으시겠어요	-(으)시겠-	깨달으시겠습니다
-(으)시었겠-	깨달으셨겠어요	-(으)시었겠-	깨달으셨겠습니다

동일 유형 용언:

내닫다, 치닫다

활용과 발음

- '깨닫다'는 'ㄷ' 불규칙 용언이며, 끝음절 '닫'의 모음이 양성모음 '아'이므로 '아/어'로 시작하는 어미 중 '아'로 시작하는 어미인 '-아(요)', '-았-'과 결합한다. 이때 'ㄷ'이 불규칙하게 변화하여 '깨달아(요)', '깨달았고'와 같이 활용한다.
- '깨닫다'는 매개모음 '으'로 시작하는 어미와 결합할 때 'ㄷ'이 불규칙하게 변화하여 '깨달으세요', '깨달으며'와 같이 활용한다.
- '깨닫다'는 'ㄱ, ㄷ, ㅅ, ㅈ'과 같은 자음으로 시작하는 어미와 결합하여 '깨닫고, 깨닫다, 깨닫습니다, 깨닫지'와 같이 활용하면 [깨닫꼬], [깨닫따], [깨닫씀니다], [깨닫찌]'와 같이 발음한다.
- '깨닫다'는 '-네, -는'과 같이 'ㄴ'으로 시작하는 어미와 결합하면 '깨닫네[깨단네], 깨닫는[깨단는]'과 같이 발음한다.

듣다 [듣따] [tɯɾt ̚ à] 동사: hear, listen to, attend (class) <ㄷ 불규칙>

종결어미			
-거든(요)	듣거든(요)	-(으)세요	들으세요
-네(요)	듣네(요)	-(으)ㄹ걸(요)	들을걸(요)
-자	듣자	-(으)ㄹ게(요)	들을게(요)
-잖아(요)	듣잖아(요)	-(으)ㄹ까(요)	들을까(요)
-지(요)	듣지(요)	-(으)ㄹ래(요)	들을래(요)
-ㅂ/습니다	듣습니다	-아/어(요)	들어(요)
-ㄴ/는다, -다	듣는다	-아/어라	들어라
연결어미			
-거나	듣거나	-지만	듣지만
-거니와	듣거니와	-ㄴ/는다거나, -다거나	듣는다거나
-거든	듣거든	-ㄴ/는다고, -다고	듣는다고
-게	듣게	-ㄴ/는다면, -다면	듣는다면
-고	듣고	-는데, -(으)ㄴ데	듣는데
-고도	듣고도	-(으)나	들으나
-고서	듣고서	-(으)니	들으니
-고자	듣고자	-(으)니까	들으니까
-기에	듣기에	-(으)ㄹ래야	들을래야
-느라	듣느라	-(으)러	들으러
-느라고	듣느라고	-(으)려고	들으려고
-다가	듣다가	-(으)면	들으면
-다시피	듣다시피	-(으)면서	들으면서
-더니	듣더니	-(으)므로	들으므로
-더라도	듣더라도	-아/어	들어
-던데	듣던데	-아/어도	들어도
-도록	듣도록	-아/어서	들어서
-든지	듣든지	-아/어야	들어야
-듯이	듣듯이	-아/어야지	들어야지
-자마자	듣자마자	-았/었더니	들었더니
전성어미			
-는	듣는	-(으)ㄴ	들은
-던	듣던	-(으)ㄹ	들을

선어말어미			
선어말어미 + -고		선어말어미 + -(으)며	
-(으)시-	들으시고	-(으)시-	들으시며
-겠-	들겠고	-겠-	들겠으며
-았/었-	들었고	-았/었-	들었으며
-(으)시었-	들으셨고	-(으)시었-	들으셨으며
-(으)시겠-	들으시겠고	-(으)시겠-	들으시겠으며
-(으)시었겠-	들으셨겠고	-(으)시었겠-	들으셨겠으며
선어말어미 + -아/어(요)		선어말어미 + -ㅂ/습니다	
-(으)시-	들으세요	-(으)시-	들으십니다
-겠-	들겠어요	-겠-	들겠습니다
-았/었-	들었어요	-았/었-	들었습니다
-(으)시었-	들으셨어요	-(으)시었-	들으셨습니다
-(으)시겠-	들으시겠어요	-(으)시겠-	들으시겠습니다
-(으)시었겠-	들으셨겠어요	-(으)시었겠-	들으셨겠습니다

동일 유형 용언:
걷다(걸음을), 되묻다, 묻다(안부를), 싣다, 알아듣다, 일컫다, 캐묻다

활용과 발음

- '듣다'는 'ㄷ' 불규칙 용언이며, 어간 '듣'이 음성모음 '으'를 가지므로 '아/어'로 시작하는 어미 중 '어'로 시작하는 어미인 '-어(요)', '-었-'과 결합한다. 이때 'ㄷ'이 불규칙하게 변화하여 '들어(요)', '들었고'와 같이 활용한다.
- '듣다'는 매개모음 '으'로 시작하는 어미와 결합할 때 'ㄷ'이 불규칙하게 변화하여 '들으세요', '들으며'와 같이 활용한다.
- '듣다'는 'ㄱ, ㄷ, ㅅ, ㅈ'과 같은 자음으로 시작하는 어미와 결합하여 '듣고, 듣다, 듣습니다, 듣지'와 같이 활용하면 '[듣꼬], [듣따], [듣씁니다], [듣찌]'와 같이 발음한다.
- '듣다'는 '-네, -는'과 같이 'ㄴ'으로 시작하는 어미와 결합하면 '듣네[든네], 듣는[든는]'과 같이 발음한다.

살다 [살:다] [sa:lda] 동사: live, reside, dwell

종결어미			
-거든(요)	살거든(요)	-(으)세요	사세요
-네(요)	사네(요)	-(으)ㄹ걸(요)	살걸(요)
-자	살자	-(으)ㄹ게(요)	살게(요)
-잖아(요)	살잖아(요)	-(으)ㄹ까(요)	살까(요)
-지(요)	살지(요)	-(으)ㄹ래(요)	살래(요)
-ㅂ습니다	삽니다	-아/어(요)	살아(요)
-ㄴ/는다, -다	산다	-아/어라	살아라
연결어미			
-거나	살거나	-지만	살지만
-거니와	살거니와	-ㄴ/는다거나, -다거나	산다거나
-거든	살거든	-ㄴ/는다고, -다고	산다고
-게	살게	-ㄴ/는다면, -다면	산다면
-고	살고	-는데, -(으)ㄴ데	사는데
-고도	살고도	-(으)나	사나
-고서	살고서	-(으)니	사니
-고자	살고자	-(으)니까	사니까
-기에	살기에	-(으)ㄹ래야	살래야
-느라	사느라	-(으)러	살러
-느라고	사느라고	-(으)려고	살려고
-다가	살다가	-(으)면	살면
-다시피	살다시피	-(으)면서	살면서
-더니	살더니	-(으)므로	살므로
-더라도	살더라도	-아/어	살아
-던데	살던데	-아/어도	살아도
-도록	살도록	-아/어서	살아서
-든지	살든지	-아/어야	살아야
-듯이	살듯이	-아/어야지	살아야지
-자마자	살자마자	-았/었더니	살았더니
전성어미			
-는	사는	-(으)ㄴ	산
-던	살던	-(으)ㄹ	살
선어말어미			

선어말어미 + -고		선어말어미 + -(으)며	
-(으)시-	사시고	-(으)시-	사시며
-겠-	살겠고	-겠-	살겠으며
-았/었-	살았고	-았/었-	살았으며
-(으)시었-	사셨고	-(으)시었-	사셨으며
-(으)시겠-	사시겠고	-(으)시겠-	사시겠으며
-(으)시었겠-	사셨겠고	-(으)시었겠-	사셨겠으며
선어말어미 + -아/어(요)		선어말어미 + -ㅂ/습니다	
-(으)시-	사세요	-(으)시-	사십니다
-겠-	살겠어요	-겠-	살겠습니다
-았/었-	살았어요	-았/었-	살았습니다
-(으)시었-	사셨어요	-(으)시었-	사셨습니다
-(으)시겠-	사시겠어요	-(으)시겠-	사시겠습니다
-(으)시었겠-	사셨겠어요	-(으)시었겠-	사셨겠습니다

동일 유형 용언:

갈다1(바꾸다), 갈다2(칼을), 감돌다, 골다, 깔다, 나돌다, 날다, 내몰다, 놀다, 달다1(단추를), *달다2(돈을), 달다3(무게를), 덩달다, 돌다, 떠돌다, 뛰어놀다, *말다1(그만두다), 말다2(물에), 말다3(종이를), 매달다, 맴돌다, 먹고살다, 몰다1(구석에), 몰다2(버스를), 번갈다, 빨다1(빨래를), 빨다2(젖을), 알다, 웃돌다, 잇달다, 잘살다, 졸다, 팔다, 한눈팔다

활용과 발음

- 'ㄴ, ㅂ, ㅅ'로 시작하는 어미 및 어미 '-(으)오, -(으)ㄹ' 앞에서는 'ㄹ'이 탈락한다. 예를 들어, '살다'는 어미 '-네(요)'가 붙는 경우 '사네요'로 활용되고, '-ㅂ/습니다'가 붙을 경우 '삽니다'로 활용한다. '살+오'는 '사오'가 되고 '살+을'은 '살'이 된다. '살+은'은 '산'이 된다.
- '살다'의 어간 '살'은 양성모음 '아'를 가지므로 '아/어'로 시작하는 어미 중 '아'로 시작하는 어미와 결합하여 '살아(요)', '살았고'와 같이 활용한다.
- '살다'는 자음으로 끝나는 용언이지만 매개모음 어미와 결합할 때 매개모음이 탈락한 어미와 결합한다. '살+으며'는 '살며'가 되고 '살+으세요'는 '사세요'가 된다. 최근에는 '살으며, 살으세요' 활용형을 사용

하는 한국어 화자들도 있다.

* '달다'는 '주다' 대신 쓰이는 동사이다. 주로 '달라고, 다오' 등의 활용형으로 사용된다. '철수는 자기에게 돈을 달라고 영희에게 말했다.' 혹은 '나에게 그 돈을 다오.'와 같이 사용된다. 그런데 최근에는 '나에게 돈을 다오.' 대신에 '나에게 돈을 줘.' 나 '나에게 돈을 주라.' 등의 문장이 사용되기도 한다.

* '말다'는 주로 청유형이나 명령형의 부정문에 사용된다. '싸우지 말아라.', '싸우지 말자.'와 같이 사용된다. '말아, 말아라'는 '마, 마라'와 같이 활용하는 것이 표준적인 용법이었으나 최근에는 '말아, 말아라'도 많이 사용되어 표준어로 인정되었다.

달다4 [달다] [talda] 형용사: sweet, sugary

<table>
<tr><td colspan="4" align="center">종결어미</td></tr>
<tr><td>-거든(요)</td><td>달거든(요)</td><td>-(으)세요</td><td>다세요</td></tr>
<tr><td>-네(요)</td><td>다네(요)</td><td>-(으)ㄹ걸(요)</td><td>달걸(요)</td></tr>
<tr><td>-자</td><td>달자</td><td>-(으)ㄹ게(요)</td><td>달게(요)</td></tr>
<tr><td>-잖아(요)</td><td>달잖아(요)</td><td>-(으)ㄹ까(요)</td><td>달까(요)</td></tr>
<tr><td>-지(요)</td><td>달지(요)</td><td>-(으)ㄹ래(요)</td><td>달래(요)</td></tr>
<tr><td>-ㅂ/습니다</td><td>답니다</td><td>-아/어(요)</td><td>달아(요)</td></tr>
<tr><td>-ㄴ/는다, -다</td><td>달다</td><td>-아/어라</td><td>달아라</td></tr>
<tr><td colspan="4" align="center">연결어미</td></tr>
<tr><td>-거나</td><td>달거나</td><td>-지만</td><td>달지만</td></tr>
<tr><td>-거니와</td><td>달거니와</td><td>-ㄴ/는다거나, -다거나</td><td>달다거나</td></tr>
<tr><td>-거든</td><td>달거든</td><td>-ㄴ/는다고, -다고</td><td>달다고</td></tr>
<tr><td>-게</td><td>달게</td><td>-ㄴ/는다면, -다면</td><td>달다면</td></tr>
<tr><td>-고</td><td>달고</td><td>-는데, -(으)ㄴ데</td><td>단데</td></tr>
<tr><td>-고도</td><td>달고도</td><td>-(으)나</td><td>다나</td></tr>
<tr><td>-고서</td><td>달고서</td><td>-(으)니</td><td>다니</td></tr>
<tr><td>-고자</td><td>달고자</td><td>-(으)니까</td><td>다니까</td></tr>
<tr><td>-기에</td><td>달기에</td><td>-(으)ㄹ래야</td><td>달래야</td></tr>
<tr><td>-느라</td><td>다느라</td><td>-(으)러</td><td>달라</td></tr>
<tr><td>-느라고</td><td>다느라고</td><td>-(으)려고</td><td>달려고</td></tr>
<tr><td>-다가</td><td>달다가</td><td>-(으)면</td><td>달면</td></tr>
<tr><td>-다시피</td><td>달다시피</td><td>-(으)면서</td><td>달면서</td></tr>
<tr><td>-더니</td><td>달더니</td><td>-(으)므로</td><td>달므로</td></tr>
<tr><td>-더라도</td><td>달더라도</td><td>-아/어</td><td>달아</td></tr>
<tr><td>-던데</td><td>달던데</td><td>-아/어도</td><td>달아도</td></tr>
<tr><td>-도록</td><td>달도록</td><td>-아/어서</td><td>달아서</td></tr>
<tr><td>-든지</td><td>달든지</td><td>-아/어야</td><td>달아야</td></tr>
<tr><td>-듯이</td><td>달듯이</td><td>-아/어야지</td><td>달아야지</td></tr>
<tr><td>-자마자</td><td>달자마자</td><td>-았/었더니</td><td>달았더니</td></tr>
<tr><td colspan="4" align="center">전성어미</td></tr>
<tr><td>-는</td><td>다는</td><td>-(으)ㄴ</td><td>단</td></tr>
<tr><td>-던</td><td>달던</td><td>-(으)ㄹ</td><td>달</td></tr>
<tr><td colspan="4" align="center">선어말어미</td></tr>
</table>

선어말어미 + -고		선어말어미 + -(으)며	
-(으)시-	다시고	-(으)시-	다시며
-겠-	달겠고	-겠-	달겠으며
-았/었-	달았고	-았/었-	달았으며
-(으)시었-	다셨고	-(으)시었-	다셨으며
-(으)시겠-	다시겠고	-(으)시겠-	다시겠으며
-(으)시었겠-	다셨겠고	-(으)시었겠-	다셨겠으며
선어말어미 + -아/어(요)		선어말어미 + -ㅂ/습니다	
-(으)시-	다세요	-(으)시-	다십니다
-겠-	달겠어요	-겠-	달겠습니다
-았/었-	달았어요	-았/었-	달았습니다
-(으)시었-	다셨어요	-(으)시었-	다셨습니다
-(으)시겠-	다시겠어요	-(으)시겠-	다시겠습니다
-(으)시었겠-	다셨겠어요	-(으)시었겠-	다셨겠습니다

동일 유형 용언:

잘다

활용과 발음

- 받침 '르'은 어미의 첫소리 'ㄴ, ㅂ, ㅅ' 및 '-(으)오, -(으)ㄹ' 앞에서 탈락한다. 예를 들어, '달다'는 어미 '-네(요)'가 붙는 경우, '다네요'로 활용되고, '-ㅂ/습니다'가 붙을 경우 '답니다'로 활용한다. '달+-세요' 는 '다세요'가 된다. '달-'에 관형사형 어미 '-을' 결합하여 '달+을'이 되면 '달'로 활용한다. 관형사형 어미 '-은'과 결합한 구성 '달+은'은 '단'으로 활용한다.
- '달다'의 어간 '달'은 양성모음 '아'를 가지므로 '아/어'로 시작하는 어미 중 '아'로 시작하는 어미와 결합하여 '달아(요)', '달았고'와 같이 활용한다.
- '달다'는 자음으로 끝나는 용언이지만 매개모음 어미와 결합할 때 매개모음이 없는 어미와 결합한다. '달+으세요'는 '다세요'가 되고 '달+ 으며'는 '달며'로 활용한다.

만들다 [만들다] [mandulda] 동사: make, produce

종결어미			
-거든(요)	만들거든(요)	-(으)세요	만드세요
-네(요)	만드네(요)	-(으)ㄹ걸(요)	만들걸(요)
-자	만들자	-(으)ㄹ게(요)	만들게(요)
-잖아(요)	만들잖아(요)	-(으)ㄹ까(요)	만들까(요)
-지(요)	만들지(요)	-(으)ㄹ래(요)	만들래(요)
-ㅂ/습니다	만듭니다	-아/어(요)	만들어(요)
-ㄴ/는다, -다	만든다	-아/어라	만들어라
연결어미			
-거나	만들거나	-지만	만들지만
-거니와	만들거니와	-ㄴ/는다거나, -다거나	만든다거나
-거든	만들거든	-ㄴ/는다고, -다고	만든다고
-게	만들게	-ㄴ/는다면, -다면	만든다면
-고	만들고	-는데, -(으)ㄴ데	만드는데
-고도	만들고도	-(으)나	만드나
-고서	만들고서	-(으)니	만드니
-고자	만들고자	-(으)니까	만드니까
-기에	만들기에	-(으)ㄹ래야	만들래야
-느라	만드느라	-(으)러	만들러
-느라고	만드느라고	-(으)려고	만들려고
-다가	만들다가	-(으)면	만들면
-다시피	만들다시피	-(으)면서	만들면서
-더니	만들더니	-(으)므로	만들므로
-더라도	만들더라도	-아/어	만들어
-던데	만들던데	-아/어도	만들어도
-도록	만들도록	-아/어서	만들어서
-든지	만들든지	-아/어야	만들어야
-듯이	만들듯이	-아/어야지	만들어야지
-자마자	만들자마자	-았/었더니	만들었더니
전성어미			
-는	만드는	-(으)ㄴ	만든
-던	만들던	-(으)ㄹ	만들
선어말어미			

선어말어미 + -고		선어말어미 + -(으)며	
-(으)시-	만드시고	-(으)시-	만드시며
-겠-	만들겠고	-겠-	만들겠으며
-았/었-	만들었고	-았/었-	만들었으며
-(으)시었-	만드셨고	-(으)시었-	만드셨으며
-(으)시겠-	만드시겠고	-(으)시겠-	만드시겠으며
-(으)시었겠-	만드셨겠고	-(으)시었겠-	만드셨겠으며
선어말어미 + -아/어(요)		선어말어미 + -ㅂ/습니다	
-(으)시-	만드세요	-(으)시-	만드십니다
-겠-	만들겠어요	-겠-	만들겠습니다
-았/었-	만들었어요	-았/었-	만들었습니다
-(으)시었-	만드셨어요	-(으)시었-	만드셨습니다
-(으)시겠-	만드시겠어요	-(으)시겠-	만드시겠습니다
-(으)시었겠-	만드셨겠어요	-(으)시었겠-	만드셨겠습니다

동일 유형 용언:

걸다, 걸려들다, 기울다, 깨물다, 끌다, 끼어들다, 내걸다, 내밀다, 널다, 다물다, 달려들다, 대들다, *더불다, 덤벼들다, 뒹굴다, 드나들다, 들다1 (나이가, 마음에), 들다2(물건을), 떠들다, 뛰어들다, 물다, 밀다, 밀려들다, 벌다, 베풀다, 부풀다, 불다(바람이), 붙들다, 빌다, 스며들다, 시들다, 썰다, 쓸다, 얼다, 열다, 울다, 이끌다, 일다, 잠들다, 잡아끌다, 저물다, 줄다, 치켜들다, 털다, *통틀다, 틀다, 파고들다, 휩쓸다, 흔들다

활용과 발음

- 어간 끝 받침 'ㄹ'은 어미의 첫소리 'ㄴ, ㅂ, ㅅ' 및 '-(으)오, -(으)ㄹ' 앞에서 탈락한다. '만들다'는 어미 '-네(요)'가 붙는 경우, '만드네요'로 활용되고, '-ㅂ/습니다'가 붙을 경우 '만듭니다'로 활용한다. 관형사형 어미 '-을, -은'과 결합할 때 '만들+을, 만들+은'은 '만들, 만든'이 된다. 관형사형 어미 '-는'과 결합하면 '만드는'으로 활용한다.
- '만들다'의 어간 '만들'의 끝음절 '들'은 음성모음 '으'를 가지므로 '아/어'로 시작하는 어미 중 '어'로 시작하는 어미와 결합하여 '만들어(요)', '만들었고'와 같이 활용한다.
- '만들다'는 자음으로 끝나는 용언이지만 매개모음 어미와 결합할 때

매개모음이 없는 어미와 결합한다. '만들+으세요'는 '만드세요'가 되고 '만들+으며'는 '만들며'로 활용한다.
* '더불다'와 '통틀다'의 경우 '더불어', '통틀어'로만 쓰인다.

길다 [길:다] [kiːlda] 형용사: (time) long, lengthy

종결어미			
-거든(요)	길거든(요)	-(으)세요	기세요
-네(요)	기네(요)	-(으)ㄹ걸(요)	길걸(요)
-자	~~길자~~	-(으)ㄹ게(요)	~~길게(요)~~
-잖아(요)	길잖아(요)	-(으)ㄹ까(요)	~~길까(요)~~
-지(요)	길지(요)	-(으)ㄹ래(요)	~~길래(요)~~
-ㅂ/습니다	깁니다	-아/어(요)	길어(요)
-ㄴ/는다, -다	길다	-아/어라	~~길어라~~
연결어미			
-거나	길거나	-지만	길지만
-거니와	길거니와	-ㄴ/는다거나, -다거나	길다거나
-거든	길거든	-ㄴ/는다고, -다고	길다고
-게	길게	-ㄴ/는다면, -다면	길다면
-고	길고	-는데, -(으)ㄴ데	긴데
-고도	길고도	-(으)나	기나
-고서	~~길고서~~	-(으)니	기니
-고자	~~길고자~~	-(으)니까	기니까
-기에	길기에	-(으)ㄹ래야	길래야
-느라	~~기느라~~	-(으)러	~~길라~~
-느라고	~~기느라고~~	-(으)려고	~~길려고~~
-다가	~~길다가~~	-(으)면	길면
-다시피	~~길다시피~~	-(으)면서	길면서
-더니	길더니	-(으)므로	길므로
-더라도	길더라도	-아/어	길어
-던데	길던데	-아/어도	길어도
-도록	~~길도록~~	-아/어서	길어서
-든지	길든지	-아/어야	길어야
-듯이	길듯이	-아/어야지	길어야지
-자마자	~~길자마자~~	-았/었더니	~~길았더니~~
전성어미			
-는	~~길는~~	-(으)ㄴ	긴
-던	길던	-(으)ㄹ	길
선어말어미			

선어말어미 + -고		선어말어미 + -(으)며	
-(으)시-	기시고	-(으)시-	기시며
-겠-	길겠고	-겠-	길겠으며
-았/었-	길었고	-았/었-	길었으며
-(으)시었-	기셨고	-(으)시었-	기셨으며
-(으)시겠-	기시겠고	-(으)시겠-	기시겠으며
-(으)시었겠-	기셨겠고	-(으)시었겠-	기셨겠으며
선어말어미 + -아/어(요)		**선어말어미 + -ㅂ/습니다**	
-(으)시-	기세요	-(으)시-	기십니다
-겠-	길겠어요	-겠-	길겠습니다
-았/었-	길었어요	-았/었-	길었습니다
-(으)시었-	기셨어요	-(으)시었-	기셨습니다
-(으)시겠-	기시겠어요	-(으)시겠-	기시겠습니다
-(으)시었겠-	기셨겠어요	-(으)시었겠-	기셨겠습니다

동일 유형 용언:

가늘다, 거칠다, 낯설다, 드물다, 멀다, 모질다, 서툴다, 힘들다

활용과 발음

- '길다'는 형용사이므로, 동사와만 결합하는 종결어미, 연결어미, 관형사형 어미와는 결합하지 못한다.
- 어간 끝 받침 'ㄹ'은 어미의 첫소리 'ㄴ, ㅂ, ㅅ' 및 '-(으)오, -(으)ㄹ' 앞에서 탈락한다. 예를 들어, '길다'는 '-네(요)'가 붙는 경우 '기네요'로 활용되고, '-ㅂ/습니다'가 붙을 경우 '깁니다'로 활용한다. 관형사형 어미 '-을, -은'과 결합할 때 '길+을, 길+은'은 '길, 긴'이 된다.
- '길다'의 어간 '길'은 음성모음 'ㅣ'를 가지므로 '아/어'로 시작하는 어미 중 '어'로 시작하는 어미와 결합하여 '길어(요)', '길었고'와 같이 활용한다.
- '길다'는 자음으로 끝나는 용언이지만 매개모음 어미와 결합할 때 매개모음이 없는 어미와 결합한다. '길+으세요'는 '기세요'가 되고 '길+으며'는 '길며'로 활용한다.

밝다1 [박따] [pakt'a] 동사: dawn

종결어미			
-거든(요)	밝거든(요)	-(으)세요	밝으세요
-네(요)	밝네(요)	-(으)ㄹ걸(요)	밝을걸(요)
-자	밝자	-(으)ㄹ게(요)	밝을게(요)
-잖아(요)	밝잖아(요)	-(으)ㄹ까(요)	밝을까(요)
-지(요)	밝지(요)	-(으)ㄹ래(요)	밝을래(요)
-ㅂ/습니다	밝습니다	-아/어(요)	밝아(요)
-ㄴ/는다, -다	밝는다	-아/어라	밝아라
연결어미			
-거나	밝거나	-지만	밝지만
-거니와	밝거니와	-ㄴ/는다거나, -다거나	밝는다거나
-거든	밝거든	-ㄴ/는다고, -다고	밝는다고
-게	밝게	-ㄴ/는다면, -다면	밝는다면
-고	밝고	-는데, -(으)ㄴ데	밝는데
-고도	밝고도	-(으)나	밝으나
-고서	밝고서	-(으)니	밝으니
-고자	밝고자	-(으)니까	밝으니까
-기에	밝기에	-(으)ㄹ래야	밝을래야
-느라	밝느라	-(으)러	밝으러
-느라고	밝느라고	-(으)려고	밝으려고
-다가	밝다가	-(으)면	밝으면
-다시피	밝다시피	-(으)면서	밝으면서
-더니	밝더니	-(으)므로	밝으므로
-더라도	밝더라도	-아/어	밝아
-던데	밝던데	-아/어도	밝아도
-도록	밝도록	-아/어서	밝아서
-든지	밝든지	-아/어야	밝아야
-듯이	밝듯이	-아/어야지	밝아야지
-자마자	밝자마자	-았/었더니	밝았더니
전성어미			
-는	밝는	-(으)ㄴ	밝은
-던	밝던	-(으)ㄹ	밝을
선어말어미			

선어말어미 + -고		선어말어미 + -(으)며	
-(으)시-	밝으시고	-(으)시-	밝으시며
-겠-	밝겠고	-겠-	밝겠으며
-았/었-	밝았고	-았/었-	밝았으며
-(으)시었-	밝으셨고	-(으)시었-	밝으셨으며
-(으)시겠-	밝으시겠고	-(으)시겠-	밝으시겠으며
-(으)시었겠-	밝으셨겠고	-(으)시었겠-	밝으셨겠으며
선어말어미 + -아/어(요)		선어말어미 + -ㅂ/습니다	
-(으)시-	밝으세요	-(으)시-	밝으십니다
-겠-	밝겠어요	-겠-	밝겠습니다
-았/었-	밝았어요	-았/었-	밝았습니다
-(으)시었-	밝으셨어요	-(으)시었-	밝으셨습니다
-(으)시겠-	밝으시겠어요	-(으)시겠-	밝으시겠습니다
-(으)시었겠-	밝으셨겠어요	-(으)시었겠-	밝으셨겠습니다

동일 유형 용언:

갉다, 낡다, 읽다, 옭다

활용과 발음

- '밝다'의 어간 '밝'은 양성모음 '아'를 가지므로 '아/어'로 시작하는 어미 중 '아'로 시작하는 어미와 결합하여 '밝아(요)', '밝았고'와 같이 활용한다,
- '밝다'는 자음으로 끝나므로 매개모음 '으'로 시작하는 어미와 결합하여 '밝으세요', '밝으며'와 같이 활용한다.
- '밝다'는 자음으로 시작하는 어미와 결합하면 어간 끝 자음 중 'ㄹ'이 탈락한다. 예를 들어 '밝지'는 [박찌]와 같이 발음한다. 다만 'ㄱ'으로 시작하는 어미와 결합하면 'ㄱ'이 탈락하여 '밝고'는 '[발꼬]'로 발음된다.

밝다2 [박따] [pak͈t'a] 형용사: bright, light, keen

종결어미			
-거든(요)	밝거든(요)	-(으)세요	밝으세요
-네(요)	밝네(요)	-(으)ㄹ걸(요)	밝을걸(요)
-자	밝자	-(으)ㄹ게(요)	밝을게(요)
-잖아(요)	밝잖아(요)	-(으)ㄹ까(요)	밝을까(요)
-지(요)	밝지(요)	-(으)ㄹ래(요)	밝을래(요)
-ㅂ/습니다	밝습니다	-아/어(요)	밝아(요)
-ㄴ/는다, -다	밝다	-아/어라	밝아라
연결어미			
-거나	밝거나	-지만	밝지만
-거니와	밝거니와	-ㄴ/는다거나, -다거나	밝다거나
-거든	밝거든	-ㄴ/는다고, -다고	밝다고
-게	밝게	-ㄴ/는다면, -다면	밝다면
-고	밝고	-는데, -(으)ㄴ데	밝은데
-고도	밝고도	-(으)나	밝으나
-고서	밝고서	-(으)니	밝으니
-고자	밝고자	-(으)니까	밝으니까
-기에	밝기에	-(으)ㄹ래야	밝을래야
-느라	밝느라	-(으)러	밝으러
-느라고	밝느라고	-(으)려고	밝으려고
-다가	밝다가	-(으)면	밝으면
-다시피	밝다시피	-(으)면서	밝으면서
-더니	밝더니	-(으)므로	밝으므로
-더라도	밝더라도	-아/어	밝아
-던데	밝던데	-아/어도	밝아도
-도록	밝도록	-아/어서	밝아서
-든지	밝든지	-아/어야	밝아야
-듯이	밝듯이	-아/어야지	밝아야지
-자마자	밝자마자	-았/었더니	밝았더니
전성어미			
-는	밝는	-(으)ㄴ	밝은
-던	밝던	-(으)ㄹ	밝을
선어말어미			
선어말어미 + -고		선어말어미 + -(으)며	

-(으)시-	밝으시고	-(으)시-	밝으시며
-겠-	밝겠고	-겠-	밝겠으며
-았/었-	밝았고	-았/었-	밝았으며
-(으)시었-	밝으셨고	-(으)시었-	밝으셨으며
-(으)시겠-	밝으시겠고	-(으)시겠-	밝으시겠으며
-(으)시었겠-	밝으셨겠고	-(으)시었겠-	밝으셨겠으며
선어말어미 + -아/어(요)		**선어말어미 + -ㅂ/습니다**	
-(으)시-	밝으세요	-(으)시-	밝으십니다
-겠-	밝겠어요	-겠-	밝겠습니다
-았/었-	밝았어요	-았/었-	밝았습니다
-(으)시었-	밝으셨어요	-(으)시었-	밝으셨습니다
-(으)시겠-	밝으시겠어요	-(으)시겠-	밝으시겠습니다
-(으)시었겠-	밝으셨겠어요	-(으)시었겠-	밝으셨겠습니다

동일 유형 용언:

*낡다, 맑다

활용과 발음

- '밝다'는 형용사이므로, 동사와만 결합하는 종결어미, 연결어미, 관형사형 어미와는 결합하지 못한다.
- '밝다'의 어간 '밝'은 양성모음 '아'를 가지므로 '아/어'로 시작하는 어미 중 '아'로 시작하는 어미와 결합하여 '밝아(요)', '밝았고'와 같이 활용한다,
- '밝다'는 자음으로 끝나므로 매개모음 '으'로 시작하는 어미와 결합하여 '밝으세요', '밝으며'와 같이 활용한다.
- '밝다'는 자음으로 시작하는 어미와 결합하면 어간 끝 자음 중 'ㄹ'이 탈락한다. 예를 들어 '밝지'는 [박찌]와 같이 발음한다. 다만 'ㄱ'으로 시작하는 어미와 결합하면 'ㄱ'이 탈락하여 '밝고'는 [발꼬]로 발음된다.
- '밝다'가 '-네'와 같이 'ㄴ'으로 시작하는 어미와 결합하면 '밝네[방네]'와 같이 발음한다.
- * '낡다'는 동사로 분류하기도 하고 형용사로 분류하기도 한다. 이는 '낡다'가 현재 진행의 '낡는다'의 활용형이 가능하기 때문이다. '낡는다'라는 활용을 중요하게 고려하면 '낡다'는 동사로 분류할 수 있다.

읽다 [익따] [ik͈͈a] 동사: read

종결어미			
-거든(요)	읽거든(요)	-(으)세요	읽으세요
-네(요)	읽네(요)	-(으)ㄹ걸(요)	읽을걸(요)
-자	읽자	-(으)ㄹ게(요)	읽을게(요)
-잖아(요)	읽잖아(요)	-(으)ㄹ까(요)	읽을까(요)
-지(요)	읽지(요)	-(으)ㄹ래(요)	읽을래(요)
-ㅂ/습니다	읽습니다	-아/어(요)	읽어(요)
-ㄴ/는다, -다	읽는다	-아/어라	읽어라
연결어미			
-거나	읽거나	-지만	읽지만
-거니와	읽거니와	-ㄴ/는다거나, -다거나	읽는다거나
-거든	읽거든	-ㄴ/는다고, -다고	읽는다고
-게	읽게	-ㄴ/는다면, -다면	읽는다면
-고	읽고	-는데, -(으)ㄴ데	읽는데
-고도	읽고도	-(으)나	읽으나
-고서	읽고서	-(으)니	읽으니
-고자	읽고자	-(으)니까	읽으니까
-기에	읽기에	-(으)ㄹ래야	읽을래야
-느라	읽느라	-(으)러	읽으러
-느라고	읽느라고	-(으)려고	읽으려고
-다가	읽다가	-(으)면	읽으면
-다시피	읽다시피	-(으)면서	읽으면서
-더니	읽더니	-(으)므로	읽으므로
-더라도	읽더라도	-아/어	읽어
-던데	읽던데	-아/어도	읽어도
-도록	읽도록	-아/어서	읽어서
-든지	읽든지	-아/어야	읽어야
-듯이	읽듯이	-아/어야지	읽어야지
-자마자	읽자마자	-았/었더니	읽었더니
전성어미			
-는	읽는	-(으)ㄴ	읽은
-던	읽던	-(으)ㄹ	읽을
선어말어미 -(으)시-(주어 높임), -았/었-(과거), -겠-(미래)			

선어말어미 + -고		선어말어미 + -(으)며	
-(으)시-	읽으시고	-(으)시-	읽으시며
-겠-	읽겠고	-겠-	읽겠으며
-았/었-	읽었고	-았/었-	읽었으며
-(으)시었-	읽으셨고	-(으)시었-	읽으셨으며
-(으)시겠-	읽으시겠고	-(으)시겠-	읽으시겠으며
-(으)시었겠-	읽으셨겠고	-(으)시었겠-	읽으셨겠으며
선어말어미 + -아/어(요)		선어말어미 + -ㅂ/습니다	
-(으)시-	읽으세요	-(으)시-	읽으십니다
-겠-	읽겠어요	-겠-	읽겠습니다
-았/었-	읽었어요	-았/었-	읽었습니다
-(으)시었-	읽으셨어요	-(으)시었-	읽으셨습니다
-(으)시겠-	읽으시겠어요	-(으)시겠-	읽으시겠습니다
-(으)시었겠-	읽으셨겠어요	-(으)시었겠-	읽으셨겠습니다

동일 유형 용언:

굵다, 늙다

활용과 발음

- '읽다'의 어간 '읽'은 음성모음 '이'를 가지므로 '아/어'로 시작하는 어미 중 '어'로 시작하는 어미와 결합하여 '읽어(요)', '읽었고'와 같이 활용한다,
- '읽다'는 자음으로 끝나므로 매개모음 '으'로 시작하는 어미와 결합하여 '읽으세요', '읽으며'와 같이 활용한다.
- '읽다'는 자음으로 시작하는 어미와 결합하면 어간 끝 자음 중 'ㄹ'이 탈락한다. 예를 들어 '읽지'는 '[익찌]'와 같이 발음한다. 'ㄴ'으로 시작하는 '-네, -는'과 같은 어미와 결합하면 '읽네[잉네], 읽는[잉는]'과 같이 발음한다. 다만 'ㄱ'으로 시작하는 어미와 결합하면 'ㄱ'이 탈락하여 '읽고'는 '[일꼬]'로 발음된다.

붉다 [북따] [pukt͈a] 형용사: red, ruddy, crimson

종결어미			
-거든(요)	붉거든(요)	-(으)세요	붉으세요
-네(요)	붉네(요)	-(으)ㄹ걸(요)	붉을걸(요)
-자	붉자	-(으)ㄹ게(요)	붉을게(요)
-잖아(요)	붉잖아(요)	-(으)ㄹ까(요)	붉을까(요)
-지(요)	붉지(요)	-(으)ㄹ래(요)	붉을래(요)
-ㅂ/습니다	붉습니다	-아/어(요)	붉어(요)
-ㄴ/는다, -다	붉다	-아/어라	붉어라
연결어미			
-거나	붉거나	-지만	붉지만
-거니와	붉거니와	-ㄴ/는다거나, -다거나	붉다거나
-거든	붉거든	-ㄴ/는다고, -다고	붉다고
-게	붉게	-ㄴ/는다면, -다면	붉다면
-고	붉고	-는데, -(으)ㄴ데	붉은데
-고도	붉고도	-(으)나	붉으나
-고서	붉고서	-(으)니	붉으니
-고자	붉고자	-(으)니까	붉으니까
-기에	붉기에	-(으)ㄹ래야	붉을래야
-느라	붉느라	-(으)러	붉으라
-느라고	붉느라고	-(으)려고	붉으려고
-다가	붉다가	-(으)면	붉으면
-다시피	붉다시피	-(으)면서	붉으면서
-더니	붉더니	-(으)므로	붉으므로
-더라도	붉더라도	-아/어	붉어
-던데	붉던데	-아/어도	붉어도
-도록	붉도록	-아/어서	붉어서
-든지	붉든지	-아/어야	붉어야
-듯이	붉듯이	-아/어야지	붉어야지
-자마자	붉자마자	-았/었더니	붉었더니
전성어미			
-는	붉는	-(으)ㄴ	붉은
-던	붉던	-(으)ㄹ	붉을
선어말어미			

선어말어미 + -고		선어말어미 + -(으)며	
-(으)시-	붉으시고	-(으)시-	붉으시며
-겠-	붉겠고	-겠-	붉겠으며
-았/었-	붉었고	-았/었-	붉었으며
-(으)시었-	붉으셨고	-(으)시었-	붉으셨으며
-(으)시겠-	붉으시겠고	-(으)시겠-	붉으시겠으며
-(으)시었겠-	붉으셨겠고	-(으)시었겠-	붉으셨겠으며
선어말어미 + -아/어(요)		**선어말어미 + -ㅂ/습니다**	
-(으)시-	붉으세요	-(으)시-	붉으십니다
-겠-	붉겠어요	-겠-	붉겠습니다
-았/었-	붉었어요	-았/었-	붉었습니다
-(으)시었-	붉으셨어요	-(으)시었-	붉으셨습니다
-(으)시겠-	붉으시겠어요	-(으)시겠-	붉으시겠습니다
-(으)시었겠-	붉으셨겠어요	-(으)시었겠-	붉으셨겠습니다

동일 유형 용언:

굵다, 묽다

활용과 발음

- '붉다'는 형용사이므로, 동사와만 결합하는 종결어미, 연결어미, 관형 사형 어미와는 결합하지 못한다.
- '붉다'의 어간 '붉'은 음성모음 '우'를 가지므로 '아/어'로 시작하는 어미 중 '어'로 시작하는 어미와 결합하여 '붉어(요)', '붉었고'와 같이 활용한다,
- '붉다'는 자음으로 끝나므로 매개모음 '으'로 시작하는 어미와 결합하여 '붉으세요', '붉으며'와 같이 활용한다.
- '붉다'는 자음으로 시작하는 어미와 결합하면 어간 끝 자음 중 'ㄹ'이 탈락한다. 예를 들어 '붉지'는 '[북찌]'와 같이 발음한다. 'ㄴ'으로 시작하는 '-네'와 같은 어미와 결합하면 '붉네[붕네]'와 같이 발음한다. 다만 'ㄱ'으로 시작하는 어미와 결합하면 'ㄱ'이 탈락하여 '붉고'는 '[불꼬]'로 발음된다.

삶다 [삼:따] [saːmt'a] 동사: boil, simmer

종결어미			
-거든(요)	삶거든(요)	-(으)세요	삶으세요
-네(요)	삶네(요)	-(으)ㄹ걸(요)	삶을걸(요)
-자	삶자	-(으)ㄹ게(요)	삶을게(요)
-잖아(요)	삶잖아(요)	-(으)ㄹ까(요)	삶을까(요)
-지(요)	삶지(요)	-(으)ㄹ래(요)	삶을래(요)
-ㅂ/습니다	삶습니다	-아/어(요)	삶아(요)
-ㄴ/는다, -다	삶는다	-아/어라	삶아라
연결어미			
-거나	삶거나	-지만	삶지만
-거니와	삶거니와	-ㄴ/는다거나, -다거나	삶는다거나
-거든	삶거든	-ㄴ/는다고, -다고	삶는다고
-게	삶게	-ㄴ/는다면, -다면	삶는다면
-고	삶고	-는데, -(으)ㄴ데	삶는데
-고도	삶고도	-(으)나	삶으나
-고서	삶고서	-(으)니	삶으니
-고자	삶고자	-(으)니까	삶으니까
-기에	삶기에	-(으)ㄹ래야	삶을래야
-느라	삶느라	-(으)러	삶으러
-느라고	삶느라고	-(으)려고	삶으려고
-다가	삶다가	-(으)면	삶으면
-다시피	삶다시피	-(으)면서	삶으면서
-더니	삶더니	-(으)므로	삶으므로
-더라도	삶더라도	-아/어	삶아
-던데	삶던데	-아/어도	삶아도
-도록	삶도록	-아/어서	삶아서
-든지	삶든지	-아/어야	삶아야
-듯이	삶듯이	-아/어야지	삶아야지
-자마자	삶자마자	-았/었더니	삶았더니
전성어미			
-는	삶는	-(으)ㄴ	삶은
-던	삶던	-(으)ㄹ	삶을
선어말어미			

선어말어미 + -고		선어말어미 + -(으)며	
-(으)시-	삶으시고	-(으)시-	삶으시며
-겠-	삶겠고	-겠-	삶겠으며
-았/었-	삶았고	-았/었-	삶았으며
-(으)시었-	삶으셨고	-(으)시었-	삶으셨으며
-(으)시겠-	삶으시겠고	-(으)시겠-	삶으시겠으며
-(으)시었겠-	삶으셨겠고	-(으)시었겠-	삶으셨겠으며
선어말어미 + -아/어(요)		선어말어미 + -ㅂ/습니다	
-(으)시-	삶으세요	-(으)시-	삶으십니다
-겠-	삶겠어요	-겠-	삶겠습니다
-았/었-	삶았어요	-았/었-	삶았습니다
-(으)시었-	삶으셨어요	-(으)시었-	삶으셨습니다
-(으)시겠-	삶으시겠어요	-(으)시겠-	삶으시겠습니다
-(으)시었겠-	삶으셨겠어요	-(으)시었겠-	삶으셨겠습니다

동일 유형 용언:

곪다, 닮다

활용과 발음

- '삶다'의 어간 '삶'은 양성모음 '아'를 가지므로 '아/어'로 시작하는 어미 중 '아'로 시작하는 어미와 결합하여 '삶아(요)', '삶았고'와 같이 활용하고 [살마(요)], [살만꼬]'와 같이 연음하여 발음한다.
- '삶다'는 자음으로 끝나므로 매개모음 '으'로 시작하는 어미와 결합하여 '삶으세요', '삶으며'와 같이 활용하고 [살므세요]', [살므며]'와 같이 연음하여 발음한다.
- '삶다'는 자음으로 시작하는 어미와 결합하면 'ㄹ'이 떨어져서 '삶고', '삶지'는 '[삼ː꼬]', '[삼ː찌]'와 같이 발음한다.
- '삶다'는 'ㄴ'으로 시작하는 어미와 결합하여 '삶는'과 같이 활용할 때는 '[삼ː는]'과 같이 발음한다.

굶다 [굼:따] [ku:mt'a] 동사: starve, go hungry, skip a meal

종결어미			
-거든(요)	굶거든(요)	-(으)세요	굶으세요
-네(요)	굶네(요)	-(으)ㄹ걸(요)	굶을걸(요)
-자	굶자	-(으)ㄹ게(요)	굶을게(요)
-잖아(요)	굶잖아(요)	-(으)ㄹ까(요)	굶을까(요)
-지(요)	굶지(요)	-(으)ㄹ래(요)	굶을래(요)
-ㅂ/습니다	굶습니다	-아/어(요)	굶어(요)
-ㄴ/는다, -다	굶는다	-아/어라	굶어라
연결어미			
-거나	굶거나	-지만	굶지만
-거니와	굶거니와	-ㄴ/는다거나, -다거나	굶는다거나
-거든	굶거든	-ㄴ/는다고, -다고	굶는다고
-게	굶게	-ㄴ/는다면, -다면	굶는다면
-고	굶고	-는데, -(으)ㄴ데	굶는데
-고도	굶고도	-(으)나	굶으나
-고서	굶고서	-(으)니	굶으니
-고자	굶고자	-(으)니까	굶으니까
-기에	굶기에	-(으)ㄹ래야	굶을래야
-느라	굶느라	-(으)러	굶으러
-느라고	굶느라고	-(으)려고	굶으려고
-다가	굶다가	-(으)면	굶으면
-다시피	굶다시피	-(으)면서	굶으면서
-더니	굶더니	-(으)므로	굶으므로
-더라도	굶더라도	-아/어	굶어
-던데	굶던데	-아/어도	굶어도
-도록	굶도록	-아/어서	굶어서
-든지	굶든지	-아/어야	굶어야
-듯이	굶듯이	-아/어야지	굶어야지
-자마자	굶자마자	-았/었더니	굶었더니
전성어미			
-는	굶는	-(으)ㄴ	굶은
-던	굶던	-(으)ㄹ	굶을
선어말어미			

선어말어미 + -고		선어말어미 + -(으)며	
-(으)시-	굶으시고	-(으)시-	굶으시며
-겠-	굶겠고	-겠-	굶겠으며
-았/었-	굶었고	-았/었-	굶었으며
-(으)시었-	굶으셨고	-(으)시었-	굶으셨으며
-(으)시겠-	굶으시겠고	-(으)시겠-	굶으시겠으며
-(으)시었겠-	굶으셨겠고	-(으)시었겠-	굶으셨겠으며
선어말어미 + -아/어(요)		선어말어미 + -ㅂ/습니다	
-(으)시-	굶으세요	-(으)시-	굶으십니다
-겠-	굶겠어요	-겠-	굶겠습니다
-았/었-	굶었어요	-았/었-	굶었습니다
-(으)시었-	굶으셨어요	-(으)시었-	굶으셨습니다
-(으)시겠-	굶으시겠어요	-(으)시겠-	굶으시겠습니다
-(으)시었겠-	굶으셨겠어요	-(으)시었겠-	굶으셨겠습니다

동일 유형 용언:

짊다

활용과 발음

- '굶다'의 어간 '굶'은 음성모음 '우'를 가지므로 '아/어'로 시작하는 어미 중 '어'로 시작하는 어미와 결합하여 '굶어(요)', '굶었고'와 같이 활용하고 '[굴머(요)]', '[굴먿꼬]'와 같이 연음하여 발음한다.
- '굶다'는 자음으로 끝나므로 매개모음 '으'로 시작하는 어미와 결합하여 '굶으세요', '굶으며'와 같이 활용하고 '[굴므세요]', '[굴므며]'와 같이 연음하여 발음한다.
- '굶다'는 자음으로 시작하는 어미와 결합하면 'ㄹ'이 떨어져서 '굶고', '굶지'는 '[굼:꼬]', '[굼:찌]'와 같이 발음한다.
- '굶다'는 'ㄴ'으로 시작하는 어미와 결합하여 '굶는'과 같이 활용할 때는 '[굼:는]'과 같이 발음한다.

젊다 [점:따] [tsə:mt'a] 형용사: young, youthful

종결어미			
-거든(요)	젊거든(요)	-(으)세요	젊으세요
-네(요)	젊네(요)	-(으)ㄹ걸(요)	젊을걸(요)
-자	젊자	-(으)ㄹ게(요)	젊을게(요)
-잖아(요)	젊잖아(요)	-(으)ㄹ까(요)	젊을까(요)
-지(요)	젊지(요)	-(으)ㄹ래(요)	젊을래(요)
-ㅂ/습니다	젊습니다	-아/어(요)	젊어(요)
-ㄴ/는다, -다	젊다	-아/어라	젊어라
연결어미			
-거나	젊거나	-지만	젊지만
-거니와	젊거니와	-ㄴ/는다거나, -다거나	젊다거나
-거든	젊거든	-ㄴ/는다고, -다고	젊다고
-게	젊게	-ㄴ/는다면, -다면	젊다면
-고	젊고	-는데, -(으)ㄴ데	젊는데
-고도	젊고도	-(으)나	젊으나
-고서	젊고서	-(으)니	젊으니
-고자	젊고자	-(으)니까	젊으니까
-기에	젊기에	-(으)ㄹ래야	젊을래야
-느라	젊느라	-(으)러	젊으러
-느라고	젊느라고	-(으)려고	젊으려고
-다가	젊다가	-(으)면	젊으면
-다시피	젊다시피	-(으)면서	젊으면서
-더니	젊더니	-(으)므로	젊으므로
-더라도	젊더라도	-아/어	젊어
-던데	젊던데	-아/어도	젊어도
-도록	젊도록	-아/어서	젊어서
-든지	젊든지	-아/어야	젊어야
-듯이	젊듯이	-아/어야지	젊어야지
-자마자	젊자마자	-았/었더니	젊았더니
전성어미			
-는	젊는	-(으)ㄴ	젊은
-던	젊던	-(으)ㄹ	젊을
선어말어미			

선어말어미 + -고		선어말어미 + -(으)며	
-(으)시-	젊으시고	-(으)시-	젊으시며
-겠-	젊겠고	-겠-	젊겠으며
-았/었-	젊었고	-았/었-	젊었으며
-(으)시었-	젊으셨고	-(으)시었-	젊으셨으며
-(으)시겠-	젊으시겠고	-(으)시겠-	젊으시겠으며
-(으)시었겠-	젊으셨겠고	-(으)시었겠-	젊으셨겠으며
선어말어미 + -아/어(요)		선어말어미 + -ㅂ/습니다	
-(으)시-	젊으세요	-(으)시-	젊으십니다
-겠-	젊겠어요	-겠-	젊겠습니다
-았/었-	젊었어요	-았/었-	젊었습니다
-(으)시었-	젊으셨어요	-(으)시었-	젊으셨습니다
-(으)시겠-	젊으시겠어요	-(으)시겠-	젊으시겠습니다
-(으)시었겠-	젊으셨겠어요	-(으)시었겠-	젊으셨겠습니다

동일 유형 용언:
배젊다, 애젊다, 잗젊다

활용과 발음
- '젊다'는 형용사이므로, 동사와만 결합하는 종결어미, 연결어미, 관형 사형 어미와는 결합하지 못한다.
- '젊다'의 어간 '젊'은 음성모음 '어'를 가지므로 '아/어'로 시작하는 어 미 중 '어'로 시작하는 어미와 결합하여 '젊어(요)', '젊었고'와 같이 활용하고 '[절머(요)]', '[절먿꼬]'와 같이 연음하여 발음한다.
- '젊다'는 자음으로 끝나므로 매개모음 '으'로 시작하는 어미와 결합하 여 '젊으세요', '젊으며'와 같이 활용하고 '[절므세요]', '[절므며]'와 같이 연음하여 발음한다.
- '젊다'는 자음으로 시작하는 어미와 결합하면 'ㄹ'이 떨어져서 '젊고', '젊지'는 '[점:꼬]', '[점:찌]'와 같이 발음한다.
- '젊다'는 'ㄴ'으로 시작하는 어미와 결합하여 '젊네'와 같이 활용할 때 는 '[점:네]'와 같이 발음한다.

밟다 [밥:따] [paːpˈta] 동사: step on, tread on, trample

<table>
<tr><th colspan="4">종결어미</th></tr>
<tr><td>-거든(요)</td><td>밟거든(요)</td><td>-(으)세요</td><td>밟으세요</td></tr>
<tr><td>-네(요)</td><td>밟네(요)</td><td>-(으)ㄹ걸(요)</td><td>밟을걸(요)</td></tr>
<tr><td>-자</td><td>밟자</td><td>-(으)ㄹ게(요)</td><td>밟을게(요)</td></tr>
<tr><td>-잖아(요)</td><td>밟잖아(요)</td><td>-(으)ㄹ까(요)</td><td>밟을까(요)</td></tr>
<tr><td>-지(요)</td><td>밟지(요)</td><td>-(으)ㄹ래(요)</td><td>밟을래(요)</td></tr>
<tr><td>-ㅂ/습니다</td><td>밟습니다</td><td>-아/어(요)</td><td>밟아(요)</td></tr>
<tr><td>-ㄴ/는다, -다</td><td>밟는다</td><td>-아/어라</td><td>밟아라</td></tr>
<tr><th colspan="4">연결어미</th></tr>
<tr><td>-거나</td><td>밟거나</td><td>-지만</td><td>밟지만</td></tr>
<tr><td>-거니와</td><td>밟거니와</td><td>-ㄴ/는다거나, -다거나</td><td>밟는다거나</td></tr>
<tr><td>-거든</td><td>밟거든</td><td>-ㄴ/는다고, -다고</td><td>밟는다고</td></tr>
<tr><td>-게</td><td>밟게</td><td>-ㄴ/는다면, -다면</td><td>밟는다면</td></tr>
<tr><td>-고</td><td>밟고</td><td>-는데, -(으)ㄴ데</td><td>밟는데</td></tr>
<tr><td>-고도</td><td>밟고도</td><td>-(으)나</td><td>밟으나</td></tr>
<tr><td>-고서</td><td>밟고서</td><td>-(으)니</td><td>밟으니</td></tr>
<tr><td>-고자</td><td>밟고자</td><td>-(으)니까</td><td>밟으니까</td></tr>
<tr><td>-기에</td><td>밟기에</td><td>-(으)ㄹ래야</td><td>밟을래야</td></tr>
<tr><td>-느라</td><td>밟느라</td><td>-(으)러</td><td>밟으러</td></tr>
<tr><td>-느라고</td><td>밟느라고</td><td>-(으)려고</td><td>밟으려고</td></tr>
<tr><td>-다가</td><td>밟다가</td><td>-(으)면</td><td>밟으면</td></tr>
<tr><td>-다시피</td><td>밟다시피</td><td>-(으)면서</td><td>밟으면서</td></tr>
<tr><td>-더니</td><td>밟더니</td><td>-(으)므로</td><td>밟으므로</td></tr>
<tr><td>-더라도</td><td>밟더라도</td><td>-아/어</td><td>밟아</td></tr>
<tr><td>-던데</td><td>밟던데</td><td>-아/어도</td><td>밟아도</td></tr>
<tr><td>-도록</td><td>밟도록</td><td>-아/어서</td><td>밟아서</td></tr>
<tr><td>-든지</td><td>밟든지</td><td>-아/어야</td><td>밟아야</td></tr>
<tr><td>-듯이</td><td>밟듯이</td><td>-아/어야지</td><td>밟아야지</td></tr>
<tr><td>-자마자</td><td>밟자마자</td><td>-았/었더니</td><td>밟았더니</td></tr>
<tr><th colspan="4">전성어미</th></tr>
<tr><td>-는</td><td>밟는</td><td>-(으)ㄴ</td><td>밟은</td></tr>
<tr><td>-던</td><td>밟던</td><td>-(으)ㄹ</td><td>밟을</td></tr>
<tr><th colspan="4">선어말어미</th></tr>
</table>

선어말어미 + -고		선어말어미 + -(으)며	
-(으)시-	밟으시고	-(으)시-	밟으시며
-겠-	밟겠고	-겠-	밟겠으며
-았/었-	밟았고	-았/었-	밟았으며
-(으)시었-	밟으셨고	-(으)시었-	밟으셨으며
-(으)시겠-	밟으시겠고	-(으)시겠-	밟으시겠으며
-(으)시었겠-	밟으셨겠고	-(으)시었겠-	밟으셨겠으며
선어말어미 + -아/어(요)		선어말어미 + -ㅂ/습니다	
-(으)시-	밟으세요	-(으)시-	밟으십니다
-겠-	밟겠어요	-겠-	밟겠습니다
-았/었-	밟았어요	-았/었-	밟았습니다
-(으)시었-	밟으셨어요	-(으)시었-	밟으셨습니다
-(으)시겠-	밟으시겠어요	-(으)시겠-	밟으시겠습니다
-(으)시었겠-	밟으셨겠어요	-(으)시었겠-	밟으셨겠습니다

동일 유형 용언:

짓밟다

활용과 발음

- '밟다'의 어간 '밟'은 양성모음 '아'를 가지므로 '아/어'로 시작하는 어미 중 '아'로 시작하는 어미와 결합하여 '밟아(요)', '밟았고'와 같이 활용하고 '[발바(요)]', '[발받꼬]'와 같이 연음하여 발음한다.
- '밟다'는 자음으로 끝나므로 매개모음 '으'로 시작하는 어미와 결합하여 '밟으세요', '밟으며'와 같이 활용하고 '[발브세요]', '[발브며]'와 같이 연음하여 발음한다.
- '밟다'를 자음으로 시작하는 어미와 결합하면 'ㄹ'이 떨어져서 '밟고', '밟지' 등은 '[밥:꼬]', '[밥:찌]'와 같이 발음한다.
- '밟다'는 'ㄴ'으로 시작하는 어미와 결합하여 '밟는'과 같이 활용할 때는 '[밤:는]'과 같이 발음한다.

짧다 [짤따] [ts'alt'a] 형용사: short, brief

종결어미			
-거든(요)	짧거든(요)	-(으)세요	짧으세요
-네(요)	짧네(요)	-(으)ㄹ걸(요)	짧을걸(요)
-자	짧자	-(으)ㄹ게(요)	짧을게(요)
-잖아(요)	짧잖아(요)	-(으)ㄹ까(요)	짧을까(요)
-지(요)	짧지(요)	-(으)ㄹ래(요)	짧을래(요)
-ㅂ/습니다	짧습니다	-아/어(요)	짧아(요)
-ㄴ/는다, -다	짧다	-아/어라	짧아라
연결어미			
-거나	짧거나	-지만	짧지만
-거니와	짧거니와	-ㄴ/는다거나, -다거나	짧다거나
-거든	짧거든	-ㄴ/는다고, -다고	짧다고
-게	짧게	-ㄴ/는다면, -다면	짧다면
-고	짧고	-는데, -(으)ㄴ데	짧은데
-고도	짧고도	-(으)나	짧으나
-고서	짧고서	-(으)니	짧으니
-고자	짧고자	-(으)니까	짧으니까
-기에	짧기에	-(으)ㄹ래야	짧을래야
-느라	짧느라	-(으)러	짧으라
-느라고	짧느라고	-(으)려고	짧으려고
-다가	짧다가	-(으)면	짧으면
-다시피	짧다시피	-(으)면서	짧으면서
-더니	짧더니	-(으)므로	짧으므로
-더라도	짧더라도	-아/어	짧아
-던데	짧던데	-아/어도	짧아도
-도록	짧도록	-아/어서	짧아서
-든지	짧든지	-아/어야	짧아야
-듯이	짧듯이	-아/어야지	짧아야지
-자마자	짧자마자	-았/었더니	짧았더나
전성어미			
-는	짧는	-(으)ㄴ	짧은
-던	짧던	-(으)ㄹ	짧을
선어말어미			

선어말어미 + -고		선어말어미 + -(으)며	
-(으)시-	짧으시고	-(으)시-	짧으시며
-겠-	짧겠고	-겠-	짧겠으며
-았/었-	짧았고	-았/었-	짧았으며
-(으)시었-	짧으셨고	-(으)시었-	짧으셨으며
-(으)시겠-	짧으시겠고	-(으)시겠-	짧으시겠으며
-(으)시었겠-	짧으셨겠고	-(으)시었겠-	짧으셨겠으며
선어말어미 + -아/어(요)		선어말어미 + -ㅂ/습니다	
-(으)시-	짧으세요	-(으)시-	짧으십니다
-겠-	짧겠어요	-겠-	짧겠습니다
-았/었-	짧았어요	-았/었-	짧았습니다
-(으)시었-	짧으셨어요	-(으)시었-	짧으셨습니다
-(으)시겠-	짧으시겠어요	-(으)시겠-	짧으시겠습니다
-(으)시었겠-	짧으셨겠어요	-(으)시었겠-	짧으셨겠습니다

동일 유형 용언:
얇다

활용과 발음
- '짧다'는 형용사이므로, 동사와만 결합하는 종결어미, 연결어미, 관형사형 어미와는 결합하지 못한다.
- '짧다'의 어간 '짧'은 양성모음 '아'를 가지므로 '아/어'로 시작하는 어미 중 '아'로 시작하는 어미와 결합하여 '짧아(요)', '짧았고'와 같이 활용하고 '[짤바(요)]', '[짤받꼬]'와 같이 연음하여 발음한다.
- '짧다'는 자음으로 끝나므로 매개모음 '으'로 시작하는 어미와 결합하여 '짧으세요', '짧으며'와 같이 활용하고 '[짤브세요]', '[짤브며]'와 같이 연음하여 발음한다.
- '짧다'는 자음으로 시작하는 어미와 결합하면 'ㅂ'이 떨어져서 '짧고', '짧지' 등은 '[짤꼬]', '[짤찌]'와 같이 발음한다.
- '짧다'는 'ㄴ'으로 시작하는 어미와 결합하여 '짧네'와 같이 활용할 때는 '[짤레]'와 같이 발음한다.

넓다 [널따] [nəlt'a] **형용사**: large, big, extensive, spacious, broad, wide

종결어미			
-거든(요)	넓거든(요)	-(으)세요	넓으세요
-네(요)	넓네(요)	-(으)ㄹ걸(요)	넓을걸(요)
-자	넓자	-(으)ㄹ게(요)	넓을게(요)
-잖아(요)	넓잖아(요)	-(으)ㄹ까(요)	넓을까(요)
-지(요)	넓지(요)	-(으)ㄹ래(요)	넓을래(요)
-ㅂ/습니다	넓습니다	-아/어(요)	넓어(요)
-ㄴ/는다, -다	넓다	-아/어라	넓어라
연결어미			
-거나	넓거나	-지만	넓지만
-거니와	넓거니와	-ㄴ/는다거나, -다거나	넓다거나
-거든	넓거든	-ㄴ/는다고, -다고	넓다고
-게	넓게	-ㄴ/는다면, -다면	넓다면
-고	넓고	-는데, -(으)ㄴ데	넓은데
-고도	넓고도	-(으)나	넓으나
-고서	넓고서	-(으)니	넓으니
-고자	넓고자	-(으)니까	넓으니까
-기에	넓기에	-(으)ㄹ래야	넓을래야
-느라	넓느라	-(으)러	넓으러
-느라고	넓느라고	-(으)려고	넓으려고
-다가	넓다가	-(으)면	넓으면
-다시피	넓다시피	-(으)면서	넓으면서
-더니	넓더니	-(으)므로	넓으므로
-더라도	넓더라도	-아/어	넓어
-던데	넓던데	-아/어도	넓어도
-도록	넓도록	-아/어서	넓어서
-든지	넓든지	-아/어야	넓어야
-듯이	넓듯이	-아/어야지	넓어야지
-자마자	넓자마자	-았/었더니	넓었더니
전성어미			
-는	넓는	-(으)ㄴ	넓은
-던	넓던	-(으)ㄹ	넓을

선어말어미			
선어말어미 + -고		**선어말어미 + -(으)며**	
-(으)시-	넓으시고	-(으)시-	넓으시며
-겠-	넓겠고	-겠-	넓겠으며
-았/었-	넓었고	-았/었-	넓었으며
-(으)시었-	넓으셨고	-(으)시었-	넓으셨으며
-(으)시겠-	넓으시겠고	-(으)시겠-	넓으시겠으며
-(으)시었겠-	넓으셨겠고	-(으)시었겠-	넓으셨겠으며
선어말어미 + -아/어(요)		**선어말어미 + -ㅂ/습니다**	
-(으)시-	넓으세요	-(으)시-	넓으십니다
-겠-	넓겠어요	-겠-	넓겠습니다
-았/었-	넓었어요	-았/었-	넓었습니다
-(으)시었-	넓으셨어요	-(으)시었-	넓으셨습니다
-(으)시겠-	넓으시겠어요	-(으)시겠-	넓으시겠습니다
-(으)시었겠-	넓으셨겠어요	-(으)시었겠-	넓으셨겠습니다

동일 유형 용언:

떫다, 폭넓다

활용과 발음

- '넓다'는 형용사이므로, 동사와만 결합하는 종결어미, 연결어미, 관형사형 어미와는 결합하지 못한다.
- '넓다'의 어간 '넓'은 음성모음 '어'를 가지므로 '아/어'로 시작하는 어미 중 '어'로 시작하는 어미와 결합하여 '넓어(요)', '넓었고'와 같이 활용하고 [널버(요)], [널벋꼬]와 같이 연음하여 발음한다.
- '넓다'는 자음으로 끝나므로 매개모음 '으'로 시작하는 어미와 결합하여 '넓으세요', '넓으며'와 같이 활용하고 [널브세요], [널브며]와 같이 연음하여 발음한다.
- '넓다'는 자음으로 시작하는 어미와 결합하면 'ㅂ'이 떨어져서 '넓고', '넓지' 등은 [널꼬], [널찌]와 같이 발음한다.
- '넓다'는 'ㄴ'으로 시작하는 어미와 결합하여 '넓네'와 같이 활용할 때는 [널레]와 같이 발음한다.

핥다 [할따] [halt'a] 동사: lick

종결어미			
-거든(요)	핥거든(요)	-(으)세요	핥으세요
-네(요)	핥네(요)	-(으)ㄹ걸(요)	핥을걸(요)
-자	핥자	-(으)ㄹ게(요)	핥을게(요)
-잖아(요)	핥잖아(요)	-(으)ㄹ까(요)	핥을까(요)
-지(요)	핥지(요)	-(으)ㄹ래(요)	핥을래(요)
-ㅂ/습니다	핥습니다	-아/어(요)	핥아(요)
-ㄴ/는다, -다	핥는다	-아/어라	핥아라
연결어미			
-거나	핥거나	-지만	핥지만
-거니와	핥거니와	-ㄴ/는다거나, -다거나	핥는다거나
-거든	핥거든	-ㄴ/는다고, -다고	핥는다고
-게	핥게	-ㄴ/는다면, -다면	핥는다면
-고	핥고	-는데, -(으)ㄴ데	핥는데
-고도	핥고도	-(으)나	핥으나
-고서	핥고서	-(으)니	핥으니
-고자	핥고자	-(으)니까	핥으니까
-기에	핥기에	-(으)ㄹ래야	핥을래야
-느라	핥느라	-(으)러	핥으러
-느라고	핥느라고	-(으)려고	핥으려고
-다가	핥다가	-(으)면	핥으면
-다시피	핥다시피	-(으)면서	핥으면서
-더니	핥더니	-(으)므로	핥으므로
-더라도	핥더라도	-아/어	핥아
-던데	핥던데	-아/어도	핥아도
-도록	핥도록	-아/어서	핥아서
-든지	핥든지	-아/어야	핥아야
-듯이	핥듯이	-아/어야지	핥아야지
-자마자	핥자마자	-았/었더니	핥았더니
전성어미			
-는	핥는	-(으)ㄴ	핥은
-던	핥던	-(으)ㄹ	핥을
선어말어미			

선어말어미 + -고		선어말어미 + -(으)며	
-(으)시-	핥으시고	-(으)시-	핥으시며
-겠-	핥겠고	-겠-	핥겠으며
-았/었-	핥았고	-았/었-	핥았으며
-(으)시었-	핥으셨고	-(으)시었-	핥으셨으며
-(으)시겠-	핥으시겠고	-(으)시겠-	핥으시겠으며
-(으)시었겠-	핥으셨겠고	-(으)시었겠-	핥으셨겠으며
선어말어미 + -아/어(요)		선어말어미 + -ㅂ/습니다	
-(으)시-	핥으세요	-(으)시-	핥으십니다
-겠-	핥겠어요	-겠-	핥겠습니다
-았/었-	핥았어요	-았/었-	핥았습니다
-(으)시었-	핥으셨어요	-(으)시었-	핥으셨습니다
-(으)시겠-	핥으시겠어요	-(으)시겠-	핥으시겠습니다
-(으)시었겠-	핥으셨겠어요	-(으)시었겠-	핥으셨겠습니다

동일 유형 용언:

걷핥다, 훑다

활용과 발음

- '핥다'의 어간 '핥'은 양성모음 '아'를 가지므로 '아/어'로 시작하는 어미 중 '아'로 시작하는 어미와 결합하여 '핥아(요)', '핥았고'와 같이 활용하고 '[할타(요)]', '[할탇꼬]'와 같이 연음하여 발음한다.
- '핥다'는 자음으로 끝나므로 매개모음 '으'로 시작하는 어미와 결합하여 '핥으세요', '핥으며'와 같이 활용하고 '[할트세요]', '[할트며]'와 같이 연음하여 발음한다.
- '핥다'는 자음으로 시작하는 어미와 결합하면 'ㅌ'이 떨어져서 '핥고', '핥지' 등은 '[할꼬]', '[할찌]'와 같이 발음한다.
- '핥다'는 'ㄴ'으로 시작하는 어미와 결합하여 '핥는'과 같이 활용할 때는 '[할른]'과 같이 발음한다.

훑다 [훌따] [hult'a] 동사: strip off, scrub out, look over, skim (through/over), scan (through)

종결어미			
-거든(요)	훑거든(요)	-(으)세요	훑으세요
-네(요)	훑네(요)	-(으)ㄹ걸(요)	훑을걸(요)
-자	훑자	-(으)ㄹ게(요)	훑을게(요)
-잖아(요)	훑잖아(요)	-(으)ㄹ까(요)	훑을까(요)
-지(요)	훑지(요)	-(으)ㄹ래(요)	훑을래(요)
-ㅂ/습니다	훑습니다	-아/어(요)	훑어(요)
-ㄴ/는다, -다	훑는다	-아/어라	훑어라
연결어미			
-거나	훑거나	-지만	훑지만
-거니와	훑거니와	-ㄴ/는다거나, -다거나	훑는다거나
-거든	훑거든	-ㄴ/는다고, -다고	훑는다고
-게	훑게	-ㄴ/는다면, -다면	훑는다면
-고	훑고	-는데, -(으)ㄴ데	훑는데
-고도	훑고도	-(으)나	훑으나
-고서	훑고서	-(으)니	훑으니
-고자	훑고자	-(으)니까	훑으니까
-기에	훑기에	-(으)ㄹ래야	훑을래야
-느라	훑느라	-(으)러	훑으러
-느라고	훑느라고	-(으)려고	훑으려고
-다가	훑다가	-(으)면	훑으면
-다시피	훑다시피	-(으)면서	훑으면서
-더니	훑더니	-(으)므로	훑으므로
-더라도	훑더라도	-아/어	훑어
-던데	훑던데	-아/어도	훑어도
-도록	훑도록	-아/어서	훑어서
-든지	훑든지	-아/어야	훑어야
-듯이	훑듯이	-아/어야지	훑어야지
-자마자	훑자마자	-았/었더니	훑었더니
전성어미			
-는	훑는	-(으)ㄴ	훑은
-던	훑던	-(으)ㄹ	훑을

선어말어미			
선어말어미 + -고		**선어말어미 + -(으)며**	
-(으)시-	훑으시고	-(으)시-	훑으시며
-겠-	훑겠고	-겠-	훑겠으며
-았/었-	훑었고	-았/었-	훑었으며
-(으)시었-	훑으셨고	-(으)시었-	훑으셨으며
-(으)시겠-	훑으시겠고	-(으)시겠-	훑으시겠으며
-(으)시었겠-	훑으셨겠고	-(으)시었겠-	훑으셨겠으며
선어말어미 + -아/어(요)		**선어말어미 + -ㅂ/습니다**	
-(으)시-	훑으세요	-(으)시-	훑으십니다
-겠-	훑겠어요	-겠-	훑겠습니다
-았/었-	훑었어요	-았/었-	훑었습니다
-(으)시었-	훑으셨어요	-(으)시었-	훑으셨습니다
-(으)시겠-	훑으시겠어요	-(으)시겠-	훑으시겠습니다
-(으)시었겠-	훑으셨겠어요	-(으)시었겠-	훑으셨습니다

동일 유형 용언:

내리훑다, 뒤훑다, 치훑다

활용과 발음

- '훑다'의 어간 '훑'은 음성모음 '우'를 가지므로 '아/어'로 시작하는 어미 중 '어'로 시작하는 어미와 결합하여 '훑어(요)', '훑었고'와 같이 활용하고 '[훌터(요)]', '[훌턷꼬]'와 같이 연음하여 발음한다.
- '훑다'는 자음으로 끝나므로 매개모음 '으'로 시작하는 어미와 결합하여 '훑으세요', '훑으며'와 같이 활용하고 [훌트세요], [훌트며]와 같이 연음하여 발음한다.
- '훑다'는 자음으로 시작하는 어미와 결합하면 'ㅌ'이 떨어져서 '훑고', '훑지' 등은 '[훌꼬]', '[훌찌]'와 같이 발음한다.
- '훑다'는 'ㄴ'으로 시작하는 어미와 결합하여 '훑는'과 같이 활용할 때는 '[훌른]'과 같이 발음한다.

읊다 [읍따] [ɯpˈt͈a] 동사: recite

<table>
<tr><th colspan="4">종결어미</th></tr>
<tr><td>-거든(요)</td><td>읊거든(요)</td><td>-(으)세요</td><td>읊으세요</td></tr>
<tr><td>-네(요)</td><td>읊네(요)</td><td>-(으)ㄹ걸(요)</td><td>읊을걸(요)</td></tr>
<tr><td>-자</td><td>읊자</td><td>-(으)ㄹ게(요)</td><td>읊을게(요)</td></tr>
<tr><td>-잖아(요)</td><td>읊잖아(요)</td><td>-(으)ㄹ까(요)</td><td>읊을까(요)</td></tr>
<tr><td>-지(요)</td><td>읊지(요)</td><td>-(으)ㄹ래(요)</td><td>읊을래(요)</td></tr>
<tr><td>-ㅂ/습니다</td><td>읊습니다</td><td>-아/어(요)</td><td>읊어(요)</td></tr>
<tr><td>-ㄴ/는다, -다</td><td>읊는다</td><td>-아/어라</td><td>읊어라</td></tr>
<tr><th colspan="4">연결어미</th></tr>
<tr><td>-거나</td><td>읊거나</td><td>-지만</td><td>읊지만</td></tr>
<tr><td>-거니와</td><td>읊거니와</td><td>-ㄴ/는다거나, -다거나</td><td>읊는다거나</td></tr>
<tr><td>-거든</td><td>읊거든</td><td>-ㄴ/는다고, -다고</td><td>읊는다고</td></tr>
<tr><td>-게</td><td>읊게</td><td>-ㄴ/는다면, -다면</td><td>읊는다면</td></tr>
<tr><td>-고</td><td>읊고</td><td>-는데, -(으)ㄴ데</td><td>읊는데</td></tr>
<tr><td>-고도</td><td>읊고도</td><td>-(으)나</td><td>읊으나</td></tr>
<tr><td>-고서</td><td>읊고서</td><td>-(으)니</td><td>읊으니</td></tr>
<tr><td>-고자</td><td>읊고자</td><td>-(으)니까</td><td>읊으니까</td></tr>
<tr><td>-기에</td><td>읊기에</td><td>-(으)ㄹ래야</td><td>읊을래야</td></tr>
<tr><td>-느라</td><td>읊느라</td><td>-(으)러</td><td>읊으러</td></tr>
<tr><td>-느라고</td><td>읊느라고</td><td>-(으)려고</td><td>읊으려고</td></tr>
<tr><td>-다가</td><td>읊다가</td><td>-(으)면</td><td>읊으면</td></tr>
<tr><td>-다시피</td><td>읊다시피</td><td>-(으)면서</td><td>읊으면서</td></tr>
<tr><td>-더니</td><td>읊더니</td><td>-(으)므로</td><td>읊으므로</td></tr>
<tr><td>-더라도</td><td>읊더라도</td><td>-아/어</td><td>읊어</td></tr>
<tr><td>-던데</td><td>읊던데</td><td>-아/어도</td><td>읊어도</td></tr>
<tr><td>-도록</td><td>읊도록</td><td>-아/어서</td><td>읊어서</td></tr>
<tr><td>-든지</td><td>읊든지</td><td>-아/어야</td><td>읊어야</td></tr>
<tr><td>-듯이</td><td>읊듯이</td><td>-아/어야지</td><td>읊어야지</td></tr>
<tr><td>-자마자</td><td>읊자마자</td><td>-았/었더니</td><td>읊었더니</td></tr>
<tr><th colspan="4">전성어미</th></tr>
<tr><td>-는</td><td>읊는</td><td>-(으)ㄴ</td><td>읊은</td></tr>
<tr><td>-던</td><td>읊던</td><td>-(으)ㄹ</td><td>읊을</td></tr>
<tr><th colspan="4">선어말어미</th></tr>
<tr><th colspan="2">선어말어미 + -고</th><th colspan="2">선어말어미 + -(으)며</th></tr>
</table>

-(으)시-	읊으시고	-(으)시-	읊으시며
-겠-	읊겠고	-겠-	읊겠으며
-았/었-	읊었고	-았/었-	읊었으며
-(으)시었-	읊으셨고	-(으)시었-	읊으셨으며
-(으)시겠-	읊으시겠고	-(으)시겠-	읊으시겠으며
-(으)시었겠-	읊으셨겠고	-(으)시었겠-	읊으셨겠으며
선어말어미 + -아/어(요)		**선어말어미 + -ㅂ/습니다**	
-(으)시-	읊으세요	-(으)시-	읊으십니다
-겠-	읊겠어요	-겠-	읊겠습니다
-았/었-	읊었어요	-았/었-	읊었습니다
-(으)시었-	읊으셨어요	-(으)시었-	읊으셨습니다
-(으)시겠-	읊으시겠어요	-(으)시겠-	읊으시겠습니다
-(으)시었겠-	읊으셨겠어요	-(으)시었겠-	읊으셨겠습니다

동일 유형 용언:

없음

활용과 발음

- '읊다'의 어간 '읊'은 음성모음 '으'를 가지므로 '아/어'로 시작하는 어미 중 '어'로 시작하는 어미와 결합하여 '읊어(요)', '읊었고'와 같이 활용하고 '[을퍼(요)]', '[을펀꼬]'와 같이 연음하여 발음한다.
- '읊다'는 자음으로 끝나므로 매개모음 '으'로 시작하는 어미와 결합하여 '읊으세요', '읊으며'와 같이 활용하고 '[을프세요]', '[을프며]'와 같이 연음하여 발음한다.
- '읊다'는 자음으로 시작하는 어미와 결합하면 'ㄹ'이 떨어져서 '읊고', '읊지' 등은 '[읍꼬]', '[읍찌]'와 같이 발음한다.
- '읊다'는 'ㄴ'으로 시작하는 어미와 결합하여 '읊는'과 같이 활용할 때는 '[음는]'과 같이 발음한다.

앓다 [알타] [alt^ha] 동사: suffer (from), be ill (with), be sick (with), (formal) be afflicted (with)

종결어미			
-거든(요)	앓거든(요)	-(으)세요	앓으세요
-네(요)	앓네(요)	-(으)ㄹ걸(요)	앓을걸(요)
-자	앓자	-(으)ㄹ게(요)	앓을게(요)
-잖아(요)	앓잖아(요)	-(으)ㄹ까(요)	앓을까(요)
-지(요)	앓지(요)	-(으)ㄹ래(요)	앓을래(요)
-ㅂ/습니다	앓습니다	-아/어(요)	앓아(요)
-ㄴ/는다, -다	앓는다	-아/어라	앓아라
연결어미			
-거나	앓거나	-지만	앓지만
-거니와	앓거니와	-ㄴ/는다거나, -다거나	앓는다거나
-거든	앓거든	-ㄴ/는다고, -다고	앓는다고
-게	앓게	-ㄴ/는다면, -다면	앓는다면
-고	앓고	-는데, -(으)ㄴ데	앓는데
-고도	앓고도	-(으)나	앓으나
-고서	앓고서	-(으)니	앓으니
-고자	앓고자	-(으)니까	앓으니까
-기에	앓기에	-(으)ㄹ래야	앓을래야
-느라	앓느라	-(으)러	앓으러
-느라고	앓느라고	-(으)려고	앓으려고
-다가	앓다가	-(으)면	앓으면
-다시피	앓다시피	-(으)면서	앓으면서
-더니	앓더니	-(으)므로	앓으므로
-더라도	앓더라도	-아/어	앓아
-던데	앓던데	-아/어도	앓아도
-도록	앓도록	-아/어서	앓아서
-든지	앓든지	-아/어야	앓아야
-듯이	앓듯이	-아/어야지	앓아야지
-자마자	앓자마자	-았/었더니	앓았더니
전성어미			
-는	앓는	-(으)ㄴ	앓은
-던	앓던	-(으)ㄹ	앓을

선어말어미			
선어말어미 + -고		선어말어미 + -(으)며	
-(으)시-	앓으시고	-(으)시-	앓으시며
-겠-	앓겠고	-겠-	앓겠으며
-았/었-	앓았고	-았/었-	앓았으며
-(으)시었-	앓으셨고	-(으)시었-	앓으셨으며
-(으)시겠-	앓으시겠고	-(으)시겠-	앓으시겠으며
-(으)시었겠-	앓으셨겠고	-(으)시었겠-	앓으셨겠으며
선어말어미 + -아/어(요)		선어말어미 + -ㅂ/습니다	
-(으)시-	앓으세요	-(으)시-	앓으십니다
-겠-	앓겠어요	-겠-	앓겠습니다
-았/었-	앓았어요	-았/었-	앓았습니다
-(으)시었-	앓으셨어요	-(으)시었-	앓으셨습니다
-(으)시겠-	앓으시겠어요	-(으)시겠-	앓으시겠습니다
-(으)시었겠-	앓으셨겠어요	-(으)시었겠-	앓으셨겠습니다

동일 유형 용언:

닳다

활용과 발음

- '앓다'의 어간 '앓'은 양성모음 '아'를 가지므로 '아/어'로 시작하는 어미 중 '어'로 시작하는 어미와 결합하여 '앓아(요)', '앓았고'와 같이 활용하고 '[아라(요)]', '[아랃꼬]'와 같이 'ㅎ'을 탈락시키고 'ㄹ'을 연음하여 발음한다.
- '앓다'는 자음으로 끝나므로 매개모음 '으'로 시작하는 어미와 결합하여 '앓으세요', '앓으며'와 같이 활용하고 '[아르세요]', '[아르며]'와 같이 'ㅎ'을 탈락시키고 'ㄹ'을 연음하여 발음한다.
- '앓다'는 자음으로 시작하는 어미와 결합하면 'ㅎ'과 자음이 축약되어 '앓고', '앓지' 등은 '[알코]', '[알치]'와 같이 발음한다.
- '앓다'는 'ㄴ'으로 시작하는 어미와 결합하여 '앓네'와 같이 활용할 때는 '[알레]'와 같이 발음한다.

옳다 [올타] [oltʰa] 형용사: right, proper, correct

종결어미			
-거든(요)	옳거든(요)	-(으)세요	옳으세요
-네(요)	옳네(요)	-(으)ㄹ걸(요)	옳을걸(요)
-자	~~옳자~~	-(으)ㄹ게(요)	~~옳을게(요)~~
-잖아(요)	옳잖아(요)	-(으)ㄹ까(요)	~~옳을까(요)~~
-지(요)	옳지(요)	-(으)ㄹ래(요)	~~옳을래(요)~~
-ㅂ/습니다	옳습니다	-아/어(요)	옳아(요)
-ㄴ/는다, -다	옳다	-아/어라	~~옳아라~~
연결어미			
-거나	옳거나	-지만	옳지만
-거니와	옳거니와	-ㄴ/는다거나, -다거나	옳다거나
-거든	옳거든	-ㄴ/는다고, -다고	옳다고
-게	옳게	-ㄴ/는다면, -다면	옳다면
-고	옳고	-는데, -(으)ㄴ데	옳은데
-고도	옳고도	-(으)나	옳으나
-고서	~~옳고서~~	-(으)니	옳으니
-고자	~~옳고자~~	-(으)니까	옳으니까
-기에	옳기에	-(으)ㄹ래야	옳을래야
-느라	~~옳느라~~	-(으)러	~~옳으러~~
-느라고	~~옳느라고~~	-(으)려고	~~옳으려고~~
-다가	~~옳다가~~	-(으)면	옳으면
-다시피	~~옳다시피~~	-(으)면서	옳으면서
-더니	옳더니	-(으)므로	옳으므로
-더라도	옳더라도	-아/어	옳아
-던데	옳던데	-아/어도	옳아도
-도록	~~옳도록~~	-아/어서	옳아서
-든지	옳든지	-아/어야	옳아야
-듯이	옳듯이	-아/어야지	옳아야지
-자마자	~~옳자마자~~	-았/었더니	~~옳았더니~~
전성어미			
-는	~~옳는~~	-(으)ㄴ	옳은
-던	옳던	-(으)ㄹ	옳을
선어말어미			

선어말어미 + -고		선어말어미 + -(으)며	
-(으)시-	옳으시고	-(으)시-	옳으시며
-겠-	옳겠고	-겠-	옳겠으며
-았/었-	옳았고	-았/었-	옳았으며
-(으)시었-	옳으셨고	-(으)시었-	옳으셨으며
-(으)시겠-	옳으시겠고	-(으)시겠-	옳으시겠으며
-(으)시었겠-	옳으셨겠고	-(으)시었겠-	옳으셨겠으며
선어말어미 + -아/어(요)		선어말어미 + -ㅂ/습니다	
-(으)시-	옳으세요	-(으)시-	옳으십니다
-겠-	옳겠어요	-겠-	옳겠습니다
-았/었-	옳았어요	-았/었-	옳았습니다
-(으)시었-	옳으셨어요	-(으)시었-	옳으셨습니다
-(으)시겠-	옳으시겠어요	-(으)시겠-	옳으시겠습니다
-(으)시었겠-	옳으셨겠어요	-(으)시었겠-	옳으셨겠습니다

동일 유형 용언:

없음

활용과 발음

- '옳다'는 형용사이므로, 동사와 결합하는 종결어미, 연결어미, 관형사형 어미와는 결합하지 못한다.
- '옳다'의 어간 '옳'은 양성모음 '오'를 가지므로 '아/어'로 시작하는 어미 중 '아'로 시작하는 어미와 결합하여 '옳아(요)', '옳았고'와 같이 활용하고 '[오라(요)]', '[오랃꼬]'와 같이 'ㅎ'을 탈락시키고 'ㄹ'을 연음하여 발음한다.
- '옳다'는 자음으로 끝나므로 매개모음 '으'로 시작하는 어미와 결합하여 '옳으세요', '옳으며'와 같이 활용하고 '[오르세요]', '[오르며]'와 같이 'ㅎ'을 탈락시키고 'ㄹ'을 연음하여 발음한다.
- '옳다'는 자음으로 시작하는 어미와 결합하면 'ㅎ'과 자음이 축약되어 '옳고', '옳지' 등은 '[올코]', '[올치]'와 같이 발음한다. '-습니다'와 결합하여 '옳습니다'로 활용하면 '[올씀니다]'와 같이 발음된다.
- '옳다'는 'ㄴ'으로 시작하는 어미와 결합하여 '옳네'와 같이 활용할 때는 '[올레]'와 같이 발음한다.

잃다 [일타] [iltʰa] 동사: lose, deprived of, miss, stray

종결어미			
-거든(요)	잃거든(요)	-(으)세요	잃으세요
-네(요)	잃네(요)	-(으)ㄹ걸(요)	잃을걸(요)
-자	잃자	-(으)ㄹ게(요)	잃을게(요)
-잖아(요)	잃잖아(요)	-(으)ㄹ까(요)	잃을까(요)
-지(요)	잃지(요)	-(으)ㄹ래(요)	잃을래(요)
-ㅂ/습니다	잃습니다	-아/어(요)	잃어(요)
-ㄴ/는다, -다	잃는다	-아/어라	잃어라
연결어미			
-거나	잃거나	-지만	잃지만
-거니와	잃거니와	-ㄴ/는다거나, -다거나	잃는다거나
-거든	잃거든	-ㄴ/는다고, -다고	잃는다고
-게	잃게	-ㄴ/는다면, -다면	잃는다면
-고	잃고	-는데, -(으)ㄴ데	잃는데
-고도	잃고도	-(으)나	잃으나
-고서	잃고서	-(으)니	잃으니
-고자	잃고자	-(으)니까	잃으니까
-기에	잃기에	-(으)ㄹ래야	잃을래야
-느라	잃느라	-(으)러	잃으러
-느라고	잃느라고	-(으)려고	잃으려고
-다가	잃다가	-(으)면	잃으면
-다시피	잃다시피	-(으)면서	잃으면서
-더니	잃더니	-(으)므로	잃으므로
-더라도	잃더라도	-아/어	잃어
-던데	잃던데	-아/어도	잃어도
-도록	잃도록	-아/어서	잃어서
-든지	잃든지	-아/어야	잃어야
-듯이	잃듯이	-아/어야지	잃어야지
-자마자	잃자마자	-았/었더니	잃었더니
전성어미			
-는	잃는	-(으)ㄴ	잃은
-던	잃던	-(으)ㄹ	잃을
선어말어미			

선어말어미 + -고		선어말어미 + -(으)며	
-(으)시-	잃으시고	-(으)시-	잃으시며
-겠-	잃겠고	-겠-	잃겠으며
-았/었-	잃었고	-았/었-	잃었으며
-(으)시었-	잃으셨고	-(으)시었-	잃으셨으며
-(으)시겠-	잃으시겠고	-(으)시겠-	잃으시겠으며
-(으)시었겠-	잃으셨겠고	-(으)시었겠-	잃으셨겠으며
선어말어미 + -아/어(요)		선어말어미 + -ㅂ/습니다	
-(으)시-	잃으세요	-(으)시-	잃으십니다
-겠-	잃겠어요	-겠-	잃겠습니다
-았/었-	잃었어요	-았/었-	잃었습니다
-(으)시었-	잃으셨어요	-(으)시었-	잃으셨습니다
-(으)시겠-	잃으시겠어요	-(으)시겠-	잃으시겠습니다
-(으)시었겠-	잃으셨겠어요	-(으)시었겠-	잃으셨겠습니다

동일 유형 용언:

끓다, 꿰뚫다, 곯다, 들끓다, 뚫다

활용과 발음

- '잃다'의 어간 '잃'은 음성모음 '이'를 가지므로 '아/어'로 시작하는 어미 중 '어'로 시작하는 어미와 결합하여 '잃어(요)', '잃었고'와 같이 활용하고 '[이러(요)]', '[이런꼬]'와 같이 'ㅎ'을 탈락시키고 'ㄹ'을 연음하여 발음한다.
- '잃다'는 자음으로 끝나므로 매개모음 '으'로 시작하는 어미와 결합하여 '잃으세요', '잃으며'와 같이 활용하고 '[이르세요]', '[이르며]'와 같이 'ㅎ'을 탈락시키고 'ㄹ'을 연음하여 발음한다.
- '잃다'는 자음으로 시작하는 어미와 결합하면 'ㅎ'과 자음이 축약되어 '잃고', '잃지' 등은 '[일코]', '[일치]'와 같이 발음한다. '-습니다'와 결합하여 '잃습니다'로 활용하면 '[일씀니다]'와 같이 발음된다.
- '잃다'는 'ㄴ'으로 시작하는 어미와 결합하여 '잃는'과 같이 활용할 때는 '[일른]'과 같이 발음한다.

싫다 [실타] [siltʰa] 형용사: hate, dislike

종결어미			
-거든(요)	싫거든(요)	-(으)세요	싫으세요
-네(요)	싫네(요)	-(으)ㄹ걸(요)	싫을걸(요)
-자	~~싫자~~	-(으)ㄹ게(요)	~~싫을게(요)~~
-잖아(요)	싫잖아(요)	-(으)ㄹ까(요)	~~싫을까(요)~~
-지(요)	싫지(요)	-(으)ㄹ래(요)	~~싫을래(요)~~
-ㅂ/습니다	싫습니다	-아/어(요)	싫어(요)
-ㄴ/는다, -다	싫다	-아/어라	~~싫어라~~

연결어미			
-거나	싫거나	-지만	싫지만
-거니와	싫거니와	-ㄴ/는다거나, -다거나	싫다거나
-거든	싫거든	-ㄴ/는다고, -다고	싫다고
-게	싫게	-ㄴ/는다면, -다면	싫다면
-고	싫고	-는데, -(으)ㄴ데	싫은데
-고도	싫고도	-(으)나	싫으나
-고서	~~싫고서~~	-(으)니	싫으니
-고자	~~싫고자~~	-(으)니까	싫으니까
-기에	싫기에	-(으)ㄹ래야	싫을래야
-느라	~~싫느라~~	-(으)러	~~싫으러~~
-느라고	~~싫느라고~~	-(으)려고	~~싫으려고~~
-다가	~~싫다가~~	-(으)면	싫으면
-다시피	~~싫다시피~~	-(으)면서	싫으면서
-더니	싫더니	-(으)므로	싫으므로
-더라도	싫더라도	-아/어	싫어
-던데	싫던데	-아/어도	싫어도
-도록	~~싫도록~~	-아/어서	싫어서
-든지	싫든지	-아/어야	싫어야
-듯이	싫듯이	-아/어야지	싫어야지
-자마자	~~싫자마자~~	-았/었더니	~~싫었더니~~

전성어미			
-는	~~싫는~~	-(으)ㄴ	싫은
-던	싫던	-(으)ㄹ	싫을

선어말어미	
선어말어미 + -고	선어말어미 + -(으)며

-(으)시-	싫으시고	-(으)시-	싫으시며
-겠-	싫겠고	-겠-	싫겠으며
-았/었-	싫었고	-았/었-	싫었으며
-(으)시었-	싫으셨고	-(으)시었-	싫으셨으며
-(으)시겠-	싫으시겠고	-(으)시겠-	싫으시겠으며
-(으)시었겠-	싫으셨겠고	-(으)시었겠-	싫으셨겠으며
선어말어미 + -아/어(요)		**선어말어미 + -ㅂ/습니다**	
-(으)시-	싫으세요	-(으)시-	싫으십니다
-겠-	싫겠어요	-겠-	싫겠습니다
-았/었-	싫었어요	-았/었-	싫었습니다
-(으)시었-	싫으셨어요	-(으)시었-	싫으셨습니다
-(으)시겠-	싫으시겠어요	-(으)시겠-	싫으시겠습니다
-(으)시었겠-	싫으셨겠어요	-(으)시었겠-	싫으셨겠습니다

동일 유형 용언:

*헗다

활용과 발음

- '싫다'는 형용사이므로, 동사와 결합하는 종결어미, 연결어미, 관형사형 어미와는 결합하지 못한다.
- '싫다'의 어간 '싫'은 음성모음 'ㅣ'를 가지므로 '아/어'로 시작하는 어미 중 '어'로 시작하는 어미와 결합하여 '싫어(요)', '싫었고'와 같이 활용하고 [시러(요)], [시럳꼬]와 같이 'ㅎ'을 탈락시키고 'ㄹ'을 연음하여 발음한다.
- '싫다'는 자음으로 끝나므로 매개모음 '으'로 시작하는 어미와 결합하여 '싫으세요', '싫으며'와 같이 활용하고 [시르세요], [시르며]와 같이 'ㅎ'을 탈락시키고 'ㄹ'을 연음하여 발음한다.
- '싫다'는 자음으로 시작하는 어미와 결합하면 'ㅎ'과 자음이 축약되어 '싫고', '싫지' 등이 되며, [실코], [실치]와 같이 발음한다. '-습니다'와 결합하여 '싫습니다'로 활용하면 [실씀니다]와 같이 발음된다.
- '싫다'는 'ㄴ'으로 시작하는 어미와 결합하여 '싫네'와 같이 활용할 때는 [실레]와 같이 발음한다.
- * '헗다'는 '헐하다'의 준말로 자음 어미와만 결합한다.

담다 [담:따] [ta:mt'a] 동사: put sth in sth, bottle, box (up)

종결어미			
-거든(요)	담거든(요)	-(으)세요	담으세요
-네(요)	담네(요)	-(으)ㄹ걸(요)	담을걸(요)
-자	담자	-(으)ㄹ게(요)	담을게(요)
-잖아(요)	담잖아(요)	-(으)ㄹ까(요)	담을까(요)
-지(요)	담지(요)	-(으)ㄹ래(요)	담을래(요)
-ㅂ/습니다	담습니다	-아/어(요)	담아(요)
-ㄴ/는다, -다	담는다	-아/어라	담아라
연결어미			
-거나	담거나	-지만	담지만
-거니와	담거니와	-ㄴ/는다거나, -다거나	담는다거나
-거든	담거든	-ㄴ/는다고, -다고	담는다고
-게	담게	-ㄴ/는다면, -다면	담는다면
-고	담고	-는데, -(으)ㄴ데	담는데
-고도	담고도	-(으)나	담으나
-고서	담고서	-(으)니	담으니
-고자	담고자	-(으)니까	담으니까
-기에	담기에	-(으)ㄹ래야	담을래야
-느라	담느라	-(으)러	담으러
-느라고	담느라고	-(으)려고	담으려고
-다가	담다가	-(으)면	담으면
-다시피	담다시피	-(으)면서	담으면서
-더니	담더니	-(으)므로	담으므로
-더라도	담더라도	-아/어	담아
-던데	담던데	-아/어도	담아도
-도록	담도록	-아/어서	담아서
-든지	담든지	-아/어야	담아야
-듯이	담듯이	-아/어야지	담아야지
-자마자	담자마자	-았/었더니	담았더니
전성어미			
-는	담는	-(으)ㄴ	담은
-던	담던	-(으)ㄹ	담을
선어말어미			

선어말어미 + -고		선어말어미 + -(으)며	
-(으)시-	담으시고	-(으)시-	담으시며
-겠-	담겠고	-겠-	담겠으며
-았/었-	담았고	-았/었-	담았으며
-(으)시었-	담으셨고	-(으)시었-	담으셨으며
-(으)시겠-	담으시겠고	-(으)시겠-	담으시겠으며
-(으)시었겠-	담으셨겠고	-(으)시었겠-	담으셨겠으며
선어말어미 + -아/어(요)		선어말어미 + -ㅂ/습니다	
-(으)시-	담으세요	-(으)시-	담으십니다
-겠-	담겠어요	-겠-	담겠습니다
-았/었-	담았어요	-았/었-	담았습니다
-(으)시었-	담으셨어요	-(으)시었-	담으셨습니다
-(으)시겠-	담으시겠어요	-(으)시겠-	담으시겠습니다
-(으)시었겠-	담으셨겠어요	-(으)시었겠-	담으셨겠습니다

동일 유형 용언:

감다1(눈을), 감다2(머리를), 감다3(줄을), 남다, 눈감다, *말미암다, 살아남다, 삼다, 일삼다, 참다, 휘감다

활용과 발음

- '담다'의 어간 '담'은 양성모음 '아'를 가지므로 '아/어'로 시작하는 어미 중 '아'로 시작하는 어미와 결합하여 '담아(요)', '담았고'와 같이 활용하고 '[다마(요)]', '[다맏꼬]'와 같이 연음하여 발음한다.
- '담다'는 자음으로 끝나므로 매개모음 '으'로 시작하는 어미와 결합하여 '담으세요', '담으며'와 같이 활용하고 '[다므세요]', '[다므며]'와 같이 연음하여 발음한다.
- '담다'는 'ㄱ'이나 'ㅈ', 'ㅅ'으로 시작하는 어미와 결합하면 '담고', '담지', '담습니다' 등이 되며, '[담:꼬]', '[담:찌]', '[담:씀니다]'와 같이 발음한다.
- * '말미암다'는 주로 '말미암아, 말미암는다'와 같이 제한된 활용형으로 사용된다.

숨다 [숨:따] [su:mt'a] 동사: hide, (formal) conceal oneself, disappear

종결어미			
-거든(요)	숨거든(요)	-(으)세요	숨으세요
-네(요)	숨네(요)	-(으)ㄹ걸(요)	숨을걸(요)
-자	숨자	-(으)ㄹ게(요)	숨을게(요)
-잖아(요)	숨잖아(요)	-(으)ㄹ까(요)	숨을까(요)
-지(요)	숨지(요)	-(으)ㄹ래(요)	숨을래(요)
-ㅂ/습니다	숨습니다	-아/어(요)	숨어(요)
-ㄴ/는다, -다	숨는다	-아/어라	숨어라
연결어미			
-거나	숨거나	-지만	숨지만
-거니와	숨거니와	-ㄴ/는다거나, -다거나	숨는다거나
-거든	숨거든	-ㄴ/는다고, -다고	숨는다고
-게	숨게	-ㄴ/는다면, -다면	숨는다면
-고	숨고	-는데, -(으)ㄴ데	숨는데
-고도	숨고도	-(으)나	숨으나
-고서	숨고서	-(으)니	숨으니
-고자	숨고자	-(으)니까	숨으니까
-기에	숨기에	-(으)ㄹ래야	숨을래야
-느라	숨느라	-(으)러	숨으러
-느라고	숨느라고	-(으)려고	숨으려고
-다가	숨다가	-(으)면	숨으면
-다시피	숨다시피	-(으)면서	숨으면서
-더니	숨더니	-(으)므로	숨으므로
-더라도	숨더라도	-아/어	숨어
-던데	숨던데	-아/어도	숨어도
-도록	숨도록	-아/어서	숨어서
-든지	숨든지	-아/어야	숨어야
-듯이	숨듯이	-아/어야지	숨어야지
-자마자	숨자마자	-았/었더니	숨었더니
전성어미			
-는	숨는	-(으)ㄴ	숨은
-던	숨던	-(으)ㄹ	숨을

선어말어미			
선어말어미 + -고		선어말어미 + -(으)며	
-(으)시-	숨으시고	-(으)시-	숨으시며
-겠-	숨겠고	-겠-	숨겠으며
-았/었-	숨었고	-았/었-	숨었으며
-(으)시었-	숨으셨고	-(으)시었-	숨으셨으며
-(으)시겠-	숨으시겠고	-(으)시겠-	숨으시겠으며
-(으)시었겠-	숨으셨겠고	-(으)시었겠-	숨으셨겠으며
선어말어미 + -아/어(요)		선어말어미 + -ㅂ/습니다	
-(으)시-	숨으세요	-(으)시-	숨으십니다
-겠-	숨겠어요	-겠-	숨겠습니다
-았/었-	숨었어요	-았/었-	숨었습니다
-(으)시었-	숨으셨어요	-(으)시었-	숨으셨습니다
-(으)시겠-	숨으시겠어요	-(으)시겠-	숨으시겠습니다
-(으)시었겠-	숨으셨겠어요	-(으)시었겠-	숨으셨겠습니다

동일 유형 용언:

가다듬다, 내뿜다, 넘다, 다듬다, 더듬다, 뛰어넘다, 머금다, 뿜다, 심다, 쓰다듬다, 품다

활용과 발음

- ‘숨다’의 어간 ‘숨’은 음성모음 ‘우’를 가지므로 ‘아/어’로 시작하는 어미 중 ‘어’로 시작하는 어미와 결합하여 ‘숨어(요)’, ‘숨었고’와 같이 활용하고 [수머(요)], [수먿꼬]’와 같이 연음하여 발음한다.
- ‘숨다’는 자음으로 끝나므로 매개모음 ‘으’로 시작하는 어미와 결합하여 ‘숨으세요’, ‘숨으며’와 같이 활용하고 ‘[수므세요]’, ‘[수므며]’와 같이 연음하여 발음한다.
- ‘숨다’는 ‘ㄱ’, ‘ㅈ’, ‘ㅂ’으로 시작하는 어미와 결합하면 ‘숨고’, ‘숨지’, ‘숨습니다’ 등이 되며, ‘[숨:꼬]’, ‘[숨:찌]’, ‘[숨:씀니다]’와 같이 발음한다.

검다 [검:따] [kə:mt'a] 형용사: black, dark, swarthy

종결어미			
-거든(요)	검거든(요)	-(으)세요	검으세요
-네(요)	검네(요)	-(으)ㄹ걸(요)	검을걸(요)
-자	검자	-(으)ㄹ게(요)	검을게(요)
-잖아(요)	검잖아(요)	-(으)ㄹ까(요)	검을까(요)
-지(요)	검지(요)	-(으)ㄹ래(요)	검을래(요)
-ㅂ/습니다	검습니다	-아/어(요)	검어(요)
-ㄴ/는다, -다	검다	-아/어라	검어라
연결어미			
-거나	검거나	-지만	검지만
-거니와	검거니와	-ㄴ/는다거나, -다거나	검다거나
-거든	검거든	-ㄴ/는다고, -다고	검다고
-게	검게	-ㄴ/는다면, -다면	검다면
-고	검고	-는데, -(으)ㄴ데	검은데
-고도	검고도	-(으)나	검으나
-고서	검고서	-(으)니	검으니
-고자	검고자	-(으)니까	검으니까
-기에	검기에	-(으)ㄹ래야	검을래야
-느라	검느라	-(으)러	검으러
-느라고	검느라고	-(으)려고	검으려고
-다가	검다가	-(으)면	검으면
-다시피	검다시피	-(으)면서	검으면서
-더니	검더니	-(으)므로	검으므로
-더라도	검더라도	-아/어	검어
-던데	검던데	-아/어도	검어도
-도록	검도록	-아/어서	검어서
-든지	검든지	-아/어야	검어야
-듯이	검듯이	-아/어야지	검어야지
-자마자	검자마자	-았/었더니	검었더니
전성어미			
-는	검는	-(으)ㄴ	검은
-던	검던	-(으)ㄹ	검을
선어말어미			

선어말어미 + -고		선어말어미 + -(으)며	
-(으)시-	검으시고	-(으)시-	검으시며
-겠-	검겠고	-겠-	검겠으며
-았/었-	검었고	-았/었-	검었으며
-(으)시었-	검으셨고	-(으)시었-	검으셨으며
-(으)시겠-	검으시겠고	-(으)시겠-	검으시겠으며
-(으)시었겠-	검으셨겠고	-(으)시었겠-	검으셨겠으며
선어말어미 + -아/어(요)		선어말어미 + -ㅂ/습니다	
-(으)시-	검으세요	-(으)시-	검으십니다
-겠-	검겠어요	-겠-	검겠습니다
-았/었-	검었어요	-았/었-	검었습니다
-(으)시었-	검으셨어요	-(으)시었-	검으셨습니다
-(으)시겠-	검으시겠어요	-(으)시겠-	검으시겠습니다
-(으)시었겠-	검으셨겠어요	-(으)시었겠-	검으셨겠습니다

동일 유형 용언:

검디검다, 주제넘다

활용과 발음

- '검다'는 형용사이므로, 동사와만 결합하는 종결어미, 연결어미, 관형사형 어미와는 결합하지 못한다.
- '검다'의 어간 '검'은 음성모음 '어'를 가지므로 '아/어'로 시작하는 어미 중 '어'로 시작하는 어미와 결합하여 '검어(요)', '검었고'와 같이 활용하고 [거머(요)], [거먼꼬]와 같이 연음하여 발음한다.
- '검다'는 자음으로 끝나므로 매개모음 '으'로 시작하는 어미와 결합하여 '검으세요', '검으며'와 같이 활용하고 [거므세요], [거므며]와 같이 연음하여 발음한다.
- '검다'는 'ㄱ', 'ㅈ', 'ㅅ'으로 시작하는 어미와 결합하면 '검고', '검지', '검습니다' 등이 되며, '[검:꼬]', '[검:찌]', '[검:씀니다]'와 같이 발음한다.

잡다 [잡따] [tsapt'a] 동사: hold, take, grasp, grip, grab, seize, catch

종결어미			
-거든(요)	잡거든(요)	-(으)세요	잡으세요
-네(요)	잡네(요)	-(으)ㄹ걸(요)	잡을걸(요)
-자	잡자	-(으)ㄹ게(요)	잡을게(요)
-잖아(요)	잡잖아(요)	-(으)ㄹ까(요)	잡을까(요)
-지(요)	잡지(요)	-(으)ㄹ래(요)	잡을래(요)
-ㅂ/습니다	잡습니다	-아/어(요)	잡아(요)
-ㄴ/는다, -다	잡는다	-아/어라	잡아라
연결어미			
-거나	잡거나	-지만	잡지만
-거니와	잡거니와	-ㄴ/는다거나, -다거나	잡는다거나
-거든	잡거든	-ㄴ/는다고, -다고	잡는다고
-게	잡게	-ㄴ/는다면, -다면	잡는다면
-고	잡고	-는데, -(으)ㄴ데	잡는데
-고도	잡고도	-(으)나	잡으나
-고서	잡고서	-(으)니	잡으니
-고자	잡고자	-(으)니까	잡으니까
-기에	잡기에	-(으)ㄹ래야	잡을래야
-느라	잡느라	-(으)러	잡으러
-느라고	잡느라고	-(으)려고	잡으려고
-다가	잡다가	-(으)면	잡으면
-다시피	잡다시피	-(으)면서	잡으면서
-더니	잡더니	-(으)므로	잡으므로
-더라도	잡더라도	-아/어	잡아
-던데	잡던데	-아/어도	잡아도
-도록	잡도록	-아/어서	잡아서
-든지	잡든지	-아/어야	잡아야
-듯이	잡듯이	-아/어야지	잡아야지
-자마자	잡자마자	-았/었더니	잡았더니
전성어미			
-는	잡는	-(으)ㄴ	잡은
-던	잡던	-(으)ㄹ	잡을

선어말어미			
선어말어미 + -고		**선어말어미 + -(으)며**	
-(으)시-	잡으시고	-(으)시-	잡으시며
-겠-	잡겠고	-겠-	잡겠으며
-았/었-	잡았고	-았/었-	잡았으며
-(으)시었-	잡으셨고	-(으)시었-	잡으셨으며
-(으)시겠-	잡으시겠고	-(으)시겠-	잡으시겠으며
-(으)시었겠-	잡으셨겠고	-(으)시었겠-	잡으셨겠으며
선어말어미 + -아/어(요)		**선어말어미 + -ㅂ/습니다**	
-(으)시-	잡으세요	-(으)시-	잡으십니다
-겠-	잡겠어요	-겠-	잡겠습니다
-았/었-	잡았어요	-았/었-	잡았습니다
-(으)시었-	잡으셨어요	-(으)시었-	잡으셨습니다
-(으)시겠-	잡으시겠어요	-(으)시겠-	잡으시겠습니다
-(으)시었겠-	잡으셨겠어요	-(으)시었겠-	잡으셨겠습니다

동일 유형 용언:

걷잡다, 꼽다, 따라잡다, 바로잡다, 붙잡다, 뽑다, 사로잡다, 손꼽다, 손잡다, 움켜잡다

활용과 발음

- '잡다'의 어간 '잡'은 양성모음 '아'를 가지므로 '아/어'로 시작하는 어미 중 '아'로 시작하는 어미와 결합하여 '잡아(요)', '잡았고'와 같이 활용하고 '[자바(요)]', '[자받꼬]'와 같이 연음하여 발음한다.
- '잡다'는 자음으로 끝나므로 매개모음 '으'로 시작하는 어미와 결합하여 '잡으세요', '잡으며'와 같이 활용하고 '[자브세요]', '[자브며]'와 같이 연음하여 발음한다.
- '잡다'는 자음으로 시작하는 어미와 결합하여 '잡고', '잡다', '잡습니다', '잡지'와 같이 활용하면 '[잡꼬]', '[잡따]', '[잡씀니다]', '[잡찌]'와 같이 발음한다.
- '잡다'는 'ㄴ'으로 시작하는 어미와 결합하여 '잡는'과 같이 활용할 때는 '[잠는]'과 같이 발음한다.

좁다 [좁따] [tsopt'a] 형용사: narrow, small, cramped

종결어미			
-거든(요)	좁거든(요)	-(으)세요	좁으세요
-네(요)	좁네(요)	-(으)ㄹ걸(요)	좁을걸(요)
-자	좁자	-(으)ㄹ게(요)	좁을게(요)
-잖아(요)	좁잖아(요)	-(으)ㄹ까(요)	좁을까(요)
-지(요)	좁지(요)	-(으)ㄹ래(요)	좁을래(요)
-ㅂ/습니다	좁습니다	-아/어(요)	좁아(요)
-ㄴ/는다, -다	좁다	-아/어라	좁아라
연결어미			
-거나	좁거나	-지만	좁지만
-거니와	좁거니와	-ㄴ/는다거나, -다거나	좁다거나
-거든	좁거든	-ㄴ/는다고, -다고	좁다고
-게	좁게	-ㄴ/는다면, -다면	좁다면
-고	좁고	-는데, -(으)ㄴ데	좁은데
-고도	좁고도	-(으)나	좁으나
-고서	좁고서	-(으)니	좁으니
-고자	좁고자	-(으)니까	좁으니까
-기에	좁기에	-(으)ㄹ래야	좁을래야
-느라	좁느라	-(으)러	좁으라
-느라고	좁느라고	-(으)려고	좁으려고
-다가	좁다가	-(으)면	좁으면
-다시피	좁다시피	-(으)면서	좁으면서
-더니	좁더니	-(으)므로	좁으므로
-더라도	좁더라도	-아/어	좁아
-던데	좁던데	-아/어도	좁아도
-도록	좁도록	-아/어서	좁아서
-든지	좁든지	-아/어야	좁아야
-듯이	좁듯이	-아/어야지	좁아야지
-자마자	좁자마자	-았/었더니	좁았더니
전성어미			
-는	좁는	-(으)ㄴ	좁은
-던	좁던	-(으)ㄹ	좁을
선어말어미			

선어말어미 + -고		선어말어미 + -(으)며	
-(으)시-	좁으시고	-(으)시-	좁으시며
-겠-	좁겠고	-겠-	좁겠으며
-았/었-	좁았고	-았/었-	좁았으며
-(으)시었-	좁으셨고	-(으)시었-	좁으셨으며
-(으)시겠-	좁으시겠고	-(으)시겠-	좁으시겠으며
-(으)시었겠-	좁으셨겠고	-(으)시었겠-	좁으셨겠으며
선어말어미 + -아/어(요)		선어말어미 + -ㅂ/습니다	
-(으)시-	좁으세요	-(으)시-	좁으십니다
-겠-	좁겠어요	-겠-	좁겠습니다
-았/었-	좁았어요	-았/었-	좁았습니다
-(으)시었-	좁으셨어요	-(으)시었-	좁으셨습니다
-(으)시겠-	좁으시겠어요	-(으)시겠-	좁으시겠습니다
-(으)시었겠-	좁으셨겠어요	-(으)시었겠-	좁으셨겠습니다

동일 유형 용언:

비좁다

활용과 발음

- '좁다'는 형용사이므로, 동사와 결합하는 종결어미, 연결어미, 관형사형 어미와는 결합하지 못한다.
- '좁다'의 어간 '좁'은 양성모음 '오'를 가지므로 '아/어'로 시작하는 어미 중 '아'로 시작하는 어미와 결합하여 '좁아(요)', '좁았고'와 같이 활용하고 '[조바(요)]', '[조받꼬]'와 같이 연음하여 발음한다.
- '좁다'는 자음으로 끝나므로 매개모음 '으'로 시작하는 어미와 결합하여 '좁으세요', '좁으며'와 같이 활용하고 '[조브세요]', '[조브며]'와 같이 연음하여 발음한다.
- '좁다'는 자음으로 시작하는 어미와 결합하여 '좁고, 좁다, 좁습니다, 좁지'와 같이 활용하면 '[좁꼬], [좁따], [좁씀니다], [좁찌]'와 같이 발음한다.
- '좁다'는 'ㄴ'으로 시작하는 어미와 결합하여 '좁네'와 같이 활용할 때는 '[좀네]'와 같이 발음한다.

입다 [입따] [ipt'a] 동사: put on, dress, slip on, throw on, wear, have (sth) on

종결어미			
-거든(요)	입거든(요)	-(으)세요	입으세요
-네(요)	입네(요)	-(으)ㄹ걸(요)	입을걸(요)
-자	입자	-(으)ㄹ게(요)	입을게(요)
-잖아(요)	입잖아(요)	-(으)ㄹ까(요)	입을까(요)
-지(요)	입지(요)	-(으)ㄹ래(요)	입을래(요)
-ㅂ/습니다	입습니다	-아/어(요)	입어(요)
-ㄴ/는다, -다	입는다	-아/어라	입어라
연결어미			
-거나	입거나	-지만	입지만
-거니와	입거니와	-ㄴ/는다거나, -다거나	입는다거나
-거든	입거든	-ㄴ/는다고, -다고	입는다고
-게	입게	-ㄴ/는다면, -다면	입는다면
-고	입고	-는데, -(으)ㄴ데	입는데
-고도	입고도	-(으)나	입으나
-고서	입고서	-(으)니	입으니
-고자	입고자	-(으)니까	입으니까
-기에	입기에	-(으)ㄹ래야	입을래야
-느라	입느라	-(으)러	입으러
-느라고	입느라고	-(으)려고	입으려고
-다가	입다가	-(으)면	입으면
-다시피	입다시피	-(으)면서	입으면서
-더니	입더니	-(으)므로	입으므로
-더라도	입더라도	-아/어	입어
-던데	입던데	-아/어도	입어도
-도록	입도록	-아/어서	입어서
-든지	입든지	-아/어야	입어야
-듯이	입듯이	-아/어야지	입어야지
-자마자	입자마자	-았/었더니	입었더니
전성어미			
-는	입는	-(으)ㄴ	입은
-던	입던	-(으)ㄹ	입을

선어말어미			
선어말어미 + -고		**선어말어미 + -(으)며**	
-(으)시-	입으시고	-(으)시-	입으시며
-겠-	입겠고	-겠-	입겠으며
-았/었-	입었고	-았/었-	입었으며
-(으)시었-	입으셨고	-(으)시었-	입으셨으며
-(으)시겠-	입으시겠고	-(으)시겠-	입으시겠으며
-(으)시었겠-	입으셨겠고	-(으)시었겠-	입으셨겠으며
선어말어미 + -아/어(요)		**선어말어미 + -ㅂ/습니다**	
-(으)시-	입으세요	-(으)시-	입으십니다
-겠-	입겠어요	-겠-	입겠습니다
-았/었-	입었어요	-았/었-	입었습니다
-(으)시었-	입으셨어요	-(으)시었-	입으셨습니다
-(으)시겠-	입으시겠어요	-(으)시겠-	입으시겠습니다
-(으)시었겠-	입으셨겠어요	-(으)시었겠-	입으셨겠습니다

동일 유형 용언:

갈아입다, 껴입다, 꼬집다, 뒤집다, 씹다, 업다, 접다, 집다, 헤집다, *힘입다

활용과 발음

- '입다'의 어간 '입'은 음성모음 '이'를 가지므로 '아/어'로 시작하는 어미 중 '어'로 시작하는 어미와 결합하여 '입어(요)', '입었고'와 같이 활용하고 '[이버(요)]', '[이벋꼬]'와 같이 연음하여 발음한다.
- '입다'는 자음으로 끝나므로 매개모음 '으'로 시작하는 어미와 결합하여 '입으세요', '입으며'와 같이 활용하고 '[이브세요]', '[이브며]'와 같이 연음하여 발음한다.
- '입다'는 자음으로 시작하는 어미와 결합하여 '입고, 입다, 입습니다, 입지'와 같이 활용하면 '[입꼬], [입따], [입씀니다], [입찌]'와 같이 발음한다.
- '입다'는 'ㄴ'으로 시작하는 어미와 결합하여 '입는'과 같이 활용할 때는 '[임는]'과 같이 발음한다.
- * '힘입다'는 '힘입어, 힘입은'과 같은 활용형으로 주로 사용된다.

돕다 [돕:따] [to:p'a] 동사: help, assist, aid, support <ㅂ 불규칙>

종결어미			
-거든(요)	돕거든(요)	-(으)세요	도우세요
-네(요)	돕네(요)	-(으)ㄹ걸(요)	도울걸(요)
-자	돕자	-(으)ㄹ게(요)	도울게(요)
-잖아(요)	돕잖아(요)	-(으)ㄹ까(요)	도울까(요)
-지(요)	돕지(요)	-(으)ㄹ래(요)	도울래(요)
-ㅂ/습니다	돕습니다	-아/어(요)	도와(요)
-ㄴ/는다, -다	돕는다	-아/어라	도와라
연결어미			
-거나	돕거나	-지만	돕지만
-거니와	돕거니와	-ㄴ/는다거나, -다거나	돕는다거나
-거든	돕거든	-ㄴ/는다고, -다고	돕는다고
-게	돕게	-ㄴ/는다면, -다면	돕는다면
-고	돕고	-는데, -(으)ㄴ데	돕는데
-고도	돕고도	-(으)나	도우나
-고서	돕고서	-(으)니	도우니
-고자	돕고자	-(으)니까	도우니까
-기에	돕기에	-(으)ㄹ래야	도울래야
-느라	돕느라	-(으)러	도우러
-느라고	돕느라고	-(으)려고	도우려고
-다가	돕다가	-(으)면	도우면
-다시피	돕다시피	-(으)면서	도우면서
-더니	돕더니	-(으)므로	도우므로
-더라도	돕더라도	-아/어	도와
-던데	돕던데	-아/어도	도와도
-도록	돕도록	-아/어서	도와서
-든지	돕든지	-아/어야	도와야
-듯이	돕듯이	-아/어야지	도와야지
-자마자	돕자마자	-았/었더니	도왔더니
전성어미			
-는	돕는	-(으)ㄴ	도운
-던	돕던	-(으)ㄹ	도울
선어말어미			

선어말어미 + -고		선어말어미 + -(으)며	
-(으)시-	도우시고	-(으)시-	도우시며
-겠-	돕겠고	-겠-	돕겠으며
-았/었-	도왔고	-았/었-	도왔으며
-(으)시었-	도우셨고	-(으)시었-	도우셨으며
-(으)시겠-	도우시겠고	-(으)시겠-	도우시겠으며
-(으)시었겠-	도우셨겠고	-(으)시었겠-	도우셨겠으며
선어말어미 + -아/어(요)		**선어말어미 + -ㅂ/습니다**	
-(으)시-	도우세요	-(으)시-	도우십니다
-겠-	돕겠어요	-겠-	돕겠습니다
-았/었-	도왔어요	-았/었-	도왔습니다
-(으)시었-	도우셨어요	-(으)시었-	도우셨습니다
-(으)시겠-	도우시겠어요	-(으)시겠-	도우시겠습니다
-(으)시었겠-	도우셨겠어요	-(으)시었겠-	도우셨겠습니다

동일 유형 용언:

없음

활용과 발음

- '돕다'의 어간 '돕'은 양성모음 '오'를 가지므로 '아/어'로 시작하는 어미 중 '아'로 시작하는 어미와 결합하며, 이때 'ㅂ'이 'ㅗ'로 바뀌어 '도와(요)', '도왔고'와 같이 활용하고 '[도와(요)]', '[도왇꼬]'와 같이 발음한다.
- '돕다'는 매개모음 '으'로 시작하는 어미와 결합하면 받침 'ㅂ'이 'ㅜ'로 바뀌어 '도우세요', '도우며'와 같이 활용한다.
- '돕다'는 자음으로 시작하는 어미와 결합하여 '돕고, 돕다, 돕습니다, 돕지'와 같이 활용하면 '[돕:꼬], [돕:따], [돕:씀니다], [돕:찌]'와 같이 발음한다.
- '돕다'는 'ㄴ'으로 시작하는 어미와 결합하여 '돕는'과 같이 활용할 때는 '[돔:는]'과 같이 발음한다.

곱다 [곱ː따] [koːpˈa] 형용사: beautiful, pretty, lovely, kind, warm-hearted <ㅂ 불규칙>

종결어미			
-거든(요)	곱거든(요)	-(으)세요	고우세요
-네(요)	곱네(요)	-(으)ㄹ걸(요)	고울걸(요)
-자	곱자	-(으)ㄹ게(요)	~~고울게(요)~~
-잖아(요)	곱잖아(요)	-(으)ㄹ까(요)	~~고울까(요)~~
-지(요)	곱지(요)	-(으)ㄹ래(요)	~~고울래(요)~~
-ㅂ/습니다	곱습니다	-아/어(요)	고와(요)
-ㄴ/는다, -다	곱다	-아/어라	~~고와라~~
연결어미			
-거나	곱거나	-지만	곱지만
-거니와	곱거니와	-ㄴ/는다거나, -다거나	곱다거나
-거든	곱거든	-ㄴ/는다고, -다고	곱다고
-게	곱게	-ㄴ/는다면, -다면	곱다면
-고	곱고	-는데, -(으)ㄴ데	고운데
-고도	곱고도	-(으)나	고우나
-고서	곱고서	-(으)니	고우니
-고자	곱고자	-(으)니까	고우니까
-기에	곱기에	-(으)ㄹ래야	고울래야
-느라	곱느라	-(으)러	~~고우라~~
-느라고	곱느라고	-(으)려고	~~고우려고~~
-다가	곱다가	-(으)면	고우면
-다시피	~~곱다시피~~	-(으)면서	고우면서
-더니	곱더니	-(으)므로	고우므로
-더라도	곱더라도	-아/어	고와
-던데	곱던데	-아/어도	고와도
-도록	곱도록	-아/어서	고와서
-든지	곱든지	-아/어야	고와야
-듯이	곱듯이	-아/어야지	고와야지
-자마자	~~곱자마자~~	-았/었더니	~~고왔더니~~
전성어미			
-는	~~곱는~~	-(으)ㄴ	고운
-던	곱던	-(으)ㄹ	고울
선어말어미			

선어말어미 + -고		선어말어미 + -(으)며	
-(으)시-	고우시고	-(으)시-	고우시며
-겠-	곱겠고	-겠-	곱겠으며
-았/었-	고왔고	-았/었-	고왔으며
-(으)시었-	고우셨고	-(으)시었-	고우셨으며
-(으)시겠-	고우시겠고	-(으)시겠-	고우시겠으며
-(으)시었겠-	고우셨겠고	-(으)시었겠-	고우셨겠으며
선어말어미 + -아/어(요)		선어말어미 + -ㅂ/습니다	
-(으)시-	고우세요	-(으)시-	고우십니다
-겠-	곱겠어요	-겠-	곱겠습니다
-았/었-	고왔어요	-았/었-	고왔습니다
-(으)시었-	고우셨어요	-(으)시었-	고우셨습니다
-(으)시겠-	고우시겠어요	-(으)시겠-	고우시겠습니다
-(으)시었겠-	고우셨겠어요	-(으)시었겠-	고우셨겠습니다

동일 유형 용언:

곱디곱다

활용과 발음

- '곱다'는 형용사이므로, 동사와만 결합하는 종결어미, 연결어미, 관형사형 어미와는 결합하지 못한다.
- '곱다'의 어간 '곱'은 양성모음 '오'를 가지므로 '아/어'로 시작하는 어미 중 '아'로 시작하는 어미와 결합하며, 이때 'ㅂ'은 'ㅗ'로 바뀌어 '고와(요)', '고왔고'와 같이 활용하고 '[고와(요)]', '[고완꼬]'와 같이 발음한다. ㅂ 불규칙 형용사 중 어간이 1음절인 '곱다'만 '아'로 시작하는 어미와 결합한다. 다른 형용사는 어간의 끝음절 모음이 '아'나 '오'라도 '어'로 시작하는 어미와 결합한다. '가깝다' 참조.
- '곱다'는 매개모음 '으'로 시작하는 어미와 결합하면 '고우세요', '고우며'와 같이 활용한다.
- '곱다'는 자음으로 시작하는 어미와 결합하면 '곱고, 곱다, 곱습니다, 곱지' 등이 되며, '[곱:꼬], [곱:따], [곱:씀니다], [곱:찌]'와 같이 발음한다.
- '곱다'는 'ㄴ'으로 시작하는 어미와 결합하여 '곱네'와 같이 활용할 때는 '[곰:네]'와 같이 발음한다.

가깝다 [가깝따] [kak'apt'a] 형용사: close, nearby, near <ㅂ 불규칙>

종결어미			
-거든(요)	가깝거든(요)	-(으)세요	가까우세요
-네(요)	가깝네(요)	-(으)ㄹ걸(요)	가까울걸(요)
-자	가깝자	-(으)ㄹ게(요)	가까울게(요)
-잖아(요)	가깝잖아(요)	-(으)ㄹ까(요)	가까울까(요)
-지(요)	가깝지(요)	-(으)ㄹ래(요)	가까울래(요)
-ㅂ/습니다	가깝습니다	-아/어(요)	가까워(요)
-ㄴ/는다, -다	가깝다	-아/어라	가까워라
연결어미			
-거나	가깝거나	-지만	가깝지만
-거니와	가깝거니와	-ㄴ/는다거나, -다거나	가깝다거나
-거든	가깝거든	-ㄴ/는다고, -다고	가깝다고
-게	가깝게	-ㄴ/는다면, -다면	가깝다면
-고	가깝고	-는데, -(으)ㄴ데	가까운데
-고도	가깝고도	-(으)나	가까우나
-고서	가깝고서	-(으)니	가까우니
-고자	가깝고자	-(으)니까	가까우니까
-기에	가깝기에	-(으)ㄹ래야	가까울래야
-느라	가깝느라	-(으)러	가까우라
-느라고	가깝느라고	-(으)려고	가까우려고
-다가	가깝다가	-(으)면	가까우면
-다시피	가깝다시피	-(으)면서	가까우면서
-더니	가깝더니	-(으)므로	가까우므로
-더라도	가깝더라도	-아/어	가까워
-던데	가깝던데	-아/어도	가까워도
-도록	가깝도록	-아/어서	가까워서
-든지	가깝든지	-아/어야	가까워야
-듯이	가깝듯이	-아/어야지	가까워야지
-자마자	가깝자마자	-았/었더니	가까웠더니
전성어미			
-는	가깝는	-(으)ㄴ	가까운
-던	가깝던	-(으)ㄹ	가까울
선어말어미			

선어말어미 + -고		선어말어미 + -(으)며	
-(으)시-	가까우시고	-(으)시-	가까우시며
-겠-	가깝겠고	-겠-	가깝겠으며
-았/었-	가까웠고	-았/었-	가까웠으며
-(으)시었-	가까우셨고	-(으)시었-	가까우셨으며
-(으)시겠-	가까우시겠고	-(으)시겠-	가까우시겠으며
-(으)시었겠-	가까우셨겠고	-(으)시었겠-	가까우셨겠으며
선어말어미 + -아/어(요)		선어말어미 + -ㅂ/습니다	
-(으)시-	가까우세요	-(으)시-	가까우십니다
-겠-	가깝겠어요	-겠-	가깝겠습니다
-았/었-	가까웠어요	-았/었-	가까웠습니다
-(으)시었-	가까우셨어요	-(으)시었-	가까우셨습니다
-(으)시겠-	가까우시겠어요	-(으)시겠-	가까우시겠습니다
-(으)시었겠-	가까우셨겠어요	-(으)시었겠-	가까우셨겠습니다

동일 유형 용언:

고맙다, 괴롭다, 까다롭다, 날카롭다, 놀랍다, 단조롭다, 따갑다, 반갑다, 번거롭다, 사납다, 새롭다, 슬기롭다, 신비롭다, 아깝다, 아름답다, 안타깝다, 여유롭다, 외롭다, 위태롭다, 이롭다, 자유롭다, 정답다, 조화롭다, 지혜롭다, 차갑다, 평화롭다, 풍요롭다, 해롭다, 향기롭다, 흥미롭다

활용과 발음

- ‘가깝다’는 형용사이므로, 동사와만 결합하는 종결어미, 연결어미, 관형사형 어미와는 결합하지 못한다.
- ‘가깝다’의 어간은 ‘아/어’로 시작하는 어미 중 ‘어’로 시작하는 어미와 결합하며, 이때 ‘ㅂ’이 ‘ㅜ’로 바뀌어 ‘가까워(요)’, ‘가까웠고’와 같이 활용하고 ‘[가까워(요)]’, ‘[가까월꼬]’와 같이 발음한다.
- ‘가깝다’는 매개모음 ‘으’로 시작하는 어미와 결합하여 ‘가까우세요’, ‘가까우며’와 같이 활용한다.
- ‘가깝다’는 자음으로 시작하는 어미와 결합하여 ‘가깝고, 가깝다, 가깝습니다, 가깝지’와 같이 활용하면 ‘[가깝꼬], [가깝따], [가깝씀니다], [가깝찌]’와 같이 발음한다.
- ‘가깝다’는 ‘ㄴ’으로 시작하는 어미와 결합하여 ‘가깝네’와 같이 활용할 때는 ‘[가깜네]’와 같이 발음한다.

줍다 [줍:따] [tsuːptˈa] 동사: pick up, gather <ㅂ 불규칙>

종결어미			
-거든(요)	줍거든(요)	-(으)세요	주우세요
-네(요)	줍네(요)	-(으)ㄹ걸(요)	주울걸(요)
-자	줍자	-(으)ㄹ게(요)	주울게(요)
-잖아(요)	줍잖아(요)	-(으)ㄹ까(요)	주울까(요)
-지(요)	줍지(요)	-(으)ㄹ래(요)	주울래(요)
-ㅂ/습니다	줍습니다	-아/어(요)	주워(요)
-ㄴ/는다, -다	줍는다	-아/어라	주워라
연결어미			
-거나	줍거나	-지만	줍지만
-거니와	줍거니와	-ㄴ/는다거나, -다거나	줍는다거나
-거든	줍거든	-ㄴ/는다고, -다고	줍는다고
-게	줍게	-ㄴ/는다면, -다면	줍는다면
-고	줍고	-는데, -(으)ㄴ데	줍는데
-고도	줍고도	-(으)나	주우나
-고서	줍고서	-(으)니	주우니
-고자	줍고자	-(으)니까	주우니까
-기에	줍기에	-(으)ㄹ래야	주울래야
-느라	줍느라	-(으)러	주우러
-느라고	줍느라고	-(으)려고	주우려고
-다가	줍다가	-(으)면	주우면
-다시피	줍다시피	-(으)면서	주우면서
-더니	줍더니	-(으)므로	주우므로
-더라도	줍더라도	-아/어	주워
-던데	줍던데	-아/어도	주워도
-도록	줍도록	-아/어서	주워서
-든지	줍든지	-아/어야	주워야
-듯이	줍듯이	-아/어야지	주워야지
-자마자	줍자마자	-았/었더니	주웠더니
전성어미			
-는	줍는	-(으)ㄴ	주운
-던	줍던	-(으)ㄹ	주울
선어말어미			

선어말어미 + -고		선어말어미 + -(으)며	
-(으)시-	주우시고	-(으)시-	주우시며
-겠-	줍겠고	-겠-	줍겠으며
-았/었-	주웠고	-았/었-	주웠으며
-(으)시었-	주우셨고	-(으)시었-	주우셨으며
-(으)시겠-	주우시겠고	-(으)시겠-	주우시겠으며
-(으)시었겠-	주우셨겠고	-(으)시었겠-	주우셨겠으며
선어말어미 + -아/어(요)		선어말어미 + -ㅂ/습니다	
-(으)시-	주우세요	-(으)시-	주우십니다
-겠-	줍겠어요	-겠-	줍겠습니다
-았/었-	주웠어요	-았/었-	주웠습니다
-(으)시었-	주우셨어요	-(으)시었-	주우셨습니다
-(으)시겠-	주우시겠어요	-(으)시겠-	주우시겠습니다
-(으)시었겠-	주우셨겠어요	-(으)시었겠-	주우셨겠습니다

동일 유형 용언:

굽다, 눕다, 드러눕다

활용과 발음

- '줍다'는 ㅂ 불규칙 동사로 음성모음 '우'를 가지므로 '아/어'로 시작하는 어미 중 '어'로 시작하는 어미와 결합하며, 이때 'ㅂ'이 'ㅜ'로 바뀌어 '주워(요)', '주웠고'와 같이 활용하고 '[주워(요)]', '[주월꼬]'와 같이 발음한다.
- '줍다'는 매개모음 '으'로 시작하는 어미와 결합하면 '주우세요', '주우며'와 같이 활용한다.
- '줍다'는 자음으로 시작하는 어미와 결합하여 '줍고, 줍다, 줍습니다, 줍지'와 같이 활용할 때는 '[줍:꼬], [줍:따], [줍:씀니다], [줍:찌]'와 같이 발음한다.
- '줍다'는 'ㄴ'으로 시작하는 어미와 결합하여 '줍는'과 같이 활용할 때는 '[줌:는]'과 같이 발음한다.

덥다 [덥:따] [təːpˈa] 형용사: hot <ㅂ 불규칙>

종결어미			
-거든(요)	덥거든(요)	-(으)세요	더우세요
-네(요)	덥네(요)	-(으)ㄹ걸(요)	더울걸(요)
-자	덥자	-(으)ㄹ게(요)	더울게(요)
-잖아(요)	덥잖아(요)	-(으)ㄹ까(요)	더울까(요)
-지(요)	덥지(요)	-(으)ㄹ래(요)	더울래(요)
-ㅂ/습니다	덥습니다	-아/어(요)	더워(요)
-ㄴ/는다, -다	덥다	-아/어라	더워라
연결어미			
-거나	덥거나	-지만	덥지만
-거니와	덥거니와	-ㄴ/는다거나, -다거나	덥다거나
-거든	덥거든	-ㄴ/는다고, -다고	덥다고
-게	덥게	-ㄴ/는다면, -다면	덥다면
-고	덥고	-는데, -(으)ㄴ데	더운데
-고도	덥고도	-(으)나	더우나
-고서	덥고서	-(으)니	더우니
-고자	덥고자	-(으)니까	더우니까
-기에	덥기에	-(으)ㄹ래야	더울래야
-느라	덥느라	-(으)러	더우라
-느라고	덥느라고	-(으)려고	더우려고
-다가	덥다가	-(으)면	더우면
-다시피	덥다시피	-(으)면서	더우면서
-더니	덥더니	-(으)므로	더우므로
-더라도	덥더라도	-아/어	더워
-던데	덥던데	-아/어도	더워도
-도록	덥도록	-아/어서	더워서
-든지	덥든지	-아/어야	더워야
-듯이	덥듯이	-아/어야지	더워야지
-자마자	덥자마자	-았/었더니	더웠더니
전성어미			
-는	덥는	-(으)ㄴ	더운
-던	덥던	-(으)ㄹ	더울
선어말어미			

선어말어미 + -고		선어말어미 + -(으)며	
-(으)시-	더우시고	-(으)시-	더우시며
-겠-	덥겠고	-겠-	덥겠으며
-았/었-	더웠고	-았/었-	더웠으며
-(으)시었-	더우셨고	-(으)시었-	더우셨으며
-(으)시겠-	더우시겠고	-(으)시겠-	더우시겠으며
-(으)시었겠-	더우셨겠고	-(으)시었겠-	더우셨겠으며
선어말어미 + -아/어(요)		선어말어미 + -ㅂ/습니다	
-(으)시-	더우세요	-(으)시-	더우십니다
-겠-	덥겠어요	-겠-	덥겠습니다
-았/었-	더웠어요	-았/었-	더웠습니다
-(으)시었-	더우셨어요	-(으)시었-	더우셨습니다
-(으)시겠-	더우시겠어요	-(으)시겠-	더우시겠습니다
-(으)시었겠-	더우셨겠어요	-(으)시었겠-	더우셨겠습니다

동일 유형 용언:

가렵다, 가볍다, 가엽다, 간지럽다, 갑작스럽다, 걱정스럽다, 고급스럽다, 고생스럽다, 고통스럽다, 귀엽다, 그립다, 더럽다, 두껍다, 두렵다, 뜨겁다, 만족스럽다, 매끄럽다, 맵다, 먹음직스럽다, 무겁다, 무딥다, 무섭다, 미끄럽다, 믿음직스럽다, 밉다, 부끄럽다, 부담스럽다, 부드럽다, 부럽다, 사랑스럽다, 사치스럽다, 새삼스럽다, 서럽다, 손쉽다, 수다스럽다, 쉽다, 시끄럽다, 실망스럽다, 싱겁다, 쑥스럽다, 안쓰럽다, 얄밉다, 어둡다, 어렵다, 어지럽다, 역겹다, 우스꽝스럽다, 우습다, 자랑스럽다, 자연스럽다, 정겹다, 정성스럽다, 조심스럽다, 죄송스럽다, 즐겁다, 지겹다, 징그럽다, 촌스럽다, 춥다, 혼란스럽다, 후회스럽다, 힘겹다

활용과 발음

- '덥다'는 ㅂ 불규칙 형용사로 음성모음 '어'를 가지므로 '아/어'로 시작하는 어미 중 '어'로 시작하는 어미와 결합하며, 이때 'ㅂ'이 'ㅜ'로 바뀌어 '더워(요)', '더웠고'와 같이 활용하고 [더워(요)]', '[더월꼬]'와 같이 발음한다.
- '덥다'는 매개모음 '으'로 시작하는 어미와 결합하면 '더우세요', '더우며'와 같이 활용한다.

- '덥다'는 자음으로 시작하는 어미와 결합하여 '덥고, 덥다, 덥습니다, 덥지'와 같이 활용할 때는 '[덥:꼬], [덥:따], [덥:씀니다], [덥:찌]'와 같이 발음한다.
- '덥다'는 'ㄴ'으로 시작하는 어미와 결합하여 '덥네'와 같이 활용할 때는 '[덤:네]'와 같이 발음한다.

없다 [업ː따] [ɘːp͈ta] 형용사: absent, have nothing

종결어미			
-거든(요)	없거든(요)	-(으)세요	없으세요
-네(요)	없네(요)	-(으)ㄹ걸(요)	없을걸(요)
-자	없자	-(으)ㄹ게(요)	없을게(요)
-잖아(요)	없잖아(요)	-(으)ㄹ까(요)	없을까(요)
-지(요)	없지(요)	-(으)ㄹ래(요)	없을래(요)
-ㅂ/습니다	없습니다	-아/어(요)	없어(요)
-ㄴ/는다, -다	없다	-아/어라	없어라
연결어미			
-거나	없거나	-지만	없지만
-거니와	없거니와	-다거나	없다거나
-거든	없거든	-ㄴ/는다고, -다고	없다고
-게	없게	-ㄴ/는다면, -다면	없다면
-고	없고	-는데, -(으)ㄴ데	없는데
-고도	없고도	-(으)나	없으나
-고서	없고서	-(으)니	없으니
-고자	없고자	-(으)니까	없으니까
-기에	없기에	-(으)ㄹ래야	없을래야
-느라	없느라	-(으)러	없으라
-느라고	없느라고	-(으)려고	없으려고
-다가	없다가	-(으)면	없으면
-다시피	없다시피	-(으)면서	없으면서
-더니	없더니	-(으)므로	없으므로
-더라도	없더라도	-아/어	없어
-던데	없던데	-아/어도	없어도
-도록	없도록	-아/어서	없어서
-든지	없든지	-아/어야	없어야
-듯이	없듯이	-아/어야지	없어야지
-자마자	없자마자	-았/었더니	없었더니
전성어미			
-는	없는	-(으)ㄴ	없은
-던	없던	-(으)ㄹ	없을
선어말어미			

선어말어미 + -고		선어말어미 + -(으)며	
-(으)시-	없으시고	-(으)시-	없으시며
-겠-	없겠고	-겠-	없겠으며
-았/었-	없었고	-았/었-	없었으며
-(으)시었-	없으셨고	-(으)시었-	없으셨으며
-(으)시겠-	없으시겠고	-(으)시겠-	없으시겠으며
-(으)시었겠-	없으셨겠고	-(으)시었겠-	없으셨겠으며
선어말어미 + -아/어(요)		선어말어미 + -ㅂ/습니다	
-(으)시-	없으세요	-(으)시-	없으십니다
-겠-	없겠어요	-겠-	없겠습니다
-았/었-	없었어요	-았/었-	없었습니다
-(으)시었-	없으셨어요	-(으)시었-	없으셨습니다
-(으)시겠-	없으시겠어요	-(으)시겠-	없으시겠습니다
-(으)시었겠-	없으셨겠어요	-(으)시었겠-	없으셨겠습니다

동일 유형 용언:
*가없다, 관계없다, 끊임없다, 다름없다, 맛없다, 버릇없다, 변함없다, 빈틈없다, 상관없다, 소용없다, 쓸데없다, 아낌없다, 어이없다, 어처구니없다, 재미없다, 정신없다, 터무니없다, 틀림없다, 형편없다, 힘없다

활용과 발음
- '없다'는 형용사이므로, 동사와만 결합하는 종결어미, 연결어미와는 결합하지 못한다.
- '없다'는 형용사에 결합하는 관형사형 어미 '-은'과 결합하지 않고 동사에 결합하는 관형사형 어미 '-는'과 결합하여 '없는'과 같이 활용한다.
- '없다'는 형용사에 결합하는 '-은데'와 결합하지 않고 동사에 결합하는 '-는데'와 결합하여 '없는데'와 같이 활용한다.
- '없다'의 어간은 '아/어'로 시작하는 어미 중 '어'로 시작하는 어미와 결합하여 '없어(요)', '없었고'와 같이 활용하고 '[업:써(요)]', '[업:썯꼬]'와 같이 발음한다.
- '없다'는 매개모음 '으'로 시작하는 어미와 결합하여 '없으세요', '없으며'와 같이 활용하고 '[업:쓰세요], [업:쓰며]'와 같이 연음하여 발음

한다.
- '없다'는 자음으로 시작하는 어미와 결합하면 'ㅅ'이 떨어져서 '없고', '없지' 등은 '[업:꼬]', '[업:찌]'와 같이 발음한다.
- '없다'는 'ㄴ'으로 시작하는 어미와 결합하여 '없네'와 같이 활용할 때는 '[엄:네]'와 같이 발음한다.
* '가엾다'는 '-은데, -은'과 결합하여 '가엾은데, 가엾은'과 같이 활용한다.

빼앗다 [빼앋따] [p'ɛatt'a] 동사: take, steal, rob

종결어미			
-거든(요)	빼앗거든(요)	-(으)세요	빼앗으세요
-네(요)	빼앗네(요)	-(으)ㄹ걸(요)	빼앗을걸(요)
-자	빼앗자	-(으)ㄹ게(요)	빼앗을게(요)
-잖아(요)	빼앗잖아(요)	-(으)ㄹ까(요)	빼앗을까(요)
-지(요)	빼앗지(요)	-(으)ㄹ래(요)	빼앗을래(요)
-ㅂ/습니다	빼앗습니다	-아/어(요)	빼앗아(요)
-ㄴ/는다, -다	빼앗는다	-아/어라	빼앗아라
연결어미			
-거나	빼앗거나	-지만	빼앗지만
-거니와	빼앗거니와	-ㄴ/는다거나, -다거나	빼앗는다거나
-거든	빼앗거든	-ㄴ/는다고, -다고	빼앗는다고
-게	빼앗게	-ㄴ/는다면, -다면	빼앗는다면
-고	빼앗고	-는데, -(으)ㄴ데	빼앗는데
-고도	빼앗고도	-(으)나	빼앗으나
-고서	빼앗고서	-(으)니	빼앗으니
-고자	빼앗고자	-(으)니까	빼앗으니까
-기에	빼앗기에	-(으)ㄹ래야	빼앗을래야
-느라	빼앗느라	-(으)러	빼앗으러
-느라고	빼앗느라고	-(으)려고	빼앗으려고
-다가	빼앗다가	-(으)면	빼앗으면
-다시피	빼앗다시피	-(으)면서	빼앗으면서
-더니	빼앗더니	-(으)므로	빼앗으므로
-더라도	빼앗더라도	-아/어	빼앗아
-던데	빼앗던데	-아/어도	빼앗아도
-도록	빼앗도록	-아/어서	빼앗아서
-든지	빼앗든지	-아/어야	빼앗아야
-듯이	빼앗듯이	-아/어야지	빼앗아야지
-자마자	빼앗자마자	-았/었더니	빼앗았더니
전성어미			
-는	빼앗는	-(으)ㄴ	빼앗은
-던	빼앗던	-(으)ㄹ	빼앗을
선어말어미			

선어말어미 + -고		선어말어미 + -(으)며	
-(으)시-	빼앗으시고	-(으)시-	빼앗으시며
-겠-	빼앗겠고	-겠-	빼앗겠으며
-았/었-	빼앗았고	-았/었-	빼앗았으며
-(으)시었-	빼앗으셨고	-(으)시었-	빼앗으셨으며
-(으)시겠-	빼앗으시겠고	-(으)시겠-	빼앗으시겠으며
-(으)시었겠-	빼앗으셨겠고	-(으)시었겠-	빼앗으셨겠으며
선어말어미 + -아/어(요)		**선어말어미 + -ㅂ/습니다**	
-(으)시-	빼앗으세요	-(으)시-	빼앗으십니다
-겠-	빼앗겠어요	-겠-	빼앗겠습니다
-았/었-	빼앗았어요	-았/었-	빼앗았습니다
-(으)시었-	빼앗으셨어요	-(으)시었-	빼앗으셨습니다
-(으)시겠-	빼앗으시겠어요	-(으)시겠-	빼앗으시겠습니다
-(으)시었겠-	빼앗으셨겠어요	-(으)시었겠-	빼앗으셨겠습니다

동일 유형 용언:

솟다, 치솟다

활용과 발음

- '빼앗다'의 어간 '빼앗'의 마지막 음절은 양성모음 '아'를 가지므로 '아/어'로 시작하는 어미 중 '아'로 시작하는 어미와 결합하여 '빼앗아(요)', '빼앗았고'와 같이 활용하고 '[빼아사(요)]', '[빼아삳꼬]'와 같이 연음하여 발음한다.
- '빼앗다'는 자음으로 끝나므로 매개모음 '으'로 시작하는 어미와 결합하여 '빼앗으세요', '빼앗으며'와 같이 활용하고 '[빼아스세요]', '[빼아스며]'와 같이 연음하여 발음한다.
- '빼앗다'는 'ㄱ, ㄷ, ㅅ, ㅈ'과 같은 자음으로 시작하는 어미와 결합하여 '빼앗고, 빼앗다, 빼앗습니다, 빼앗지'와 같이 활용하면 '[빼앋꼬], [빼안따], [빼앋씀니다], [빼앋찌]'와 같이 발음한다.
- '빼앗다'는 'ㄴ'으로 시작하는 어미와 결합하여 '빼앗는'과 같이 활용할 때는 '[빼안는]'과 같이 발음한다.

웃다 [욷ː따] [uːtta] 동사: laugh, smile

종결어미			
-거든(요)	웃거든(요)	-(으)세요	웃으세요
-네(요)	웃네(요)	-(으)ㄹ걸(요)	웃을걸(요)
-자	웃자	-(으)ㄹ게(요)	웃을게(요)
-잖아(요)	웃잖아(요)	-(으)ㄹ까(요)	웃을까(요)
-지(요)	웃지(요)	-(으)ㄹ래(요)	웃을래(요)
-ㅂ/습니다	웃습니다	-아/어(요)	웃어(요)
-ㄴ/는다, -다	웃는다	-아/어라	웃어라
연결어미			
-거나	웃거나	-지만	웃지만
-거니와	웃거니와	-ㄴ/는다거나, -다거나	웃는다거나
-거든	웃거든	-ㄴ/는다고, -다고	웃는다고
-게	웃게	-ㄴ/는다면, -다면	웃는다면
-고	웃고	-는데, -(으)ㄴ데	웃는데
-고도	웃고도	-(으)나	웃으나
-고서	웃고서	-(으)니	웃으니
-고자	웃고자	-(으)니까	웃으니까
-기에	웃기에	-(으)ㄹ래야	웃을래야
-느라	웃느라	-(으)러	웃으러
-느라고	웃느라고	-(으)려고	웃으려고
-다가	웃다가	-(으)면	웃으면
-다시피	웃다시피	-(으)면서	웃으면서
-더니	웃더니	-(으)므로	웃으므로
-더라도	웃더라도	-아/어	웃어
-던데	웃던데	-아/어도	웃어도
-도록	웃도록	-아/어서	웃어서
-든지	웃든지	-아/어야	웃어야
-듯이	웃듯이	-아/어야지	웃어야지
-자마자	웃자마자	-았/었더니	웃었더니
전성어미			
-는	웃는	-(으)ㄴ	웃은
-던	웃던	-(으)ㄹ	웃을
선어말어미			

선어말어미 + -고		선어말어미 + -(으)며	
-(으)시-	웃으시고	-(으)시-	웃으시며
-겠-	웃겠고	-겠-	웃겠으며
-았/었-	웃었고	-았/었-	웃었으며
-(으)시었-	웃으셨고	-(으)시었-	웃으셨으며
-(으)시겠-	웃으시겠고	-(으)시겠-	웃으시겠으며
-(으)시었겠-	웃으셨겠고	-(으)시었겠-	웃으셨겠으며
선어말어미 + -아/어(요)		선어말어미 + -ㅂ/습니다	
-(으)시-	웃으세요	-(으)시-	웃으십니다
-겠-	웃겠어요	-겠-	웃겠습니다
-았/었-	웃었어요	-았/었-	웃었습니다
-(으)시었-	웃으셨어요	-(으)시었-	웃으셨습니다
-(으)시겠-	웃으시겠어요	-(으)시겠-	웃으시겠습니다
-(으)시었겠-	웃으셨겠어요	-(으)시었겠-	웃으셨겠습니다

동일 유형 용언:

벗다, 비웃다, 빗다, 뺏다, 씻다

활용과 발음

- '웃다'의 어간 '웃'은 음성모음 '우'를 가지므로 '아/어'로 시작하는 어미 중 '어'로 시작하는 어미와 결합하여 '웃어(요)', '웃었고'와 같이 활용하고 '[우:서(요)]', '[우:섣꼬]'와 같이 연음하여 발음한다.
- '웃다'는 자음으로 끝나므로 매개모음 '으'로 시작하는 어미와 결합하여 '웃세요', '웃으며'와 같이 활용하고 '[우:스세요]', '[우:스며]'와 같이 연음하여 발음한다.
- '웃다'는 'ㄱ, ㄷ, ㅅ, ㅈ'과 같은 자음으로 시작하는 어미와 결합하여 '웃고, 웃다, 웃습니다, 웃지'와 같이 활용하면 '[욷:꼬], [욷:따], [욷:씀니다], [욷:찌]'와 같이 발음한다.
- '웃다'는 'ㄴ'으로 시작하는 어미와 결합하여 '웃는'과 같이 활용할 때는 '[운:는]'과 같이 발음한다.

낫다1 [낟ː따] [naːtˈa] 동사: recover (from), get well, be cured
<ㅅ 불규칙>

종결어미			
-거든(요)	낫거든(요)	-(으)세요	나으세요
-네(요)	낫네(요)	-(으)ㄹ걸(요)	나을걸(요)
-자	낫자	-(으)ㄹ게(요)	나을게(요)
-잖아(요)	낫잖아(요)	-(으)ㄹ까(요)	나을까(요)
-지(요)	낫지(요)	-(으)ㄹ래(요)	나을래(요)
-ㅂ/습니다	낫습니다	-아/어(요)	나아(요)
-ㄴ/는다, -다	낫는다	-아/어라	나아라
연결어미			
-거나	낫거나	-지만	낫지만
-거니와	낫거니와	-ㄴ/는다거나, -다거나	낫는다거나
-거든	낫거든	-ㄴ/는다고, -다고	낫는다고
-게	낫게	-ㄴ/는다면, -다면	낫는다면
-고	낫고	-는데, -(으)ㄴ데	낫는데
-고도	낫고도	-(으)나	나으나
-고서	낫고서	-(으)니	나으니
-고자	낫고자	-(으)니까	나으니까
-기에	낫기에	-(으)ㄹ래야	나을래야
-느라	낫느라	-(으)러	나으러
-느라고	낫느라고	-(으)려고	나으려고
-다가	낫다가	-(으)면	나으면
-다시피	낫다시피	-(으)면서	나으면서
-더니	낫더니	-(으)므로	나으므로
-더라도	낫더라도	-아/어	나아
-던데	낫던데	-아/어도	나아도
-도록	낫도록	-아/어서	나아서
-든지	낫든지	-아/어야	나아야
-듯이	낫듯이	-아/어야지	나아야지
-자마자	낫자마자	-았/었더니	나았더니
전성어미			
-는	낫는	-(으)ㄴ	나은
-던	낫던	-(으)ㄹ	나을

선어말어미			
선어말어미 + -고		**선어말어미 + -(으)며**	
-(으)시-	나으시고	-(으)시-	나으시며
-겠-	낫겠고	-겠-	낫겠으며
-았/었-	나았고	-았/었-	나았으며
-(으)시었-	나으셨고	-(으)시었-	나으셨으며
-(으)시겠-	나으시겠고	-(으)시겠-	나으시겠으며
-(으)시었겠-	나으셨겠고	-(으)시었겠-	나으셨겠으며
선어말어미 + -아/어(요)		**선어말어미 + -ㅂ/습니다**	
-(으)시-	나으세요	-(으)시-	나으십니다
-겠-	낫겠어요	-겠-	낫겠습니다
-았/었-	나았어요	-았/었-	나았습니다
-(으)시었-	나으셨어요	-(으)시었-	나으셨습니다
-(으)시겠-	나으시겠어요	-(으)시겠-	나으시겠습니다
-(으)시었겠-	나으셨겠어요	-(으)시었겠-	나으셨겠습니다

동일 유형 용언:

잣다

활용과 발음

- '낫다'는 'ㅅ 불규칙 동사'인데 어간 '낫'이 양성모음 '아'를 가지므로 '아/어'로 시작하는 어미 중 '아'로 시작하는 어미인 '-아(요)', '-았-'과 결합하며, 이때 'ㅅ'이 불규칙하게 탈락하여 '나아(요)', '나았고'와 같이 활용한다.
- '낫다'는 매개모음 '으'로 시작하는 어미와 결합할 때 'ㅅ'이 탈락하여 '나으세요', '나으며'와 같이 활용한다.
- '낫다'는 'ㄱ, ㄷ, ㅅ, ㅈ'과 같은 자음으로 시작하는 어미와 결합하여 '낫고, 낫다, 낫습니다, 낫지'와 같이 활용하면 '[낟꼬], [낟따], [낟씀니다], [낟찌]'와 같이 발음한다.
- '낫다'는 'ㄴ'으로 시작하는 어미와 결합하여 '낫는'과 같이 활용할 때는 '[난:는]'과 같이 발음한다.

낫다2 [낟ː따] [naːt͈a] 형용사: better (than), superior (to), preferable (to) <ㅅ **불규칙**>

종결어미			
-거든(요)	낫거든(요)	-(으)세요	나으세요
-네(요)	낫네(요)	-(으)ㄹ걸(요)	나을걸(요)
-자	~~낫자~~	-(으)ㄹ게(요)	~~나을게(요)~~
-잖아(요)	낫잖아(요)	-(으)ㄹ까(요)	~~나을까(요)~~
-지(요)	낫지(요)	-(으)ㄹ래(요)	~~나을래(요)~~
-ㅂ/습니다	낫습니다	-아/어(요)	나아(요)
-ㄴ/는다, -다	낫다	-아/어라	~~나아라~~
연결어미			
-거나	낫거나	-지만	낫지만
-거니와	낫거니와	-ㄴ/는다거나, -다거나	낫다거나
-거든	낫거든	-ㄴ/는다고, -다고	낫다고
-게	낫게	-ㄴ/는다면, -다면	낫다면
-고	낫고	-는데, -(으)ㄴ데	나은데
-고도	낫고도	-(으)나	나으나
-고서	~~낫고서~~	-(으)니	나으니
-고자	~~낫고자~~	-(으)니까	나으니까
-기에	낫기에	-(으)ㄹ래야	~~나을래야~~
-느라	~~낫느라~~	-(으)러	~~나으라~~
-느라고	~~낫느라고~~	-(으)려고	~~나으려고~~
-다가	~~낫다가~~	-(으)면	나으면
-다시피	~~낫다시피~~	-(으)면서	나으면서
-더니	낫더니	-(으)므로	나으므로
-더라도	낫더라도	-아/어	나아
-던데	낫던데	-아/어도	나아도
-도록	~~낫도록~~	-아/어서	나아서
-든지	낫든지	-아/어야	나아야
-듯이	낫듯이	-아/어야지	나아야지
-자마자	~~낫자마자~~	-았/었더니	~~나았더니~~
전성어미			
-는	~~낫는~~	-(으)ㄴ	나은
-던	낫던	-(으)ㄹ	나을

선어말어미			
선어말어미 + -고		**선어말어미 + -(으)며**	
-(으)시-	나으시고	-(으)시-	나으시며
-겠-	낫겠고	-겠-	낫겠으며
-았/었-	나았고	-았/었-	나았으며
-(으)시었-	나으셨고	-(으)시었-	나으셨으며
-(으)시겠-	나으시겠고	-(으)시겠-	나으시겠으며
-(으)시었겠-	나으셨겠고	-(으)시었겠-	나으셨겠으며
선어말어미 + -아/어(요)		**선어말어미 + -ㅂ/습니다**	
-(으)시-	나으세요	-(으)시-	나으십니다
-겠-	낫겠어요	-겠-	낫겠습니다
-았/었-	나았어요	-았/었-	나았습니다
-(으)시었-	나으셨어요	-(으)시었-	나으셨습니다
-(으)시겠-	나으시겠어요	-(으)시겠-	나으시겠습니다
-(으)시었겠-	나으셨겠어요	-(으)시었겠-	나으셨겠습니다

동일 유형 용언:

없음

활용과 발음

- '낫다'는 형용사이므로, 동사와만 결합하는 종결어미, 연결어미, 관형사형 어미와는 결합하지 못한다.
- '낫다'는 'ㅅ 불규칙 형용사'인데 어간 '낫'이 양성모음 '아'를 가지므로 '아/어'로 시작하는 어미 중 '아'로 시작하는 어미인 '-아(요)', '-았-'과 결합하며, 이때 'ㅅ'이 불규칙하게 탈락하여 '나아(요)', '나았고'와 같이 활용한다.
- '낫다'는 매개모음 '으'로 시작하는 어미와 결합할 때 'ㅅ'이 탈락하여 '나으세요', '나으며'와 같이 활용한다.
- '낫다'는 'ㄱ, ㄷ, ㅅ, ㅈ'과 같은 자음으로 시작하는 어미와 결합하여 '낫고, 낫다, 낫습니다, 낫지'와 같이 활용하면 '[낟꼬], [낟따], [낟씀니다], [낟찌]'와 같이 발음한다.
- '낫다'는 'ㄴ'으로 시작하는 어미와 결합하여 '낫네'와 같이 활용할 때는 '[난:네]'와 같이 발음한다.

짓다 [짇:따] [tsiːˀtҁa] 동사: make; build, construct <ㅅ 불규칙>

종결어미			
-거든(요)	짓거든(요)	-(으)세요	지으세요
-네(요)	짓네(요)	-(으)ㄹ걸(요)	지을걸(요)
-자	짓자	-(으)ㄹ게(요)	지을게(요)
-잖아(요)	짓잖아(요)	-(으)ㄹ까(요)	지을까(요)
-지(요)	짓지(요)	-(으)ㄹ래(요)	지을래(요)
-ㅂ/습니다	짓습니다	-아/어(요)	지어(요)
-ㄴ/는다, -다	짓는다	-아/어라	지어라
연결어미			
-거나	짓거나	-지만	짓지만
-거니와	짓거니와	-ㄴ/는다거나, -다거나	짓는다거나
-거든	짓거든	-ㄴ/는다고, -다고	짓는다고
-게	짓게	-ㄴ/는다면, -다면	짓는다면
-고	짓고	-는데, -(으)ㄴ데	짓는데
-고도	짓고도	-(으)나	지으나
-고서	짓고서	-(으)니	지으니
-고자	짓고자	-(으)니까	지으니까
-기에	짓기에	-(으)ㄹ래야	지을래야
-느라	짓느라	-(으)러	지으러
-느라고	짓느라고	-(으)려고	지으려고
-다가	짓다가	-(으)면	지으면
-다시피	짓다시피	-(으)면서	지으면서
-더니	짓더니	-(으)므로	지으므로
-더라도	짓더라도	-아/어	지어
-던데	짓던데	-아/어도	지어도
-도록	짓도록	-아/어서	지어서
-든지	짓든지	-아/어야	지어야
-듯이	짓듯이	-아/어야지	지어야지
-자마자	짓자마자	-았/었더니	지었더니
전성어미			
-는	짓는	-(으)ㄴ	지은
-던	짓던	-(으)ㄹ	지을
선어말어미			

선어말어미 + -고		선어말어미 + -(으)며	
-(으)시-	지으시고	-(으)시-	지으시며
-겠-	짓겠고	-겠-	짓겠으며
-았/었-	지었고	-았/었-	지었으며
-(으)시었-	지으셨고	-(으)시었-	지으셨으며
-(으)시겠-	지으시겠고	-(으)시겠-	지으시겠으며
-(으)시었겠-	지으셨겠고	-(으)시었겠-	지으셨겠으며
선어말어미 + -아/어(요)		**선어말어미 + -ㅂ/습니다**	
-(으)시-	지으세요	-(으)시-	지으십니다
-겠-	짓겠어요	-겠-	짓겠습니다
-았/었-	지었어요	-았/었-	지었습니다
-(으)시었-	지으셨어요	-(으)시었-	지으셨습니다
-(으)시겠-	지으시겠어요	-(으)시겠-	지으시겠습니다
-(으)시었겠-	지으셨겠어요	-(으)시었겠-	지으셨겠습니다

동일 유형 용언:

결정짓다, 관련짓다, 긋다, 내젓다, 붓다1(얼굴이), 붓다2(물을), *연잇다, 잇다, 젓다, *줄짓다, 퍼붓다, 휘젓다

활용과 발음

- '짓다'는 'ㅅ 불규칙 동사'인데 어간 '짓'이 음성모음 'ㅣ'를 가지므로 '아/어'로 시작하는 어미 중 '어'로 시작하는 어미인 '-어(요)', '-었-'과 결합하며, 이때 'ㅅ'이 불규칙하게 탈락하여 '지어(요)', '지었고'와 같이 활용한다.
- '짓다'는 매개모음 '으'로 시작하는 어미와 결합할 때 'ㅅ'이 탈락하여 '지으세요', '지으며'와 같이 활용한다.
- '짓다'는 'ㄱ, ㄷ, ㅅ, ㅈ'과 같은 자음으로 시작하는 어미와 결합하여 '짓고, 짓다, 짓습니다, 짓지'와 같이 활용하면 [짇꼬], [짇따], [짇씀니다], [짇찌]'와 같이 발음한다.
- '짓다'는 'ㄴ'으로 시작하는 어미와 결합하여 '짓는'과 같이 활용할 때는 '[진ː는]'과 같이 발음한다.
- * 동일 유형 용언의 * 표시 용언은 주로 연결어미 '-아/어'와만 결합하여 사용한다.

가만있다 [가마닏따] [kamaɲitˈta] 동사: remain still[quiet], keep silent, sit still

종결어미			
-거든(요)	가만있거든(요)	-(으)세요	가만있으세요
-네(요)	가만있네(요)	-(으)ㄹ걸(요)	가만있을걸(요)
-자	가만있자	-(으)ㄹ게(요)	가만있을게(요)
-잖아(요)	가만있잖아(요)	-(으)ㄹ까(요)	가만있을까(요)
-지(요)	가만있지(요)	-(으)ㄹ래(요)	가만있을래(요)
-ㅂ/습니다	가만있습니다	-아/어(요)	가만있어(요)
-ㄴ/는다, -다	가만있는다	-아/어라	가만있어라
연결어미			
-거나	가만있거나	-지만	가만있지만
-거니와	가만있거니와	-ㄴ/는다거나	가만있는다거나
-거든	가만있거든	-ㄴ/는다고, -다고	가만있는다고
-게	가만있게	-ㄴ/는다면, -다면	가만있는다면
-고	가만있고	-는데, -(으)ㄴ데	가만있는데
-고도	가만있고도	-(으)나	가만있으나
-고서	가만있고서	-(으)니	가만있으니
-고자	가만있고자	-(으)니까	가만있으니까
-기에	가만있기에	-(으)ㄹ래야	가만있을래야
-느라	가만있느라	-(으)러	가만있으러
-느라고	가만있느라고	-(으)려고	가만있으려고
-다가	가만있다가	-(으)면	가만있으면
-다시피	가만있다시피	-(으)면서	가만있으면서
-더니	가만있더니	-(으)므로	가만있으므로
-더라도	가만있더라도	-아/어	가만있어
-던데	가만있던데	-아/어도	가만있어도
-도록	가만있도록	-아/어서	가만있어서
-든지	가만있든지	-아/어야	가만있어야
-듯이	가만있듯이	-아/어야지	가만있어야지
-자마자	가만있자마자	-았/었더니	가만있었더니
전성어미			
-는	가만있는	-(으)ㄴ	카만있은
-던	가만있던	-(으)ㄹ	가만있을

선어말어미			
선어말어미 + -고		**선어말어미 + -(으)며**	
-(으)시-	가만있으시고	-(으)시-	가만있으시며
-겠-	가만있겠고	-겠-	가만있겠으며
-았/었-	가만있었고	-았/었-	가만있었으며
-(으)시었-	가만있으셨고	-(으)시었-	가만있으셨으며
-(으)시겠-	가만있으시겠고	-(으)시겠-	가만있으시겠으며
-(으)시었겠-	가만있으셨겠고	-(으)시었겠-	가만있으셨겠으며
선어말어미 + -아/어(요)		**선어말어미 + -ㅂ/습니다**	
-(으)시-	가만있으세요	-(으)시-	가만있으십니다
-겠-	가만있겠어요	-겠-	가만있겠습니다
-았/었-	가만있었어요	-았/었-	가만있었습니다
-(으)시었-	가만있으셨어요	-(으)시었-	가만있으셨습니다
-(으)시겠-	가만있으시겠어요	-(으)시겠-	가만있으시겠습니다
-(으)시었겠-	가만있으셨겠어요	-(으)시었겠-	가만있으셨겠습니다

동일 유형 용언:

있다(동사)

활용과 발음

- '가만있다'의 어간 '가만있'의 끝음절 '있'은 음성모음 '이'를 가지므로 '아/어'로 시작하는 어미 중 '어'로 시작하는 어미와 결합하여 '가만있어(요)', '가만있었고'와 같이 활용하고 '[가마니써(요)]', '[가마니썯꼬]'와 같이 연음하여 발음한다.
- '가만있다'는 자음으로 끝나므로 매개모음 '으'로 시작하는 어미와 결합하여 '가만있으세요', '가만있으며'와 같이 활용하고 '[가마니쓰세요]', '[가마니쓰며]'와 같이 연음하여 발음한다.
- '가만있다'는 ㄱ, ㄷ, ㅅ, ㅈ과 같은 자음으로 시작하는 어미와 결합하여 '가만있고, 가만있다, 가만있습니다, 가만있지'와 같이 활용하면 '[가마닏꼬], [가마닏따], [가마닏씀니다], [가마닏찌]'와 같이 발음한다.
- '가만있다'는 ㄴ으로 시작하는 어미와 결합하여 '가만있는'과 같이 활용할 때는 '[가마닌는]'과 같이 발음한다.
- '가만있다'는 관형사형 어미 '-은'과 결합하지 않는다.

재미있다 [재미읻따] [tsɛmiit͈a] 형용사: funny, interesting, amusing, entertaining

종결어미			
-거든(요)	재미있거든(요)	-(으)세요	재미있으세요
-네(요)	재미있네(요)	-(으)ㄹ걸(요)	재미있을걸(요)
-자	재미있자	-(으)ㄹ게(요)	재미있을게(요)
-잖아(요)	재미있잖아(요)	-(으)ㄹ까(요)	재미있을까(요)
-지(요)	재미있지(요)	-(으)ㄹ래(요)	재미있을래(요)
-ㅂ/습니다	재미있습니다	-아/어(요)	재미있어(요)
-ㄴ/는다, -다	재미있다	-아/어라	재미있어라
연결어미			
-거나	재미있거나	-지만	재미있지만
-거니와	재미있거니와	-ㄴ/는다거나, -다거나	재미있다거나
-거든	재미있거든	-ㄴ/는다고, -다고	재미있다고
-게	재미있게	-ㄴ/는다면, -다면	재미있다면
-고	재미있고	-는데, -(으)ㄴ데	재미있는데
-고도	재미있고도	-(으)나	재미있으나
-고서	재미있고서	-(으)니	재미있으니
-고자	재미있고자	-(으)니까	재미있으니까
-기에	재미있기에	-(으)ㄹ래야	재미있을래야
-느라	재미있느라	-(으)러	재미있으라
-느라고	재미있느라고	-(으)려고	재미있으려고
-다가	재미있다가	-(으)면	재미있으면
-다시피	재미있다시피	-(으)면서	재미있으면서
-더니	재미있더니	-(으)므로	재미있으므로
-더라도	재미있더라도	-아/어	재미있어
-던데	재미있던데	-아/어도	재미있어도
-도록	재미있도록	-아/어서	재미있어서
-든지	재미있든지	-아/어야	재미있어야
-듯이	재미있듯이	-아/어야지	재미있어야지
-자마자	재미있자마자	-았/었더니	재미있었더니
전성어미			
-는	재미있는	-(으)ㄴ	재미있은
-던	재미있던	-(으)ㄹ	재미있을

선어말어미			
선어말어미 + -고		**선어말어미 + -(으)며**	
-(으)시-	재미있으시고	-(으)시-	재미있으시며
-겠-	재미있겠고	-겠-	재미있겠으며
-았/었-	재미있었고	-았/었-	재미있었으며
-(으)시었-	재미있으셨고	-(으)시었-	재미있으셨으며
-(으)시겠-	재미있으시겠고	-(으)시겠-	재미있으시겠으며
-(으)시었겠-	재미있으셨겠고	-(으)시었겠-	재미있으셨겠으며
선어말어미 + -아/어(요)		**선어말어미 + -ㅂ/습니다**	
-(으)시-	재미있으세요	-(으)시-	재미있으십니다
-겠-	재미있겠어요	-겠-	재미있겠습니다
-았/었-	재미있었어요	-았/었-	재미있었습니다
-(으)시었-	재미있으셨어요	-(으)시었-	재미있으셨습니다
-(으)시겠-	재미있으시겠어요	-(으)시겠-	재미있으시겠습니다
-(으)시었겠-	재미있으셨겠어요	-(으)시었겠-	재미있으셨겠습니다

동일 유형 용언:
관계있다, 맛있다, 멋있다, 있다(형용사)

활용과 발음

- '재미있다'는 형용사이므로, 동사와만 결합하는 종결어미, 연결어미, 관형사형 어미와는 결합하지 못한다. 다만 동사와 결합하는 일부 어미와 결합한다.
- '재미있다'는 형용사이지만 형용사에 결합하는 관형사형 어미 '-은'과 결합하지 않고 동사에 결합하는 '-는'과 결합하여 '재미있는'과 같이 활용한다.
- '재미있다'는 형용사이지만 형용사에 결합하는 '-은데'와 결합하지 않고 동사에 결합하는 연결어미 '-는데'와 결합하여 '재미있는데'와 같이 활용한다.
- '재미있다'의 어간 '재미있'의 끝음절 '있'은 음성모음 '이'를 가지므로 '아/어'로 시작하는 어미 중 '어'로 시작하는 어미와 결합하여 '재

미있어(요)', '재미있었고'와 같이 활용하고 '[재미이써(요)]', '[재미이썬꼬]'와 같이 연음하여 발음한다.
- '재미있다'는 자음으로 끝나므로 매개모음 '으'로 시작하는 어미와 결합하여 '재미있으세요', '재미있으며'와 같이 활용하고 '[재미이쓰세요]', '[재미이쓰며]'와 같이 연음하여 발음한다.
- '재미있다'는 'ㄱ, ㄷ, ㅅ, ㅈ'과 같은 자음으로 시작하는 어미와 결합하여 '재미있고, 재미있다, 재미있습니다, 재미있지'와 같이 활용하면 '[재미읻꼬], [재미읻따], [재미읻씀니다], [재미읻찌]'와 같이 발음한다.
- '재미있다'는 'ㄴ'으로 시작하는 어미와 결합하여 '재미있네'와 같이 활용할 때는 '[재미인네]'와 같이 발음한다.

찾다 [찯따] [tsʰatˀa] 동사: find, look (for), search (for)

종결어미			
-거든(요)	찾거든(요)	-(으)세요	찾으세요
-네(요)	찾네(요)	-(으)ㄹ걸(요)	찾을걸(요)
-자	찾자	-(으)ㄹ게(요)	찾을게(요)
-잖아(요)	찾잖아(요)	-(으)ㄹ까(요)	찾을까(요)
-지(요)	찾지(요)	-(으)ㄹ래(요)	찾을래(요)
-ㅂ/습니다	찾습니다	-아/어(요)	찾아(요)
-ㄴ/는다, -다	찾는다	-아/어라	찾아라
연결어미			
-거나	찾거나	-지만	찾지만
-거니와	찾거니와	-ㄴ/는다거나, -다거나	찾는다거나
-거든	찾거든	-ㄴ/는다고, -다고	찾는다고
-게	찾게	-ㄴ/는다면, -다면	찾는다면
-고	찾고	-는데, -(으)ㄴ데	찾는데
-고도	찾고도	-(으)나	찾으나
-고서	찾고서	-(으)니	찾으니
-고자	찾고자	-(으)니까	찾으니까
-기에	찾기에	-(으)ㄹ래야	찾을래야
-느라	찾느라	-(으)러	찾으러
-느라고	찾느라고	-(으)려고	찾으려고
-다가	찾다가	-(으)면	찾으면
-다시피	찾다시피	-(으)면서	찾으면서
-더니	찾더니	-(으)므로	찾으므로
-더라도	찾더라도	-아/어	찾아
-던데	찾던데	-아/어도	찾아도
-도록	찾도록	-아/어서	찾아서
-든지	찾든지	-아/어야	찾아야
-듯이	찾듯이	-아/어야지	찾아야지
-자마자	찾자마자	-았/었더니	찾았더니
전성어미			
-는	찾는	-(으)ㄴ	찾은
-던	찾던	-(으)ㄹ	찾을
선어말어미			

선어말어미 + -고		선어말어미 + -(으)며	
-(으)시-	찾으시고	-(으)시-	찾으시며
-겠-	찾겠고	-겠-	찾겠으며
-았/었-	찾았고	-았/었-	찾았으며
-(으)시었-	찾으셨고	-(으)시었-	찾으셨으며
-(으)시겠-	찾으시겠고	-(으)시겠-	찾으시겠으며
-(으)시었겠-	찾으셨겠고	-(으)시었겠-	찾으셨겠으며
선어말어미 + -아/어(요)		선어말어미 + -ㅂ/습니다	
-(으)시-	찾으세요	-(으)시-	찾으십니다
-겠-	찾겠어요	-겠-	찾겠습니다
-았/었-	찾았어요	-았/었-	찾았습니다
-(으)시었-	찾으셨어요	-(으)시었-	찾으셨습니다
-(으)시겠-	찾으시겠어요	-(으)시겠-	찾으시겠습니다
-(으)시었겠-	찾으셨겠어요	-(으)시었겠-	찾으셨겠습니다

동일 유형 용언:

*갖다, 꽂다, 도둑맞다, 되찾다, 들어맞다, 맞다1(시간이), 맞다2(손님을), 맞다3(매를), 야단맞다, 얻어맞다

활용과 발음

- '찾다'의 어간 '찾'은 양성모음 '아'를 가지므로 '아/어'로 시작하는 어미 중 '아'로 시작하는 어미와 결합하여 '찾아(요)', '찾았고'와 같이 활용하고 [차자(요)], [차잗꼬]와 같이 연음하여 발음한다.
- '찾다'는 자음으로 끝나므로 매개모음 '으'로 시작하는 어미와 결합하여 '찾으세요', '찾으며'와 같이 활용하고 [차즈세요], [차즈며]와 같이 연음하여 발음한다.
- '찾다'는 'ㄱ, ㄷ, ㅅ, ㅈ'과 같은 자음으로 시작하는 어미와 결합하여 '찾고, 찾다, 찾습니다, 찾지'와 같이 활용하면 [찯꼬], [찯따], [찯씀니다], [찯찌]와 같이 발음한다.
- '찾다'는 'ㄴ'으로 시작하는 어미와 결합하여 '찾는'과 같이 활용할 때는 [찬는]과 같이 발음한다.
* '갖다'는 '가지다'의 준말로 모음으로 시작하는 어미와 결합할 수 없으며 자음으로 시작하는 어미 앞에만 쓸 수 있다. 예를 들어 '갖다'에 '-아/어'가 활용될 때에는 '갖아'를 쓸 수 없다.

낮다 [낟따] [natta] 형용사: low, flat

종결어미			
-거든(요)	낮거든(요)	-(으)세요	낮으세요
-네(요)	낮네(요)	-(으)ㄹ걸(요)	낮을걸(요)
-자	낮자	-(으)ㄹ게(요)	낮을게(요)
-잖아(요)	낮잖아(요)	-(으)ㄹ까(요)	낮을까(요)
-지(요)	낮지(요)	-(으)ㄹ래(요)	낮을래(요)
-ㅂ/습니다	낮습니다	-아/어(요)	낮아(요)
-ㄴ/는다, -다	낮다	-아/어라	낮아라
연결어미			
-거나	낮거나	-지만	낮지만
-거니와	낮거니와	-ㄴ/는다거나, -다거나	낮다거나
-거든	낮거든	-ㄴ/는다고, -다고	낮다고
-게	낮게	-ㄴ/는다면, -다면	낮다면
-고	낮고	-는데, -(으)ㄴ데	낮은데
-고도	낮고도	-(으)나	낮으나
-고서	낮고서	-(으)니	낮으니
-고자	낮고자	-(으)니까	낮으니까
-기에	낮기에	-(으)ㄹ래야	낮을래야
-느라	낮느라	-(으)러	낮으라
-느라고	낮느라고	-(으)려고	낮으려고
-다가	낮다가	-(으)면	낮으면
-다시피	낮다시피	-(으)면서	낮으면서
-더니	낮더니	-(으)므로	낮으므로
-더라도	낮더라도	-아/어	낮아
-던데	낮던데	-아/어도	낮아도
-도록	낮도록	-아/어서	낮아서
-든지	낮든지	-아/어야	낮아야
-듯이	낮듯이	-아/어야지	낮아야지
-자마자	낮자마자	-았/었더니	낮았더니
전성어미			
-는	낮는	-(으)ㄴ	낮은
-던	낮던	-(으)ㄹ	낮을
선어말어미			

선어말어미 + -고		선어말어미 + -(으)며	
-(으)시-	낮으시고	-(으)시-	낮으시며
-겠-	낮겠고	-겠-	낮겠으며
-았/었-	낮았고	-았/었-	낮았으며
-(으)시었-	낮으셨고	-(으)시었-	낮으셨으며
-(으)시겠-	낮으시겠고	-(으)시겠-	낮으시겠으며
-(으)시었겠-	낮으셨겠고	-(으)시었겠-	낮으셨겠으며
선어말어미 + -아/어(요)		선어말어미 + -ㅂ/습니다	
-(으)시-	낮으세요	-(으)시-	낮으십니다
-겠-	낮겠어요	-겠-	낮겠습니다
-았/었-	낮았어요	-았/었-	낮았습니다
-(으)시었-	낮으셨어요	-(으)시었-	낮으셨습니다
-(으)시겠-	낮으시겠어요	-(으)시겠-	낮으시겠습니다
-(으)시었겠-	낮으셨겠어요	-(으)시었겠-	낮으셨겠습니다

동일 유형 용언:

걸맞다, 알맞다, 잦다

활용과 발음

- '낮다'는 형용사이므로, 동사와만 결합하는 종결어미, 연결어미, 관형사형 어미와는 결합하지 못한다.
- '낮다'의 어간 '낮'은 양성모음 '아'를 가지므로 '아/어'로 시작하는 어미 중 '아'로 시작하는 어미와 결합하여 '낮아(요)', '낮았고'와 같이 활용하고 '[나자(요)]', '[나잗꼬]'와 같이 연음하여 발음한다.
- '낮다'는 자음으로 끝나므로 매개모음 '으'로 시작하는 어미와 결합하여 '낮으세요', '낮으며'와 같이 활용하고 '[나즈세요]', '[나즈며]'와 같이 연음하여 발음한다.
- '낮다'는 'ㄱ, ㄷ, ㅅ, ㅈ'과 같은 자음으로 시작하는 어미와 결합하여 '낮고, 낮다, 낮습니다, 낮지'와 같이 활용하면 '[낟꼬], [낟따], [낟씁니다], [낟찌]'와 같이 발음한다.
- '낮다'는 'ㄴ'으로 시작하는 어미와 결합하여 '낮네'와 같이 활용할 때는 '[난네]'와 같이 발음한다.

잊다 [읻따] [itˀa] 동사: forget

종결어미			
-거든(요)	잊거든(요)	-(으)세요	잊으세요
-네(요)	잊네(요)	-(으)ㄹ걸(요)	잊을걸(요)
-자	잊자	-(으)ㄹ게(요)	잊을게(요)
-잖아(요)	잊잖아(요)	-(으)ㄹ까(요)	잊을까(요)
-지(요)	잊지(요)	-(으)ㄹ래(요)	잊을래(요)
-ㅂ/습니다	잊습니다	-아/어(요)	잊어(요)
-ㄴ/는다, -다	잊는다	-아/어라	잊어라
연결어미			
-거나	잊거나	-지만	잊지만
-거니와	잊거니와	-ㄴ/는다거나, -다거나	잊는다거나
-거든	잊거든	-ㄴ/는다고, -다고	잊는다고
-게	잊게	-ㄴ/는다면, -다면	잊는다면
-고	잊고	-는데, -(으)ㄴ데	잊는데
-고도	잊고도	-(으)나	잊으나
-고서	잊고서	-(으)니	잊으니
-고자	잊고자	-(으)니까	잊으니까
-기에	잊기에	-(으)ㄹ래야	잊을래야
-느라	잊느라	-(으)러	잊으러
-느라고	잊느라고	-(으)려고	잊으려고
-다가	잊다가	-(으)면	잊으면
-다시피	잊다시피	-(으)면서	잊으면서
-더니	잊더니	-(으)므로	잊으므로
-더라도	잊더라도	-아/어	잊어
-던데	잊던데	-아/어도	잊어도
-도록	잊도록	-아/어서	잊어서
-든지	잊든지	-아/어야	잊어야
-듯이	잊듯이	-아/어야지	잊어야지
-자마자	잊자마자	-았/었더니	잊었더니
전성어미			
-는	잊는	-(으)ㄴ	잊은
-던	잊던	-(으)ㄹ	잊을
선어말어미			

선어말어미 + -고		선어말어미 + -(으)며	
-(으)시-	잊으시고	-(으)시-	잊으시며
-겠-	잊겠고	-겠-	잊겠으며
-았/었-	잊었고	-았/었-	잊었으며
-(으)시었-	잊으셨고	-(으)시었-	잊으셨으며
-(으)시겠-	잊으시겠고	-(으)시겠-	잊으시겠으며
-(으)시었겠-	잊으셨겠고	-(으)시었겠-	잊으셨겠으며
선어말어미 + -아/어(요)		선어말어미 + -ㅂ/습니다	
-(으)시-	잊으세요	-(으)시-	잊으십니다
-겠-	잊겠어요	-겠-	잊겠습니다
-았/었-	잊었어요	-았/었-	잊었습니다
-(으)시었-	잊으셨어요	-(으)시었-	잊으셨습니다
-(으)시겠-	잊으시겠어요	-(으)시겠-	잊으시겠습니다
-(으)시었겠-	잊으셨겠어요	-(으)시었겠-	잊으셨겠습니다

동일 유형 용언:

꾸짖다, 끝맺다, 늦다1(약속에), 맺다, 멎다, 부르짖다, 빚다, 울부짖다, 젖다, 짖다, 찢다

활용과 발음

- '잊다'의 어간 '잊'은 음성모음 '이'를 가지므로 '아/어'로 시작하는 어미 중 '어'로 시작하는 어미와 결합하여 '잊어(요)', '잊었고'와 같이 활용하고 '[이저(요)]', '[이젇꼬]'와 같이 연음하여 발음한다.
- '잊다'는 자음으로 끝나므로 매개모음 '으'로 시작하는 어미와 결합하여 '잊으세요', '잊으며'와 같이 활용하고 '[이즈세요]', '[이즈며]'와 같이 연음하여 발음한다.
- '잊다'는 'ㄱ, ㄷ, ㅅ, ㅈ'과 같은 자음으로 시작하는 어미와 결합하여 '잊고, 잊다, 잊습니다, 잊지'와 같이 활용하면 '[읻꼬], [읻따], [읻씀니다], [읻찌]'와 같이 발음한다.
- '잊다'는 'ㄴ'으로 시작하는 어미와 결합하여 '잊는'과 같이 활용할 때는 '[인는]'과 같이 발음한다.

늦다2 [늗따] [nɯtt͈a] 형용사: late

종결어미			
-거든(요)	늦거든(요)	-(으)세요	늦으세요
-네(요)	늦네(요)	-(으)ㄹ걸(요)	늦을걸(요)
-자	늦자	-(으)ㄹ게(요)	늦을게(요)
-잖아(요)	늦잖아(요)	-(으)ㄹ까(요)	늦을까(요)
-지(요)	늦지(요)	-(으)ㄹ래(요)	늦을래(요)
-ㅂ/습니다	늦습니다	-아/어(요)	늦어(요)
-ㄴ/는다, -다	늦다	-아/어라	늦어라
연결어미			
-거나	늦거나	-지만	늦지만
-거니와	늦거니와	-ㄴ/는다거나, -다거나	늦다거나
-거든	늦거든	-ㄴ/는다고, -다고	늦다고
-게	늦게	-ㄴ/는다면, -다면	늦다면
-고	늦고	-는데, -(으)ㄴ데	늦은데
-고도	늦고도	-(으)나	늦으나
-고서	늦고서	-(으)니	늦으니
-고자	늦고자	-(으)니까	늦으니까
-기에	늦기에	-(으)ㄹ래야	늦을래야
-느라	늦느라	-(으)러	늦으라
-느라고	늦느라고	-(으)려고	늦으려고
-다가	늦다카	-(으)면	늦으면
-다시피	늦다사피	-(으)면서	늦으면서
-더니	늦더니	-(으)므로	늦으므로
-더라도	늦더라도	-아/어	늦어
-던데	늦던데	-아/어도	늦어도
-도록	늦도록	-아/어서	늦어서
-든지	늦든지	-아/어야	늦어야
-듯이	늦듯이	-아/어야지	늦어야지
-자마자	늦자마자	-았/었더니	늦었더니
전성어미			
-는	늦는	-(으)ㄴ	늦은
-던	늦던	-(으)ㄹ	늦을
선어말어미			

선어말어미 + -고		선어말어미 + -(으)며	
-(으)시-	늦으시고	-(으)시-	늦으시며
-겠-	늦겠고	-겠-	늦겠으며
-았/었-	늦었고	-았/었-	늦었으며
-(으)시었-	늦으셨고	-(으)시었-	늦으셨으며
-(으)시겠-	늦으시겠고	-(으)시겠-	늦으시겠으며
-(으)시었겠-	늦으셨겠고	-(으)시었겠-	늦으셨겠으며
선어말어미 + -아/어(요)		선어말어미 + -ㅂ/습니다	
-(으)시-	늦으세요	-(으)시-	늦으십니다
-겠-	늦겠어요	-겠-	늦겠습니다
-았/었-	늦었어요	-았/었-	늦었습니다
-(으)시었-	늦으셨어요	-(으)시었-	늦으셨습니다
-(으)시겠-	늦으시겠어요	-(으)시겠-	늦으시겠습니다
-(으)시었겠-	늦으셨겠어요	-(으)시었겠-	늦으셨겠습니다

동일 유형 용언:
궂다, 뒤늦다, 밤늦다, 심술궂다, 짓궂다

활용과 발음
- '늦다'는 형용사이므로, 동사와만 결합하는 종결어미, 연결어미, 관형사형 어미와는 결합하지 못한다.
- '늦다'의 어간 '늦'은 음성모음 '으'를 가지므로 '아/어'로 시작하는 어미 중 '어'로 시작하는 어미와 결합하여 '늦어(요)', '늦었고'와 같이 활용하고 '[느저(요)]', '[느젇꼬]'와 같이 연음하여 발음한다.
- '늦다'는 자음으로 끝나므로 매개모음 '으'로 시작하는 어미와 결합하여 '늦으세요', '늦으며'와 같이 활용하고 '[느즈세요]', '[느즈며]'와 같이 연음하여 발음한다.
- '늦다'는 'ㄱ, ㄷ, ㅅ, ㅈ'과 같은 자음으로 시작하는 어미와 결합하여 '늦고, 늦다, 늦습니다, 늦지'와 같이 활용하면 '[늗꼬], [늗따], [늗씀니다], [늗찌]'와 같이 발음한다.
- '늦다'는 'ㄴ'으로 시작하는 어미와 결합하여 '늦네'와 같이 활용할 때는 '[는네]'와 같이 발음한다.

쫓다 [쫀따] [tsŏtˀa] 동사: chase (after), run after

종결어미			
-거든(요)	쫓거든(요)	-(으)세요	쫓으세요
-네(요)	쫓네(요)	-(으)ㄹ걸(요)	쫓을걸(요)
-자	쫓자	-(으)ㄹ게(요)	쫓을게(요)
-잖아(요)	쫓잖아(요)	-(으)ㄹ까(요)	쫓을까(요)
-지(요)	쫓지(요)	-(으)ㄹ래(요)	쫓을래(요)
-ㅂ/습니다	쫓습니다	-아/어(요)	쫓아(요)
-ㄴ/는다, -다	쫓는다	-아/어라	쫓아라
연결어미			
-거나	쫓거나	-지만	쫓지만
-거니와	쫓거니와	-ㄴ/는다거나, -다거나	쫓는다거나
-거든	쫓거든	-ㄴ/는다고, -다고	쫓는다고
-게	쫓게	-ㄴ/는다면, -다면	쫓는다면
-고	쫓고	-는데, -(으)ㄴ데	쫓는데
-고도	쫓고도	-(으)나	쫓으나
-고서	쫓고서	-(으)니	쫓으니
-고자	쫓고자	-(으)니까	쫓으니까
-기에	쫓기에	-(으)ㄹ래야	쫓을래야
-느라	쫓느라	-(으)러	쫓으러
-느라고	쫓느라고	-(으)려고	쫓으려고
-다가	쫓다가	-(으)면	쫓으면
-다시피	쫓다시피	-(으)면서	쫓으면서
-더니	쫓더니	-(으)므로	쫓으므로
-더라도	쫓더라도	-아/어	쫓아
-던데	쫓던데	-아/어도	쫓아도
-도록	쫓도록	-아/어서	쫓아서
-든지	쫓든지	-아/어야	쫓아야
-듯이	쫓듯이	-아/어야지	쫓아야지
-자마자	쫓자마자	-았/었더니	쫓았더니
전성어미			
-는	쫓는	-(으)ㄴ	쫓은
-던	쫓던	-(으)ㄹ	쫓을
선어말어미			

선어말어미 + -고		선어말어미 + -(으)며	
-(으)시-	쫓으시고	-(으)시-	쫓으시며
-겠-	쫓겠고	-겠-	쫓겠으며
-았/었-	쫓았고	-았/었-	쫓았으며
-(으)시었-	쫓으셨고	-(으)시었-	쫓으셨으며
-(으)시겠-	쫓으시겠고	-(으)시겠-	쫓으시겠으며
-(으)시었겠-	쫓으셨겠고	-(으)시었겠-	쫓으셨겠으며
선어말어미 + -아/어(요)		선어말어미 + -ㅂ/습니다	
-(으)시-	쫓으세요	-(으)시-	쫓으십니다
-겠-	쫓겠어요	-겠-	쫓겠습니다
-았/었-	쫓았어요	-았/었-	쫓았습니다
-(으)시었-	쫓으셨어요	-(으)시었-	쫓으셨습니다
-(으)시겠-	쫓으시겠어요	-(으)시겠-	쫓으시겠습니다
-(으)시었겠-	쫓으셨겠어요	-(으)시었겠-	쫓으셨겠습니다

동일 유형 용언:

내쫓다, 뒤쫓다, 좇다

활용과 발음

- '쫓다'의 어간 '쫓'은 양성모음 '오'를 가지므로 '아/어'로 시작하는 어미 중 '아'로 시작하는 어미와 결합하여 '쫓아(요)', '쫓았고'와 같이 활용하고 '[쪼차(요)]', '[쪼찬꼬]'와 같이 연음하여 발음한다.
- '쫓다'는 자음으로 끝나므로 매개모음 '으'로 시작하는 어미와 결합하여 '쫓으세요', '쫓으며'와 같이 활용하고 '[쪼츠세요]', '[쪼츠며]'와 같이 연음하여 발음한다.
- '쫓다'는 'ㄱ, ㄷ, ㅅ, ㅈ'과 같은 자음으로 시작하는 어미와 결합하여 '쫓고, 쫓다, 쫓습니다, 쫓지'와 같이 활용하면 '[쫀꼬], [쫀따], [쫀씀니다], [쫀찌]'와 같이 발음한다.
- '쫓다'는 'ㄴ'으로 시작하는 어미와 결합하여 '쫓는'과 같이 활용할 때는 '[쫀는]'과 같이 발음한다.

맡다1 [맏따] [matˀa] 동사: take care of, take on, undertake

종결어미			
-거든(요)	맡거든(요)	-(으)세요	맡으세요
-네(요)	맡네(요)	-(으)ㄹ걸(요)	맡을걸(요)
-자	맡자	-(으)ㄹ게(요)	맡을게(요)
-잖아(요)	맡잖아(요)	-(으)ㄹ까(요)	맡을까(요)
-지(요)	맡지(요)	-(으)ㄹ래(요)	맡을래(요)
-ㅂ/습니다	맡습니다	-아/어(요)	맡아(요)
-ㄴ/는다, -다	맡는다	-아/어라	맡아라
연결어미			
-거나	맡거나	-지만	맡지만
-거니와	맡거니와	-ㄴ/는다거나, -다거나	맡는다거나
-거든	맡거든	-ㄴ/는다고, -다고	맡는다고
-게	맡게	-ㄴ/는다면, -다면	맡는다면
-고	맡고	-는데, -(으)ㄴ데	맡는데
-고도	맡고도	-(으)나	맡으나
-고서	맡고서	-(으)니	맡으니
-고자	맡고자	-(으)니까	맡으니까
-기에	맡기에	-(으)ㄹ래야	맡을래야
-느라	맡느라	-(으)러	맡으러
-느라고	맡느라고	-(으)려고	맡으려고
-다가	맡다가	-(으)면	맡으면
-다시피	맡다시피	-(으)면서	맡으면서
-더니	맡더니	-(으)므로	맡으므로
-더라도	맡더라도	-아/어	맡아
-던데	맡던데	-아/어도	맡아도
-도록	맡도록	-아/어서	맡아서
-든지	맡든지	-아/어야	맡아야
-듯이	맡듯이	-아/어야지	맡아야지
-자마자	맡자마자	-았/었더니	맡았더니
전성어미			
-는	맡는	-(으)ㄴ	맡은
-던	맡던	-(으)ㄹ	맡을
선어말어미			

선어말어미 + -고		선어말어미 + -(으)며	
-(으)시-	맡으시고	-(으)시-	맡으시며
-겠-	맡겠고	-겠-	맡겠으며
-았/었-	맡았고	-았/었-	맡았으며
-(으)시었-	맡으셨고	-(으)시었-	맡으셨으며
-(으)시겠-	맡으시겠고	-(으)시겠-	맡으시겠으며
-(으)시었겠-	맡으셨겠고	-(으)시었겠-	맡으셨겠으며
선어말어미 + -아/어(요)		선어말어미 + -ㅂ/습니다	
-(으)시-	맡으세요	-(으)시-	맡으십니다
-겠-	맡겠어요	-겠-	맡겠습니다
-았/었-	맡았어요	-았/었-	맡았습니다
-(으)시었-	맡으셨어요	-(으)시었-	맡으셨습니다
-(으)시겠-	맡으시겠어요	-(으)시겠-	맡으시겠습니다
-(으)시었겠-	맡으셨겠어요	-(으)시었겠-	맡으셨겠습니다

동일 유형 용언:

맡다2(냄새를), *도맡다, 떠맡다

활용과 발음

- '맡다'의 어간 '맡'은 양성모음 '아'를 가지므로 '아/어'로 시작하는 어미 중 '아'로 시작하는 어미와 결합하여 '맡아(요)', '맡았고'와 같이 활용하고 '[마타(요)]', '[마탇꼬]'와 같이 연음하여 발음한다.
- '맡다'는 자음으로 끝나므로 매개모음 '으'로 시작하는 어미와 결합하여 '맡으세요', '맡으며'와 같이 활용하고 '[마트세요]', '[마트며]'와 같이 연음하여 발음한다.
- '맡다'는 'ㄱ, ㄷ, ㅅ, ㅈ'과 같은 자음으로 시작하는 어미와 결합하여 '맡고, 맡다, 맡습니다, 맡지'와 같이 활용하면 '[맏꼬], [맏따], [맏씀니다], [맏찌]'와 같이 발음한다.
- '맡다'는 'ㄴ'으로 시작하는 어미와 결합하여 '맡는'과 같이 활용할 때는 '[만는]'과 같이 발음한다.
- * 동일 유형 용언의 * 표시 용언인 '도맡다'는 주로 연결어미 '-아/어'와 만 결합하여 '도맡아 하다'와 같이 사용한다.

같다 [갇따] [katt͈a] 형용사: same, identical (to/with), equal (to)

종결어미			
-거든(요)	같거든(요)	-(으)세요	같으세요
-네(요)	같네(요)	-(으)ㄹ걸(요)	같을걸(요)
-자	같자	-(으)ㄹ게(요)	같을게(요)
-잖아(요)	같잖아(요)	-(으)ㄹ까(요)	같을까(요)
-지(요)	같지(요)	-(으)ㄹ래(요)	같을래(요)
-ㅂ/습니다	같습니다	-아/어(요)	같아(요)
-ㄴ/는다, -다	같다	-아/어라	같아라
연결어미			
-거나	같거나	-지만	같지만
-거니와	같거니와	-ㄴ/는다거나, -다거나	같다거나
-거든	같거든	-ㄴ/는다고, -다고	같다고
-게	같게	-ㄴ/는다면, -다면	같다면
-고	같고	-는데, -(으)ㄴ데	같은데
-고도	같고도	-(으)나	같으나
-고서	같고서	-(으)니	같으니
-고자	같고자	-(으)니까	같으니까
-기에	같기에	-(으)ㄹ래야	같을래야
-느라	같느라	-(으)러	같으러
-느라고	같느라고	-(으)려고	같으려고
-다가	같다가	-(으)면	같으면
-다시피	같다시피	-(으)면서	같으면서
-더니	같더니	-(으)므로	같으므로
-더라도	같더라도	-아/어	같아
-던데	같던데	-아/어도	같아도
-도록	같도록	-아/어서	같아서
-든지	같든지	-아/어야	같아야
-듯이	같듯이	-아/어야지	같아야지
-자마자	같자마자	-았/었더니	같았더니
전성어미			
-는	같는	-(으)ㄴ	같은
-던	같던	-(으)ㄹ	같을
선어말어미			

선어말어미 + -고		선어말어미 + -(으)며	
-(으)시-	같으시고	-(으)시-	같으시며
-겠-	같겠고	-겠-	같겠으며
-았/었-	같았고	-았/었-	같았으며
-(으)시었-	같으셨고	-(으)시었-	같으셨으며
-(으)시겠-	같으시겠고	-(으)시겠-	같으시겠으며
-(으)시었겠-	같으셨겠고	-(으)시었겠-	같으셨겠으며
선어말어미 + -아/어(요)		선어말어미 + -ㅂ/습니다	
-(으)시-	같으세요	-(으)시-	같으십니다
-겠-	같겠어요	-겠-	같겠습니다
-았/었-	같았어요	-았/었-	같았습니다
-(으)시었-	같으셨어요	-(으)시었-	같으셨습니다
-(으)시겠-	같으시겠어요	-(으)시겠-	같으시겠습니다
-(으)시었겠-	같으셨겠어요	-(으)시었겠-	같으셨겠습니다

동일 유형 용언:

똑같다, 얕다, 한결같다

활용과 발음

- '같다'는 형용사이므로, 동사와만 결합하는 종결어미, 연결어미, 관형 사형 어미와는 결합하지 못한다.
- '같다'의 어간 '같'은 양성모음 '아'를 가지므로 '아/어'로 시작하는 어미 중 '아'로 시작하는 어미와 결합하여 '같아(요)', '같았고'와 같 이 활용하고 '[가타(요)]', '[가탇꼬]'와 같이 연음하여 발음한다.
- '같다'는 자음으로 끝나므로 매개모음 '으'로 시작하는 어미와 결합하 여 '같으세요', '같으며'와 같이 활용하고 '[가트세요]', '[가트며]'와 같이 연음하여 발음한다.
- '같다'는 'ㄱ, ㄷ, ㅅ, ㅈ'과 같은 자음으로 시작하는 어미와 결합하여 '같고, 같다, 같습니다, 같지'와 같이 활용하면 '[갇꼬], [갇따], [갇씀 니다], [갇찌]'와 같이 발음한다.
- '같다'는 'ㄴ'으로 시작하는 어미와 결합하여 '같네'와 같이 활용할 때는 '[간네]'와 같이 발음한다.

붙다 [붇따] [put̚t'a] 동사: stick (to), adhere (to), cling (to)

종결어미			
-거든(요)	붙거든(요)	-(으)세요	붙으세요
-네(요)	붙네(요)	-(으)ㄹ걸(요)	붙을걸(요)
-자	붙자	-(으)ㄹ게(요)	붙을게(요)
-잖아(요)	붙잖아(요)	-(으)ㄹ까(요)	붙을까(요)
-지(요)	붙지(요)	-(으)ㄹ래(요)	붙을래(요)
-ㅂ/습니다	붙습니다	-아/어(요)	붙어(요)
-ㄴ/는다, -다	붙는다	-아/어라	붙어라
연결어미			
-거나	붙거나	-지만	붙지만
-거니와	붙거니와	-ㄴ/는다거나, -다거나	붙는다거나
-거든	붙거든	-ㄴ/는다고, -다고	붙는다고
-게	붙게	-ㄴ/는다면, -다면	붙는다면
-고	붙고	-는데, -(으)ㄴ데	붙는데
-고도	붙고도	-(으)나	붙으나
-고서	붙고서	-(으)니	붙으니
-고자	붙고자	-(으)니까	붙으니까
-기에	붙기에	-(으)ㄹ래야	붙을래야
-느라	붙느라	-(으)러	붙으러
-느라고	붙느라고	-(으)려고	붙으려고
-다가	붙다가	-(으)면	붙으면
-다시피	붙다시피	-(으)면서	붙으면서
-더니	붙더니	-(으)므로	붙으므로
-더라도	붙더라도	-아/어	붙어
-던데	붙던데	-아/어도	붙어도
-도록	붙도록	-아/어서	붙어서
-든지	붙든지	-아/어야	붙어야
-듯이	붙듯이	-아/어야지	붙어야지
-자마자	붙자마자	-았/었더니	붙었더니
전성어미			
-는	붙는	-(으)ㄴ	붙은
-던	붙던	-(으)ㄹ	붙을
선어말어미			

선어말어미 + -고		선어말어미 + -(으)며	
-(으)시-	붙으시고	-(으)시-	붙으시며
-겠-	붙겠고	-겠-	붙겠으며
-았/었-	붙었고	-았/었-	붙었으며
-(으)시었-	붙으셨고	-(으)시었-	붙으셨으며
-(으)시겠-	붙으시겠고	-(으)시겠-	붙으시겠으며
-(으)시었겠-	붙으셨겠고	-(으)시었겠-	붙으셨겠으며
선어말어미 + -아/어(요)		선어말어미 + -ㅂ/습니다	
-(으)시-	붙으세요	-(으)시-	붙으십니다
-겠-	붙겠어요	-겠-	붙겠습니다
-았/었-	붙었어요	-았/었-	붙었습니다
-(으)시었-	붙으셨어요	-(으)시었-	붙으셨습니다
-(으)시겠-	붙으시겠어요	-(으)시겠-	붙으시겠습니다
-(으)시었겠-	붙으셨겠어요	-(으)시었겠-	붙으셨겠습니다

동일 유형 용언:

내뱉다, 달라붙다, 맞붙다, 뱉다, 얼어붙다

활용과 발음

- '붙다'의 어간 '붙'은 음성모음 '우'를 가지므로 '아/어'로 시작하는 어미 중 '어'로 시작하는 어미와 결합하여 '붙어(요)', '붙었고'와 같이 활용하고 '[부터(요)]', '[부턷꼬]'와 같이 연음하여 발음한다.
- '붙다'는 자음으로 끝나므로 매개모음 '으'로 시작하는 어미와 결합하여 '붙으세요', '붙으며'와 같이 활용하고 '[부트세요]', '[부트며]'와 같이 연음하여 발음한다.
- '붙다'는 'ㄱ, ㄷ, ㅅ, ㅈ'과 같은 자음으로 시작하는 어미와 결합하여 '붙고, 붙다, 붙습니다, 붙지'와 같이 활용하면 '[붇꼬], [붇따], [붇씀니다], [붇찌]'와 같이 발음한다.
- '붙다'는 'ㄴ'으로 시작하는 어미와 결합하여 '붙는'과 같이 활용할 때는 '[분는]'과 같이 발음한다.

짙다 [짇따] [tsitťa] 형용사: deep, dark, thick, heavy

종결어미			
-거든(요)	짙거든(요)	-(으)세요	짙으세요
-네(요)	짙네(요)	-(으)ㄹ걸(요)	짙을걸(요)
-자	짙자	-(으)ㄹ게(요)	짙을게(요)
-잖아(요)	짙잖아(요)	-(으)ㄹ까(요)	짙을까(요)
-지(요)	짙지(요)	-(으)ㄹ래(요)	짙을래(요)
-ㅂ/습니다	짙습니다	-아/어(요)	짙어(요)
-ㄴ/는다, -다	짙다	-아/어라	짙어라
연결어미			
-거나	짙거나	-지만	짙지만
-거니와	짙거니와	-ㄴ/는다거나, -다거나	짙다거나
-거든	짙거든	-ㄴ/는다고, -다고	짙다고
-게	짙게	-ㄴ/는다면, -다면	짙다면
-고	짙고	-는데, -(으)ㄴ데	짙은데
-고도	짙고도	-(으)나	짙으나
-고서	짙고서	-(으)니	짙으니
-고자	짙고자	-(으)니까	짙으니까
-기에	짙기에	-(으)ㄹ래야	짙을래야
-느라	짙느라	-(으)러	짙으러
-느라고	짙느라고	-(으)려고	짙으려고
-다가	짙다가	-(으)면	짙으면
-다시피	짙다시피	-(으)면서	짙으면서
-더니	짙더니	-(으)므로	짙으므로
-더라도	짙더라도	-아/어	짙어
-던데	짙던데	-아/어도	짙어도
-도록	짙도록	-아/어서	짙어서
-든지	짙든지	-아/어야	짙어야
-듯이	짙듯이	-아/어야지	짙어야지
-자마자	짙자마자	-았/었더니	짙었더니
전성어미			
-는	짙는	-(으)ㄴ	짙은
-던	짙던	-(으)ㄹ	짙을
선어말어미			

선어말어미 + -고		선어말어미 + -(으)며	
-(으)시-	짙으시고	-(으)시-	짙으시며
-겠-	짙겠고	-겠-	짙겠으며
-았/었-	짙었고	-았/었-	짙었으며
-(으)시었-	짙으셨고	-(으)시었-	짙으셨으며
-(으)시겠-	짙으시겠고	-(으)시겠-	짙으시겠으며
-(으)시었겠-	짙으셨겠고	-(으)시었겠-	짙으셨겠으며
선어말어미 + -아/어(요)		선어말어미 + -ㅂ/습니다	
-(으)시-	짙으세요	-(으)시-	짙으십니다
-겠-	짙겠어요	-겠-	짙겠습니다
-았/었-	짙었어요	-았/었-	짙었습니다
-(으)시었-	짙으셨어요	-(으)시었-	짙으셨습니다
-(으)시겠-	짙으시겠어요	-(으)시겠-	짙으시겠습니다
-(으)시었겠-	짙으셨겠어요	-(으)시었겠-	짙으셨겠습니다

동일 유형 용언:

옅다

활용과 발음

- '짙다'는 형용사이므로, 동사와만 결합하는 종결어미, 연결어미, 관형
  사형 어미와는 결합하지 못한다.
- '짙다'의 어간 '짙'은 음성모음 'ㅣ'를 가지므로 '아/어'로 시작하는
  어미 중 '어'로 시작하는 어미와 결합하여 '짙어(요)', '짙었고'와 같
  이 활용하고 '[지터(요)]', '[지턷꼬]'와 같이 연음하여 발음한다.
- '짙다'는 자음으로 끝나므로 매개모음 '으'로 시작하는 어미와 결합하
  여 '짙으세요', '짙으며'와 같이 활용하고 '[지트세요]', '[지트며]'와
  같이 연음하여 발음한다.
- '짙다'는 'ㄱ, ㄷ, ㅅ, ㅈ'과 같은 자음으로 시작하는 어미와 결합하여
  '짙고, 짙다, 짙습니다, 짙지'와 같이 활용하면 '[짇꼬], [짇따], [짇씀
  니다], [짇찌]'와 같이 발음한다.
- '짙다'는 'ㄴ'으로 시작하는 어미와 결합하여 '짙네'와 같이 활용할
  때는 '[진네]'와 같이 발음한다.

갚다 [갑따] [kapt͈a] 동사: repay, pay back, pay (off)

종결어미			
-거든(요)	갚거든(요)	-(으)세요	갚으세요
-네(요)	갚네(요)	-(으)ㄹ걸(요)	갚을걸(요)
-자	갚자	-(으)ㄹ게(요)	갚을게(요)
-잖아(요)	갚잖아(요)	-(으)ㄹ까(요)	갚을까(요)
-지(요)	갚지(요)	-(으)ㄹ래(요)	갚을래(요)
-ㅂ/습니다	갚습니다	-아/어(요)	갚아(요)
-ㄴ/는다, -다	갚는다	-아/어라	갚아라
연결어미			
-거나	갚거나	-지만	갚지만
-거니와	갚거니와	-ㄴ/는다거나, -다거나	갚는다거나
-거든	갚거든	-ㄴ/는다고, -다고	갚는다고
-게	갚게	-ㄴ/는다면, -다면	갚는다면
-고	갚고	-는데, -(으)ㄴ데	갚는데
-고도	갚고도	-(으)나	갚으나
-고서	갚고서	-(으)니	갚으니
-고자	갚고자	-(으)니까	갚으니까
-기에	갚기에	-(으)ㄹ래야	갚을래야
-느라	갚느라	-(으)러	갚으러
-느라고	갚느라고	-(으)려고	갚으려고
-다가	갚다가	-(으)면	갚으면
-다시피	갚다시피	-(으)면서	갚으면서
-더니	갚더니	-(으)므로	갚으므로
-더라도	갚더라도	-아/어	갚아
-던데	갚던데	-아/어도	갚아도
-도록	갚도록	-아/어서	갚아서
-든지	갚든지	-아/어야	갚아야
-듯이	갚듯이	-아/어야지	갚아야지
-자마자	갚자마자	-았/었더니	갚았더니
전성어미			
-는	갚는	-(으)ㄴ	갚은
-던	갚던	-(으)ㄹ	갚을
선어말어미			

선어말어미 + -고		선어말어미 + -(으)며	
-(으)시-	갚으시고	-(으)시-	갚으시며
-겠-	갚겠고	-겠-	갚겠으며
-았/었-	갚았고	-았/었-	갚았으며
-(으)시었-	갚으셨고	-(으)시었-	갚으셨으며
-(으)시겠-	갚으시겠고	-(으)시겠-	갚으시겠으며
-(으)시었겠-	갚으셨겠고	-(으)시었겠-	갚으셨겠으며
선어말어미 + -아/어(요)		**선어말어미 + -ㅂ/습니다**	
-(으)시-	갚으세요	-(으)시-	갚으십니다
-겠-	갚겠어요	-겠-	갚겠습니다
-았/었-	갚았어요	-았/었-	갚았습니다
-(으)시었-	갚으셨어요	-(으)시었-	갚으셨습니다
-(으)시겠-	갚으시겠어요	-(으)시겠-	갚으시겠습니다
-(으)시었겠-	갚으셨겠어요	-(으)시었겠-	갚으셨겠습니다

동일 유형 용언:
되갚다

활용과 발음

- '갚다'의 어간 '갚'은 양성모음 '아'를 가지므로 '아/어'로 시작하는 어미 중 '아'로 시작하는 어미와 결합하여 '갚아(요)', '갚았고'와 같이 활용하고 '[가파(요)]', '[가팓꼬]'와 같이 연음하여 발음한다.
- '갚다'는 자음으로 끝나므로 매개모음 '으'로 시작하는 어미와 결합하여 '갚으세요', '갚으며'와 같이 활용하고 '[가프세요]', '[가프며]'와 같이 연음하여 발음한다.
- '갚다'는 'ㄱ, ㄷ, ㅅ, ㅈ'과 같은 자음으로 시작하는 어미와 결합하여 '갚고, 갚다, 갚습니다, 갚지'와 같이 활용하면 '[갑꼬], [갑따], [갑씀니다], [갑찌]'와 같이 발음한다.
- '갚다'는 'ㄴ'으로 시작하는 어미와 결합하여 '갚는'과 같이 활용할 때는 '[감는]'과 같이 발음한다.

높다 [놉따] [nopťa] 형용사: high, tall

종결어미			
-거든(요)	높거든(요)	-(으)세요	높으세요
-네(요)	높네(요)	-(으)ㄹ걸(요)	높을걸(요)
-자	~~높자~~	-(으)ㄹ게(요)	~~높을게(요)~~
-잖아(요)	높잖아(요)	-(으)ㄹ까(요)	~~높을까(요)~~
-지(요)	높지(요)	-(으)ㄹ래(요)	~~높을래(요)~~
-ㅂ/습니다	높습니다	-아/어(요)	높아(요)
-ㄴ/는다, -다	높다	-아/어라	~~높아라~~

연결어미			
-거나	높거나	-지만	높지만
-거니와	높거니와	-ㄴ/는다거나, -다거나	높다거나
-거든	높거든	-ㄴ/는다고, -다고	높다고
-게	높게	-ㄴ/는다면, -다면	높다면
-고	높고	-는데, -(으)ㄴ데	높은데
-고도	높고도	-(으)나	높으나
-고서	~~높고서~~	-(으)니	높으니
-고자	~~높고자~~	-(으)니까	높으니까
-기에	높기에	-(으)ㄹ래야	~~높을래야~~
-느라	~~높느라~~	-(으)러	~~높으라~~
-느라고	~~높느라고~~	-(으)려고	~~높으려고~~
-다가	~~높다가~~	-(으)면	높으면
-다시피	~~높다시피~~	-(으)면서	높으면서
-더니	높더니	-(으)므로	높으므로
-더라도	높더라도	-아/어	높아
-던데	높던데	-아/어도	높아도
-도록	~~높도록~~	-아/어서	높아서
-든지	높든지	-아/어야	높아야
-듯이	높듯이	-아/어야지	높아야지
-자마자	~~높자마자~~	-았/었더니	~~높았더니~~

전성어미			
-는	~~높는~~	-(으)ㄴ	높은
-던	높던	-(으)ㄹ	높을

선어말어미			

선어말어미 + -고		선어말어미 + -(으)며	
-(으)시-	높으시고	-(으)시-	높으시며
-겠-	높겠고	-겠-	높겠으며
-았/었-	높았고	-았/었-	높았으며
-(으)시었-	높으셨고	-(으)시었-	높으셨으며
-(으)시겠-	높으시겠고	-(으)시겠-	높으시겠으며
-(으)시었겠-	높으셨겠고	-(으)시었겠-	높으셨겠으며
선어말어미 + -아/어(요)		**선어말어미 + -ㅂ/습니다**	
-(으)시-	높으세요	-(으)시-	높으십니다
-겠-	높겠어요	-겠-	높겠습니다
-았/었-	높았어요	-았/었-	높았습니다
-(으)시었-	높으셨어요	-(으)시었-	높으셨습니다
-(으)시겠-	높으시겠어요	-(으)시겠-	높으시겠습니다
-(으)시었겠-	높으셨겠어요	-(으)시었겠-	높으셨겠습니다

동일 유형 용언:

드높다

활용과 발음

- '높다'는 형용사이므로, 동사와만 결합하는 종결어미, 연결어미, 관형사형 어미와는 결합하지 못한다.
- '높다'의 어간 '높'은 양성모음 '오'를 가지므로 '아/어'로 시작하는 어미 중 '아'로 시작하는 어미와 결합하여 '높아(요)', '높았고'와 같이 활용하고 '[노파(요)]', '[노팓꼬]'와 같이 연음하여 발음한다.
- '높다'는 자음으로 끝나므로 매개모음 '으'로 시작하는 어미와 결합하여 '높으세요', '높으며'와 같이 활용하고 '[노프세요]', '[노프며]'와 같이 연음하여 발음한다.
- '높다'는 'ㄱ, ㄷ, ㅅ, ㅈ'과 같은 자음으로 시작하는 어미와 결합하여 '높고, 높다, 높습니다, 높지'와 같이 활용하면 '[놉꼬], [놉따], [놉씀니다], [놉찌]'와 같이 발음한다.
- '높다'는 'ㄴ'으로 시작하는 어미와 결합하여 '높네'와 같이 활용할 때는 '[놈네]'와 같이 발음한다.

짚다 [집따] [tsipt͈a] 동사: put, rest

종결어미			
-거든(요)	짚거든(요)	-(으)세요	짚으세요
-네(요)	짚네(요)	-(으)ㄹ걸(요)	짚을걸(요)
-자	짚자	-(으)ㄹ게(요)	짚을게(요)
-잖아(요)	짚잖아(요)	-(으)ㄹ까(요)	짚을까(요)
-지(요)	짚지(요)	-(으)ㄹ래(요)	짚을래(요)
-ㅂ/습니다	짚습니다	-아/어(요)	짚어(요)
-ㄴ/는다, -다	짚는다	-아/어라	짚어라
연결어미			
-거나	짚거나	-지만	짚지만
-거니와	짚거니와	-ㄴ/는다거나, -다거나	짚는다거나
-거든	짚거든	-ㄴ/는다고, -다고	짚는다고
-게	짚게	-ㄴ/는다면, -다면	짚는다면
-고	짚고	-는데, -(으)ㄴ데	짚는데
-고도	짚고도	-(으)나	짚으나
-고서	짚고서	-(으)니	짚으니
-고자	짚고자	-(으)니까	짚으니까
-기에	짚기에	-(으)ㄹ래야	짚을래야
-느라	짚느라	-(으)러	짚으러
-느라고	짚느라고	-(으)려고	짚으려고
-다가	짚다가	-(으)면	짚으면
-다시피	짚다시피	-(으)면서	짚으면서
-더니	짚더니	-(으)므로	짚으므로
-더라도	짚더라도	-아/어	짚어
-던데	짚던데	-아/어도	짚어도
-도록	짚도록	-아/어서	짚어서
-든지	짚든지	-아/어야	짚어야
-듯이	짚듯이	-아/어야지	짚어야지
-자마자	짚자마자	-았/었더니	짚었더니
전성어미			
-는	짚는	-(으)ㄴ	짚은
-던	짚던	-(으)ㄹ	짚을
선어말어미			

선어말어미 + -고		선어말어미 + -(으)며	
-(으)시-	짚으시고	-(으)시-	짚으시며
-겠-	짚겠고	-겠-	짚겠으며
-았/었-	짚었고	-았/었-	짚었으며
-(으)시었-	짚으셨고	-(으)시었-	짚으셨으며
-(으)시겠-	짚으시겠고	-(으)시겠-	짚으시겠으며
-(으)시었겠-	짚으셨겠고	-(으)시었겠-	짚으셨겠으며
선어말어미 + -아/어(요)		선어말어미 + -ㅂ/습니다	
-(으)시-	짚으세요	-(으)시-	짚으십니다
-겠-	짚겠어요	-겠-	짚겠습니다
-았/었-	짚었어요	-았/었-	짚었습니다
-(으)시었-	짚으셨어요	-(으)시었-	짚으셨습니다
-(으)시겠-	짚으시겠어요	-(으)시겠-	짚으시겠습니다
-(으)시었겠-	짚으셨겠어요	-(으)시었겠-	짚으셨겠습니다

동일 유형 용언:

덮다, 되짚다, 뒤덮다, 뒤엎다, 엎다

활용과 발음

- '짚다'의 어간 '짚'은 음성모음 '이'를 가지므로 '아/어'로 시작하는 어미 중 '어'로 시작하는 어미와 결합하여 '짚어(요)', '짚었고'와 같이 활용하고 '[지퍼(요)]', '[지펀꼬]'와 같이 연음하여 발음한다.
- '짚다'는 자음으로 끝나므로 매개모음 '으'로 시작하는 어미와 결합하여 '짚으세요', '짚으며'와 같이 활용하고 '[지프세요]', '[지프며]'와 같이 연음하여 발음한다.
- '짚다'는 'ㄱ, ㄷ, ㅅ, ㅈ'과 같은 자음으로 시작하는 어미와 결합하여 '짚고, 짚다, 짚습니다, 짚지'와 같이 활용하면 '[집꼬], [집따], [집씀니다], [집찌]'와 같이 발음한다.
- '짚다'는 'ㄴ'으로 시작하는 어미와 결합하여 '짚는'과 같이 활용할 때는 '[짐는]'과 같이 발음한다.

깊다 [깁따] [kipˈta] 형용사: deep

종결어미			
-거든(요)	깊거든(요)	-(으)세요	깊으세요
-네(요)	깊네(요)	-(으)ㄹ걸(요)	깊을걸(요)
-자	깊자	-(으)ㄹ게(요)	깊을게(요)
-잖아(요)	깊잖아(요)	-(으)ㄹ까(요)	깊을까(요)
-지(요)	깊지(요)	-(으)ㄹ래(요)	깊을래(요)
-ㅂ/습니다	깊습니다	-아/어(요)	깊어(요)
-ㄴ/는다, -다	깊다	-아/어라	깊어라
연결어미			
-거나	깊거나	-지만	깊지만
-거니와	깊거니와	-ㄴ/는다거나, -다거나	깊다거나
-거든	깊거든	-ㄴ/는다고, -다고	깊다고
-게	깊게	-ㄴ/는다면, -다면	깊다면
-고	깊고	-는데, -(으)ㄴ데	깊은데
-고도	깊고도	-(으)나	깊으나
-고서	깊고서	-(으)니	깊으니
-고자	깊고자	-(으)니까	깊으니까
-기에	깊기에	-(으)ㄹ래야	깊을래야
-느라	깊느라	-(으)러	깊으라
-느라고	깊느라고	-(으)려고	깊으려고
-다가	깊다가	-(으)면	깊으면
-다시피	깊다시피	-(으)면서	깊으면서
-더니	깊더니	-(으)므로	깊으므로
-더라도	깊더라도	-아/어	깊어
-던데	깊던데	-아/어도	깊어도
-도록	깊도록	-아/어서	깊어서
-든지	깊든지	-아/어야	깊어야
-듯이	깊듯이	-아/어야지	깊어야지
-자마자	깊자마자	-았/었더니	깊었더니
전성어미			
-는	깊는	-(으)ㄴ	깊은
-던	깊던	-(으)ㄹ	깊을
선어말어미			

선어말어미 + -고		선어말어미 + -(으)며	
-(으)시-	깊으시고	-(으)시-	깊으시며
-겠-	깊겠고	-겠-	깊겠으며
-았/었-	깊었고	-았/었-	깊었으며
-(으)시었-	깊으셨고	-(으)시었-	깊으셨으며
-(으)시겠-	깊으시겠고	-(으)시겠-	깊으시겠으며
-(으)시었겠-	깊으셨겠고	-(으)시었겠-	깊으셨겠으며

선어말어미 + -아/어(요)		선어말어미 + -ㅂ/습니다	
-(으)시-	깊으세요	-(으)시-	깊으십니다
-겠-	깊겠어요	-겠-	깊겠습니다
-았/었-	깊었어요	-았/었-	깊었습니다
-(으)시었-	깊으셨어요	-(으)시었-	깊으셨습니다
-(으)시겠-	깊으시겠어요	-(으)시겠-	깊으시겠습니다
-(으)시었겠-	깊으셨겠어요	-(으)시었겠-	깊으셨겠습니다

동일 유형 용언:
깊디깊다, 뜻깊다, 웅숭깊다

활용과 발음
- '깊다'는 형용사이므로, 동사와만 결합하는 종결어미, 연결어미, 관형사형 어미와는 결합하지 못한다.
- '깊다'의 어간 '깊'은 음성모음 '이'를 가지므로 '아/어'로 시작하는 어미 중 '어'로 시작하는 어미와 결합하여 '깊어(요)', '깊었고'와 같이 활용하고 '[기퍼(요)]', '[기펃꼬]'와 같이 연음하여 발음한다.
- '깊다'는 자음으로 끝나므로 매개모음 '으'로 시작하는 어미와 결합하여 '깊으세요', '깊으며'와 같이 활용하고 '[기프세요]', '[기프며]'와 같이 연음하여 발음한다.
- '깊다'는 'ㄱ, ㄷ, ㅅ, ㅈ'과 같은 자음으로 시작하는 어미와 결합하여 '깊고, 깊다, 깊습니다, 깊지'와 같이 활용하면 '[깁꼬], [깁따], [깁씀니다], [깁찌]'와 같이 발음한다.
- '깊다'는 'ㄴ'으로 시작하는 어미와 결합하여 '깊네'와 같이 활용할 때는 '[김네]'와 같이 발음한다.

놓다 [노타] [notʰa] 동사: lay, put, place

종결어미			
-거든(요)	놓거든(요)	-(으)세요	놓으세요
-네(요)	놓네(요)	-(으)ㄹ걸(요)	놓을걸(요)
-자	놓자	-(으)ㄹ게(요)	놓을게(요)
-잖아(요)	놓잖아(요)	-(으)ㄹ까(요)	놓을까(요)
-지(요)	놓지(요)	-(으)ㄹ래(요)	놓을래(요)
-ㅂ/습니다	놓습니다	-아/어(요)	놓아(요)
-ㄴ/는다, -다	놓는다	-아/어라	놓아라
연결어미			
-거나	놓거나	-지만	놓지만
-거니와	놓거니와	-ㄴ/는다거나, -다거나	놓는다거나
-거든	놓거든	-ㄴ/는다고, -다고	놓는다고
-게	놓게	-ㄴ/는다면, -다면	놓는다면
-고	놓고	-는데, -(으)ㄴ데	놓는데
-고도	놓고도	-(으)나	놓으나
-고서	놓고서	-(으)니	놓으니
-고자	놓고자	-(으)니까	놓으니까
-기에	놓기에	-(으)ㄹ래야	놓을래야
-느라	놓느라	-(으)러	놓으러
-느라고	놓느라고	-(으)려고	놓으려고
-다가	놓다가	-(으)면	놓으면
-다시피	놓다시피	-(으)면서	놓으면서
-더니	놓더니	-(으)므로	놓으므로
-더라도	놓더라도	-아/어	놓아
-던데	놓던데	-아/어도	놓아도
-도록	놓도록	-아/어서	놓아서
-든지	놓든지	-아/어야	놓아야
-듯이	놓듯이	-아/어야지	놓아야지
-자마자	놓자마자	-았/었더니	놓았더니
전성어미			
-는	놓는	-(으)ㄴ	놓은
-던	놓던	-(으)ㄹ	놓을
선어말어미			

선어말어미 + -고		선어말어미 + -(으)며	
-(으)시-	놓으시고	-(으)시-	놓으시며
-겠-	놓겠고	-겠-	놓겠으며
-았/었-	놓았고	-았/었-	놓았으며
-(으)시었-	놓으셨고	-(으)시었-	놓으셨으며
-(으)시겠-	놓으시겠고	-(으)시겠-	놓으시겠으며
-(으)시었겠-	놓으셨겠고	-(으)시었겠-	놓으셨겠으며
선어말어미 + -아/어(요)		선어말어미 + -ㅂ/습니다	
-(으)시-	놓으세요	-(으)시-	놓으십니다
-겠-	놓겠어요	-겠-	놓겠습니다
-았/었-	놓았어요	-았/었-	놓았습니다
-(으)시었-	놓으셨어요	-(으)시었-	놓으셨습니다
-(으)시겠-	놓으시겠어요	-(으)시겠-	놓으시겠습니다
-(으)시었겠-	놓으셨겠어요	-(으)시었겠-	놓으셨겠습니다

동일 유형 용언:

낳다, 내놓다, 내려놓다, 늘어놓다, 닿다, 들여놓다, 빼놓다, 쌓다, 올려놓다, 터놓다, 털어놓다, 풀어놓다

활용과 발음

- '놓다'의 어간 '놓'은 양성모음 '오'를 가지므로 '아/어'로 시작하는 어미 중 '아'로 시작하는 어미와 결합하여 '놓아(요)', '놓았고'와 같이 활용하고 '[노아(요)]', '[노앋꼬]'와 같이 연음하여 발음한다. 'ㅎ'은 탈락하여 발음되지 않는다.
- '놓다'는 자음으로 끝나므로 매개모음 '으'로 시작하는 어미와 결합하여 '놓으세요', '놓으며'와 같이 활용하고 '[노으세요]', '[노으며]'와 같이 'ㅎ'을 탈락시켜 발음한다.
- '놓다'는 ㄱ, ㄷ, ㅈ으로 시작하는 어미와 결합하면 'ㅎ'이 'ㄱ, ㄷ, ㅈ'과 축약되어 'ㅋ, ㅌ, ㅊ'으로 발음된다. '놓고, 놓다, 놓지'는 '[노코], [노타], [노치]'로 발음한다.
- '놓다'는 '-습니다'와 결합하여 '놓습니다'로 활용할 때는 '[노씀니다]'와 같이 발음한다.
- '놓다'는 'ㄴ'으로 시작하는 어미와 결합하여 '놓는'과 같이 활용할 때는 '[논는]'과 같이 발음한다.

좋다 [조타] [tsotʰa] 형용사: good, fine, nice

종결어미			
-거든(요)	좋거든(요)	-(으)세요	좋으세요
-네(요)	좋네(요)	-(으)ㄹ걸(요)	좋을걸(요)
-자	좋자	-(으)ㄹ게(요)	좋을게(요)
-잖아(요)	좋잖아(요)	-(으)ㄹ까(요)	좋을까(요)
-지(요)	좋지(요)	-(으)ㄹ래(요)	좋을래(요)
-ㅂ/습니다	좋습니다	-아/어(요)	좋아(요)
-ㄴ/는다, -다	좋다	-아/어라	좋아라
연결어미			
-거나	좋거나	-지만	좋지만
-거니와	좋거니와	-ㄴ/는다거나, -다거나	좋다거나
-거든	좋거든	-ㄴ/는다고, -다고	좋다고
-게	좋게	-ㄴ/는다면, -다면	좋다면
-고	좋고	-는데, -(으)ㄴ데	좋은데
-고도	좋고도	-(으)나	좋으나
-고서	좋고서	-(으)니	좋으니
-고자	좋고자	-(으)니까	좋으니까
-기에	좋기에	-(으)ㄹ래야	좋을래야
-느라	좋느라	-(으)러	좋으라
-느라고	좋느라고	-(으)려고	좋으려고
-다가	좋다가	-(으)면	좋으면
-다시피	좋다시피	-(으)면서	좋으면서
-더니	좋더니	-(으)므로	좋으므로
-더라도	좋더라도	-아/어	좋아
-던데	좋던데	-아/어도	좋아도
-도록	좋도록	-아/어서	좋아서
-든지	좋든지	-아/어야	좋아야
-듯이	좋듯이	-아/어야지	좋아야지
-자마자	좋자마자	-았/었더니	좋았더나
전성어미			
-는	좋는	-(으)ㄴ	좋은
-던	좋던	-(으)ㄹ	좋을
선어말어미			
선어말어미 + -고		선어말어미 + -(으)며	

-(으)시-	좋으시고	-(으)시-	좋으시며
-겠-	좋겠고	-겠-	좋겠으며
-았/었-	좋았고	-았/었-	좋았으며
-(으)시었-	좋으셨고	-(으)시었-	좋으셨으며
-(으)시겠-	좋으시겠고	-(으)시겠-	좋으시겠으며
-(으)시었겠-	좋으셨겠고	-(으)시었겠-	좋으셨겠으며
선어말어미 + -아/어(요)		**선어말어미 + -ㅂ/습니다**	
-(으)시-	좋으세요	-(으)시-	좋으십니다
-겠-	좋겠어요	-겠-	좋겠습니다
-았/었-	좋았어요	-았/었-	좋았습니다
-(으)시었-	좋으셨어요	-(으)시었-	좋으셨습니다
-(으)시겠-	좋으시겠어요	-(으)시겠-	좋으시겠습니다
-(으)시었겠-	좋으셨겠어요	-(으)시었겠-	좋으셨겠습니다

동일 유형 용언:
사이좋다

활용과 발음

- '좋다'는 형용사이므로, 동사와만 결합하는 종결어미, 연결어미, 관형 사형 어미와는 결합하지 못한다.
- '좋다'의 어간 '좋'은 양성모음 '오'를 가지므로 '아/어'로 시작하는 어미 중 '아'로 시작하는 어미와 결합하여 '좋아(요)', '좋았고'와 같 이 활용하고 '[조아(요)]', '[조안꼬]'와 같이 연음하여 발음한다. 'ㅎ' 은 탈락하여 발음되지 않는다.
- '좋다'는 자음으로 끝나므로 매개모음 '으'로 시작하는 어미와 결합하 여 '좋세요', '좋으며'와 같이 활용하고 '[조으세요]', '[조으며]'와 같이 'ㅎ'을 탈락시켜 발음한다.
- '좋다'는 'ㄱ, ㄷ, ㅈ'으로 시작하는 어미와 결합하면 'ㅎ'이 축약되어 'ㅋ, ㅌ, ㅊ'으로 발음된다. '좋고, 좋다, 좋지'는 '[조코], [조타], [조 치]'로 발음한다.
- '좋다'는 '-습니다'와 결합하여 '좋습니다'로 활용할 때는 '[조씀니다]' 와 같이 발음한다.
- '좋다'는 'ㄴ'으로 시작하는 어미와 결합하여 '좋네'와 같이 활용할 때는 '[존네]'와 같이 발음한다.

넣다 [너:타] [nəːtʰa] 동사: put (sth in/into sth), insert

종결어미			
-거든(요)	넣거든(요)	-(으)세요	넣으세요
-네(요)	넣네(요)	-(으)ㄹ걸(요)	넣을걸(요)
-자	넣자	-(으)ㄹ게(요)	넣을게(요)
-잖아(요)	넣잖아(요)	-(으)ㄹ까(요)	넣을까(요)
-지(요)	넣지(요)	-(으)ㄹ래(요)	넣을래(요)
-ㅂ/습니다	넣습니다	-아/어(요)	넣어(요)
-ㄴ/는다, -다	넣는다	-아/어라	넣어라
연결어미			
-거나	넣거나	-지만	넣지만
-거니와	넣거니와	-ㄴ/는다거나, -다거나	넣는다거나
-거든	넣거든	-ㄴ/는다고, -다고	넣는다고
-게	넣게	-ㄴ/는다면, -다면	넣는다면
-고	넣고	-는데, -(으)ㄴ데	넣는데
-고도	넣고도	-(으)나	넣으나
-고서	넣고서	-(으)니	넣으니
-고자	넣고자	-(으)니까	넣으니까
-기에	넣기에	-(으)ㄹ래야	넣을래야
-느라	넣느라	-(으)러	넣으러
-느라고	넣느라고	-(으)려고	넣으려고
-다가	넣다가	-(으)면	넣으면
-다시피	넣다시피	-(으)면서	넣으면서
-더니	넣더니	-(으)므로	넣으므로
-더라도	넣더라도	-아/어	넣어
-던데	넣던데	-아/어도	넣어도
-도록	넣도록	-아/어서	넣어서
-든지	넣든지	-아/어야	넣어야
-듯이	넣듯이	-아/어야지	넣어야지
-자마자	넣자마자	-았/었더니	넣었더니
전성어미			
-는	넣는	-(으)ㄴ	넣은
-던	넣던	-(으)ㄹ	넣을
선어말어미			

선어말어미 + -고		선어말어미 + -(으)며	
-(으)시-	넣으시고	-(으)시-	넣으시며
-겠-	넣겠고	-겠-	넣겠으며
-았/었-	넣었고	-았/었-	넣었으며
-(으)시었-	넣으셨고	-(으)시었-	넣으셨으며
-(으)시겠-	넣으시겠고	-(으)시겠-	넣으시겠으며
-(으)시었겠-	넣으셨겠고	-(으)시었겠-	넣으셨겠으며

선어말어미 + -아/어(요)		선어말어미 + -ㅂ/습니다	
-(으)시-	넣으세요	-(으)시-	넣으십니다
-겠-	넣겠어요	-겠-	넣겠습니다
-았/었-	넣었어요	-았/었-	넣었습니다
-(으)시었-	넣으셨어요	-(으)시었-	넣으셨습니다
-(으)시겠-	넣으시겠어요	-(으)시겠-	넣으시겠습니다
-(으)시었겠-	넣으셨겠어요	-(으)시었겠-	넣으셨겠습니다

동일 유형 용언:

몰아넣다, 불어넣다, 집어넣다, 찧다

활용과 발음

- '넣다'의 어간 '넣'은 음성모음 '어'를 가지므로 '아/어'로 시작하는 어미 중 '어'로 시작하는 어미와 결합하여 '넣어(요)', '넣었고'와 같이 활용하고 '[너어(요)]', '[너얻꼬]'와 같이 연음하여 발음한다. 'ㅎ'은 탈락하여 발음되지 않는다.
- '넣다'는 자음으로 끝나므로 매개모음 '으'로 시작하는 어미와 결합하여 '넣으세요', '넣으며'와 같이 활용하고 '[너으세요]', '[너으며]'와 같이 'ㅎ'을 탈락시켜 발음한다.
- '넣다'를 'ㄱ, ㄷ, ㅈ'으로 시작하는 어미와 결합하면 'ㅎ'이 'ㄱ, ㄷ, ㅈ'과 축약되어 'ㅋ, ㅌ, ㅊ'으로 발음된다. '넣고, 넣다, 넣지'는 '[너:코], [너:타], [너:치]'로 발음한다.
- '넣다'는 '-습니다'와 결합하여 '넣습니다'로 활용할 때는 '[너:씀니다]'와 같이 발음한다.
- '넣다'는 'ㄴ'으로 시작하는 어미와 결합하여 '넣는'과 같이 활용할 때는 '[넌:는]'과 같이 발음한다.

빨갛다 [빨:가타] [pà:lgat^ha] 형용사: red, crimson, scarlet <ㅎ 불규칙>

종결어미			
-거든(요)	빨갛거든(요)	-(으)세요	빨가세요
-네(요)	빨가네(요)	-(으)ㄹ걸(요)	빨갈걸(요)
-자	빨갛자	-(으)ㄹ게(요)	빨갈게(요)
-잖아(요)	빨갛잖아(요)	-(으)ㄹ까(요)	빨갈까(요)
-지(요)	빨갛지(요)	-(으)ㄹ래(요)	빨갈래(요)
-ㅂ/습니다	빨갛습니다	-아/어(요)	빨개(요)
-ㄴ/는다, -다	빨갛다	-아/어라	빨개라
연결어미			
-거나	빨갛거나	-지만	빨갛지만
-거니와	빨갛거니와	-다거나	빨갛다거나
-거든	빨갛거든	-ㄴ/는다고, -다고	빨갛다고
-게	빨갛게	-ㄴ/는다면, -다면	빨갛다면
-고	빨갛고	-는데, -(으)ㄴ데	빨간데
-고도	빨갛고도	-(으)나	빨가나
-고서	빨갛고서	-(으)니	빨가니
-고자	빨갛고자	-(으)니까	빨가니까
-기에	빨갛기에	-(으)ㄹ래야	빨갈래야
-느라	빨갛느라	-(으)러	빨가러
-느라고	빨갛느라고	-(으)려고	빨가려고
-다가	빨갛다가	-(으)면	빨가면
-다시피	빨갛다시피	-(으)면서	빨가면서
-더니	빨갛더니	-(으)므로	빨가므로
-더라도	빨갛더라도	-아/어	빨개
-던데	빨갛던데	-아/어도	빨개도
-도록	빨갛도록	-아/어서	빨개서
-든지	빨갛든지	-아/어야	빨개야
-듯이	빨갛듯이	-아/어야지	빨개야지
-자마자	빨갛자마자	-았/었더니	빨갰더니
전성어미			
-는	빨갛는	-(으)ㄴ	빨간
-던	빨갛던	-(으)ㄹ	빨갈

선어말어미			
선어말어미 + -고		**선어말어미 + -(으)며**	
-(으)시-	빨가시고	-(으)시-	빨가시며
-겠-	빨갛겠고	-겠-	빨갛겠으며
-았/었-	빨갰고	-았/었-	빨갰으며
-(으)시었-	빨가셨고	-(으)시었-	빨가셨으며
-(으)시겠-	빨가시겠고	-(으)시겠-	빨가시겠으며
-(으)시었겠-	빨가셨겠고	-(으)시었겠-	빨가셨겠으며
선어말어미 + -아/어(요)		**선어말어미 + -ㅂ/습니다**	
-(으)시-	빨가세요	-(으)시-	빨가십니다
-겠-	빨갛겠어요	-겠-	빨갛겠습니다
-았/었-	빨갰어요	-았/었-	빨갰습니다
-(으)시었-	빨가셨어요	-(으)시었-	빨가셨습니다
-(으)시겠-	빨가시겠어요	-(으)시겠-	빨가시겠습니다
-(으)시었겠-	빨가셨겠어요	-(으)시었겠-	빨가셨겠습니다

동일 유형 용언:

가느다랗다, 까맣다, 노랗다, 동그랗다, 새까맣다, 새파랗다, 새하얗다, 조그맣다, 커다랗다, 파랗다, 하얗다

활용과 발음

- '빨갛다'는 형용사이므로, 동사와만 결합하는 종결어미, 연결어미, 관형사형 어미와는 결합하지 못한다.
- '빨갛다'는 불규칙 용언이므로 '아'로 시작하는 어미와 결합하면 어간과 어미가 융합되어 '애'가 된다. '빨갛+아(요)'는 '빨개요[빨:개요]'로 활용한다. 이때 'ㅎ'은 탈락되어 발음되지 않는다.
- '빨갛다'는 매개모음으로 시작하는 어미와 결합하면 'ㅎ'이 탈락하고 매개모음도 실현되지 않는다. '빨갛+으며'는 '빨가며[빨:가며]'로 활용한다.
- '빨갛다'가 'ㄱ, ㄷ, ㅈ'으로 시작하는 어미와 결합하면 'ㅎ'이 'ㄱ, ㄷ, ㅈ'과 축약되어 'ㅋ, ㅌ, ㅊ'으로 발음된다. '빨갛고, 빨갛다, 빨갛지'는 '[빨:가코], [빨:가타], [빨:가치]'로 발음한다.
- '빨갛다'가 '-습니다'와 결합하여 '빨갛습니다'로 활용할 때는 '[빨:가

씀니다]'와 같이 발음한다.
- '빨갛다'가 종결어미 '-네(요)'와 결합하면 '빨가네(요)[빨:가네요]' 또는 '빨갛네(요)[빨:간네요]'와 같이 활용한다.

벌겋다 [벌ː거타] [pʌːlgʌtʰa] 형용사: flushed, ruddy, red <ㅎ 불규칙>

종결어미			
-거든(요)	벌겋거든(요)	-(으)세요	벌거세요
-네(요)	벌거네(요)	-(으)ㄹ걸(요)	벌걸걸(요)
-자	벌겋자	-(으)ㄹ게(요)	벌걸게(요)
-잖아(요)	벌겋잖아(요)	-(으)ㄹ까(요)	벌걸까(요)
-지(요)	벌겋지(요)	-(으)ㄹ래(요)	벌걸래(요)
-ㅂ/습니다	벌겋습니다	-아/어(요)	벌게(요)
-ㄴ/는다, -다	벌겋다	-아/어라	벌개라
연결어미			
-거나	벌겋거나	-지만	벌겋지만
-거니와	벌겋거니와	-ㄴ/는다거나, -다거나	벌겋다거나
-거든	벌겋거든	-ㄴ/는다고, -다고	벌겋다고
-게	벌겋게	-ㄴ/는다면, -다면	벌겋다면
-고	벌겋고	-는데, -(으)ㄴ데	벌건데
-고도	벌겋고도	-(으)나	벌거나
-고서	벌겋고서	-(으)니	벌거니
-고자	벌겋고자	-(으)니까	벌거니까
-기에	벌겋기에	-(으)ㄹ래야	벌걸래야
-느라	벌겋느라	-(으)러	벌거라
-느라고	벌겋느라고	-(으)려고	벌거려고
-다가	벌겋다가	-(으)면	벌거면
-다시피	벌겋다시피	-(으)면서	벌거면서
-더니	벌겋더니	-(으)므로	벌거므로
-더라도	벌겋더라도	-아/어	벌게
-던데	벌겋던데	-아/어도	벌게도
-도록	벌겋도록	-아/어서	벌게서
-든지	벌겋든지	-아/어야	벌게야
-듯이	벌겋듯이	-아/어야지	벌게야지
-자마자	벌겋자마자	-았/었더니	벌겠더니
전성어미			
-는	벌겋는	-(으)ㄴ	벌건
-던	벌겋던	-(으)ㄹ	벌걸
선어말어미			

선어말어미 + -고		선어말어미 + -(으)며	
-(으)시-	벌거시고	-(으)시-	벌거시며
-겠-	벌겋겠고	-겠-	벌겋겠으며
-았/었-	벌겠고	-았/었-	벌겠으며
-(으)시었-	벌거셨고	-(으)시었-	벌거셨으며
-(으)시겠-	벌거시겠고	-(으)시겠-	벌거시겠으며
-(으)시었겠-	벌거셨겠고	-(으)시었겠-	벌거셨겠으며
선어말어미 + -아/어(요)		**선어말어미 + -ㅂ/습니다**	
-(으)시-	벌거세요	-(으)시-	벌거십니다
-겠-	벌겋겠어요	-겠-	벌겋겠습니다
-았/었-	벌겠어요	-았/었-	벌겠습니다
-(으)시었-	벌거셨어요	-(으)시었-	벌거셨습니다
-(으)시겠-	벌거시겠어요	-(으)시겠-	벌거시겠습니다
-(으)시었겠-	벌거셨겠어요	-(으)시었겠-	벌거셨겠습니다

동일 유형 용언:

누렇다, 둥그렇다, 시커멓다

활용과 발음

- '벌겋다'는 형용사이므로, 동사와만 결합하는 종결어미, 연결어미, 관형사형 어미와는 결합하지 못한다.
- '벌겋다'는 불규칙 용언이므로 '어'로 시작하는 어미와 결합하면 어간과 어미가 융합되어 '에'가 된다. '벌겋+아/어(요)'는 '벌게(요)[벌:게요]'로 활용한다. 이때 'ㅎ'은 탈락되어 발음되지 않는다.
- '벌겋다'는 매개모음으로 시작하는 어미와 결합하면 'ㅎ'이 탈락하고 매개모음도 실현되지 않는다. '벌겋+으며'는 '벌거며[벌:거며]'로 활용한다.
- '벌겋다'가 'ㄱ, ㄷ, ㅈ'으로 시작하는 어미와 결합하면 'ㅎ'이 'ㄱ, ㄷ, ㅈ'과 축약되어 'ㅋ, ㅌ, ㅊ'으로 발음된다. '벌겋고, 벌겋다, 벌겋지'는 '[벌:거코], [벌:거타], [벌:거치]'로 발음한다.
- '벌겋다'가 '-습니다'와 결합하여 '벌겋습니다'로 활용할 때는 '[벌:거씀니다]'와 같이 발음한다.
- '벌겋다'가 종결어미 '-네(요)'와 결합하면 '벌거네(요)[벌:거네요]' 또는 '벌겋네(요)[벌:건네요]'와 같이 활용한다.

하얗다 [하:야타] [ha:jatʰa] 형용사: white, pale <ㅎ 불규칙>

종결어미			
-거든(요)	하얗거든(요)	-(으)세요	하야세요
-네(요)	하야네(요)	-(으)ㄹ걸(요)	하얄걸(요)
-자	하얗자	-(으)ㄹ게(요)	하얄게(요)
-잖아(요)	하얗잖아(요)	-(으)ㄹ까(요)	하얄까(요)
-지(요)	하얗지(요)	-(으)ㄹ래(요)	하얄래(요)
-ㅂ/습니다	하얗습니다	-아/어(요)	하얘(요)
-ㄴ/는다, -다	하얗다	-아/어라	하얘라

연결어미			
-거나	하얗거나	-지만	하얗지만
-거니와	하얗거니와	-ㄴ/는다거나, -다거나	하얗다거나
-거든	하얗거든	-ㄴ/는다고, -다고	하얗다고
-게	하얗게	-ㄴ/는다면, -다면	하얗다면
-고	하얗고	-는데, -(으)ㄴ데	하얀데
-고도	하얗고도	-(으)나	하야나
-고서	하얗고서	-(으)니	하야니
-고자	하얗고자	-(으)니까	하야니까
-기에	하얗기에	-(으)ㄹ래야	하얄래야
-느라	하얗느라	-(으)러	하야라
-느라고	하얗느라고	-(으)려고	하야려고
-다가	하얗다가	-(으)면	하야면
-다시피	하얗다시피	-(으)면서	하야면서
-더니	하얗더니	-(으)므로	하야므로
-더라도	하얗더라도	-아/어	하얘
-던데	하얗던데	-아/어도	하얘도
-도록	하얗도록	-아/어서	하얘서
-든지	하얗든지	-아/어야	하얘야
-듯이	하얗듯이	-아/어야지	하얘야지
-자마자	하얗자마자	-았/었더니	하얬더니

전성어미			
-는	하얗는	-(으)ㄴ	하얀
-던	하얗던	-(으)ㄹ	하얄

선어말어미			
선어말어미 + -고		선어말어미 + -(으)며	

-(으)시-	하야시고	-(으)시-	하야시며
-겠-	하얗겠고	-겠-	하얗겠으며
-았/었-	하얬고	-았/었-	하얬으며
-(으)시었-	하야셨고	-(으)시었-	하야셨으며
-(으)시겠-	하야시겠고	-(으)시겠-	하야시겠으며
-(으)시었겠-	하야셨겠고	-(으)시었겠-	하야셨겠으며
선어말어미 + -아/어(요)		**선어말어미 + -ㅂ/습니다**	
-(으)시-	하야세요	-(으)시-	하야십니다
-겠-	하얗겠어요	-겠-	하얗겠습니다
-았/었-	하얬어요	-았/었-	하얬습니다
-(으)시었-	하야셨어요	-(으)시었-	하야셨습니다
-(으)시겠-	하야시겠어요	-(으)시겠-	하야시겠습니다
-(으)시었겠-	하야셨겠어요	-(으)시었겠-	하야셨겠습니다

동일 유형 용언:

새하얗다

활용과 발음

- '하얗다'는 형용사이므로, 동사와만 결합하는 종결어미, 연결어미, 관형사형 어미와는 결합하지 못한다.
- '하얗다'는 불규칙 용언이므로 '아'로 시작하는 어미와 결합하면 어간과 어미가 융합되어 '하얘'가 된다. '하얗+아(요)'는 '하얘(요)[하:얘요]'로 활용한다. 이때 'ㅎ'은 탈락되어 발음되지 않는다.
- '하얗다'는 매개모음으로 시작하는 어미와 결합하면 'ㅎ'이 탈락하고 매개모음도 실현되지 않는다. '하얗+으며'는 '하야며[하:야며]'로 활용한다.
- '하얗다'가 'ㄱ, ㄷ, ㅈ'으로 시작하는 어미와 결합하면 'ㅎ'이 'ㄱ, ㄷ, ㅈ'과 축약되어 'ㅋ, ㅌ, ㅊ'으로 발음된다. '하얗고, 하얗다, 하얗지'는 '[하:야코], [하:야타], [하:야치]'로 발음한다.
- '하얗다'가 '-습니다'와 결합하여 '하얗습니다'로 활용할 때는 '[하:야씀니다]'와 같이 발음한다.
- '하얗다'가 종결어미 '-네(요)'와 결합하면 '하야네(요)[하:야네요]' 또는 '하얗네(요)[하:얀네요]'와 같이 활용한다.

허옇다 [허:여타] [hʌːyʌtʰa] 형용사: very white, pure white, quite pale <ㅎ **불규칙**>

종결어미			
-거든(요)	허옇거든(요)	-(으)세요	허여세요
-네(요)	허여네(요)	-(으)ㄹ걸(요)	허열걸(요)
-자	~~허옇자~~	-(으)ㄹ게(요)	~~허열게(요)~~
-잖아(요)	허옇잖아(요)	-(으)ㄹ까(요)	~~허열까(요)~~
-지(요)	허옇지(요)	-(으)ㄹ래(요)	~~허열래(요)~~
-ㅂ/습니다	허옇습니다	-아/어(요)	허예요
-ㄴ/는다, -다	허옇다	-아/어라	~~허예라~~
연결어미			
-거나	허옇거나	-지만	허옇지만
-거니와	허옇거니와	-ㄴ/는다거나, -다거나	허옇다거나
-거든	허옇거든	-ㄴ/는다고, -다고	허옇다고
-게	허옇게	-ㄴ/는다면, -다면	허옇다면
-고	허옇고	-는데, -(으)ㄴ데	허연데
-고도	허옇고도	-(으)나	허여나
-고서	~~허옇고서~~	-(으)니	허여니
-고자	~~허옇고자~~	-(으)니까	허여니까
-기에	허옇기에	-(으)ㄹ래야	~~허열래야~~
-느라	~~허옇느라~~	-(으)러	~~허여라~~
-느라고	~~허옇느라고~~	-(으)려고	~~허여려고~~
-다가	~~허옇다가~~	-(으)면	허여면
-다시피	~~허옇다시피~~	-(으)면서	허여면서
-더니	허옇더니	-(으)므로	허여므로
-더라도	허옇더라도	-아/어	허예
-던데	허옇던데	-아/어도	허예도
-도록	~~허옇도록~~	-아/어서	허예서
-든지	허옇든지	-아/어야	허예야
-듯이	허옇듯이	-아/어야지	허예야지
-자마자	~~허옇자마자~~	-았/었더니	~~허옜더니~~
전성어미			
-는	~~허옇는~~	-(으)ㄴ	허연
-던	허옇던	-(으)ㄹ	허열
선어말어미			

선어말어미 + -고		선어말어미 + -(으)며	
-(으)시-	허여시고	-(으)시-	허여시며
-겠-	허옇겠고	-겠-	허옇겠으며
-았/었-	허옜고	-았/었-	허옜으며
-(으)시었-	허여셨고	-(으)시었-	허여셨으며
-(으)시겠-	허여시겠고	-(으)시겠-	허여시겠으며
-(으)시었겠-	허여셨겠고	-(으)시었겠-	허여셨겠으며
선어말어미 + -아/어(요)		선어말어미 + -ㅂ/습니다	
-(으)시-	허여세요	-(으)시-	허여십니다
-겠-	허옇겠어요	-겠-	허옇겠습니다
-았/었-	허옜어요	-았/었-	허옜습니다
-(으)시었-	허여셨어요	-(으)시었-	허여셨습니다
-(으)시겠-	허여시겠어요	-(으)시겠-	허여시겠습니다
-(으)시었겠-	허여셨겠어요	-(으)시었겠-	허여셨겠습니다

동일 유형 용언:

시허옇다

활용과 발음

- '허옇다'는 형용사이므로, 동사와만 결합하는 종결어미, 연결어미, 관형사형 어미와는 결합하지 못한다.
- '허옇다'는 불규칙 용언이므로 '어'로 시작하는 어미와 결합하면 어간과 어미가 융합되어 '예'가 된다. '허옇+어(요)'는 '허예(요)[허:예요]'로 활용한다. 이때 'ㅎ'은 탈락되어 발음되지 않는다.
- '허옇다'는 매개모음으로 시작하는 어미와 결합하면 'ㅎ'이 탈락하고 매개모음도 실현되지 않는다. '허옇+으며'는 '허여며[허:여며]'로 활용한다.
- '허옇다'가 'ㄱ, ㄷ, ㅈ'으로 시작하는 어미와 결합하면 'ㅎ'이 'ㄱ, ㄷ, ㅈ'과 축약되어 'ㅋ, ㅌ, ㅊ'으로 발음된다. '허옇고, 허옇다, 허옇지'는 '[허:여코], [허:여타], [허:여치]'로 발음한다.
- '허옇다'가 '-습니다'와 결합하여 '허옇습니다'로 활용할 때는 '[허:여씀니다]'와 같이 발음한다.
- '허옇다'가 종결어미 '-네(요)'와 결합하면 '허여네(요)[허:여네요]' 또는 '허옇네(요)[허:연네요]'와 같이 활용한다.

이렇다 [이러타] [irʌtʰa] 형용사: be like this <ㅎ 불규칙>

종결어미			
-거든(요)	이렇거든(요)	-(으)세요	이러세요
-네(요)	이렇네(요)	-(으)ㄹ걸(요)	이럴걸(요)
-자	~~이렇자~~	-(으)ㄹ게(요)	~~이럴게(요)~~
-잖아(요)	이렇잖아(요)	-(으)ㄹ까(요)	~~이럴까(요)~~
-지(요)	이렇지(요)	-(으)ㄹ래(요)	~~이럴래(요)~~
-ㅂ/습니다	이렇습니다	-아/어(요)	이래(요)
-ㄴ/는다, -다	이렇다	-아/어라	~~이래라~~
연결어미			
-거나	이렇거나	-지만	이렇지만
-거니와	이렇거니와	-ㄴ/는다거나, -다거나	이렇다거나
-거든	이렇거든	-ㄴ/는다고, -다고	이렇다고
-게	이렇게	-ㄴ/는다면, -다면	이렇다면
-고	이렇고	-는데, -(으)ㄴ데	이런데
-고도	이렇고도	-(으)나	이러나
-고서	~~이렇고서~~	-(으)니	이러니
-고자	~~이렇고자~~	-(으)니까	이러니까
-기에	이렇기에	-(으)ㄹ래야	~~이럴래야~~
-느라	~~이렇느라~~	-(으)러	~~이러러~~
-느라고	~~이렇느라고~~	-(으)려고	~~이러려고~~
-다가	~~이렇다가~~	-(으)면	이러면
-다시피	~~이렇다시피~~	-(으)면서	이러면서
-더니	이렇더니	-(으)므로	이러므로
-더라도	이렇더라도	-아/어	이래
-던데	이렇던데	-아/어도	이래도
-도록	~~이렇도록~~	-아/어서	이래서
-든지	이렇든지	-아/어야	이래야
-듯이	이렇듯이	-아/어야지	이래야지
-자마자	~~이렇자마자~~	-았/었더니	~~이랬더니~~
전성어미			
-는	~~이렇는~~	-(으)ㄴ	이런
-던	이렇던	-(으)ㄹ	이럴
선어말어미			
선어말어미 + -고		선어말어미 + -(으)며	

-(으)시-	이러시고	-(으)시-	이러시며
-겠-	이렇겠고	-겠-	이렇겠으며
-았/었-	이랬고	-았/었-	이랬으며
-(으)시었-	이러셨고	-(으)시었-	이러셨으며
-(으)시겠-	이러시겠고	-(으)시겠-	이러시겠으며
-(으)시었겠-	이러셨겠고	-(으)시었겠-	이러셨겠으며
선어말어미 + -아/어(요)		**선어말어미 + -ㅂ/습니다**	
-(으)시-	이러세요	-(으)시-	이러십니다
-겠-	이렇겠어요	-겠-	이렇겠습니다
-았/었-	이랬어요	-았/었-	이랬습니다
-(으)시었-	이러셨어요	-(으)시었-	이러셨습니다
-(으)시겠-	이러시겠어요	-(으)시겠-	이러시겠습니다
-(으)시었겠-	이러셨겠어요	-(으)시었겠-	이러셨겠습니다

동일 유형 용언:

고렇다, 그렇다, 아무렇다, 어떻다, 요렇다, 저렇다, 조렇다

활용과 발음

- '이렇다'는 형용사이므로, 동사와만 결합하는 종결어미, 연결어미, 관형사형 어미와는 결합하지 못한다.
- '이렇다'는 불규칙 용언이므로 '어'로 시작하는 어미와 결합하면 어간과 어미가 융합되어 '이래'가 된다 . '이렇+어(요)'는 '이래(요)[이래요]'로 활용한다. 이때 'ㅎ'은 탈락되어 발음되지 않는다.
- '이렇다'는 매개모음으로 시작하는 어미와 결합하면 'ㅎ'이 탈락하고 매개모음도 실현되지 않는다. '이렇+으며'는 '이러며[이러며]'로 활용한다.
- '이렇다'가 'ㄱ, ㄷ, ㅈ'으로 시작하는 어미와 결합하면 'ㅎ'이 'ㄱ, ㄷ, ㅈ'과 축약되어 'ㅋ, ㅌ, ㅊ'으로 발음된다. '이렇고, 이렇다, 이렇지'는 '[이러코], [이러타], [이러치]'로 발음한다.
- '이렇다'는 '-습니다'와 결합하여 '이렇습니다'로 활용할 때는 '[이러씁니다]'와 같이 발음한다.
- '이렇다'가 종결어미 '-네(요)'와 결합하면 '이러네(요)[이러네요]' 또는 '이렇네(요)[이런네요]'와 같이 활용한다.

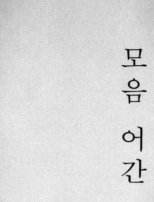

모
음
어
간

사다 [사다] [sada] 동사: buy, get, (formal) purchase

종결어미			
-거든(요)	사거든(요)	-(으)세요	사세요
-네(요)	사네(요)	-(으)ㄹ걸(요)	살걸(요)
-자	사자	-(으)ㄹ게(요)	살게(요)
-잖아(요)	사잖아(요)	-(으)ㄹ까(요)	살까(요)
-지(요)	사지(요)	-(으)ㄹ래(요)	살래(요)
-ㅂ/습니다	삽니다	-아/어(요)	사(요)
-ㄴ/는다, -다	산다	-아/어라	사라
연결어미			
-거나	사거나	-지만	사지만
-거니와	사거니와	-ㄴ/는다거나	산다거나
-거든	사거든	-ㄴ/는다고, -다고	산다고
-게	사게	-ㄴ/는다면, -다면	산다면
-고	사고	-는데, -(으)ㄴ데	사는데
-고도	사고도	-(으)나	사나
-고서	사고서	-(으)니	사니
-고자	사고자	-(으)니까	사니까
-기에	사기에	-(으)ㄹ래야	살래야
-느라	사느라	-(으)러	사러
-느라고	사느라고	-(으)려고	사려고
-다가	사다가	-(으)면	사면
-다시피	사다시피	-(으)면서	사면서
-더니	사더니	-(으)므로	사므로
-더라도	사더라도	-아/어	사
-던데	사던데	-아/어도	사도
-도록	사도록	-아/어서	사서
-든지	사든지	-아/어야	사야
-듯이	사듯이	-아/어야지	사야지
-자마자	사자마자	-았/었더니	샀더니
전성어미			
-는	사는	-(으)ㄴ	산
-던	사던	-(으)ㄹ	살
선어말어미			

선어말어미 + -고		선어말어미 + -(으)며	
-(으)시-	사시고	-(으)시-	사시며
-겠-	사겠고	-겠-	사겠으며
-았/었-	샀고	-았/었-	샀으며
-(으)시었-	사셨고	-(으)시었-	사셨으며
-(으)시겠-	사시겠고	-(으)시겠-	사시겠으며
-(으)시었겠-	사셨겠고	-(으)시었겠-	사셨겠으며
선어말어미 + -아/어(요)		선어말어미 + -ㅂ/습니다	
-(으)시-	사세요	-(으)시-	사십니다
-겠-	사겠어요	-겠-	사겠습니다
-았/었-	샀어요	-았/었-	샀습니다
-(으)시었-	사셨어요	-(으)시었-	사셨습니다
-(으)시겠-	사시겠어요	-(으)시겠-	사시겠습니다
-(으)시었겠-	사셨겠어요	-(으)시었겠-	사셨겠습니다

동일 유형 용언:

가다, 가져가다, 갈아타다, 감싸다, 거듭나다, 건너가다, 걷어차다, 걸어가다, 겁나다, 굴러가다, 기어가다, 기억나다, 까다, 깨어나다, 끌려가다, 끝나다, 나가다, 나다, 나무라다, 나아가다, 나타나다, 날아가다, 내려가다, 넘어가다, 놀라다, 늘어나다, 다가가다, 다녀가다, 달려가다, 달아나다, 덧나다, 데려가다, 도망가다, 돌아가다, 되돌아가다, 되살아나다, 둘러싸다, 드러나다, 들어가다, 들어차다, 따다, 따라가다, 떠나가다, 떠나다, 떠내려가다, 뛰어가다, 뛰쳐나가다, 만나다, 모자라다, 몰려가다, 몰아가다, 물러가다, 물러나다, 밀려나다, 바라다, 벗어나다, 부도나다, 불어나다, 빛나가다, 빛나다, 빠져나가다, 살아가다, 살아나다, 삼가다, 생각나다, 생겨나다, 소문나다, 시집가다, 신나다, 싸다, 애타다, 어긋나다, 에워싸다, 오가다, 오래가다, 올라가다, 올라타다, 우러나다, 이름나다, 일어나다, 자다, 자라나다, 자라다, 잠자다, 잡아가다, 지나가다, 지나다, 짜다, 쫓겨나다, 쫓아가다, 차다, 찾아가다, 타고나다, 타다, 태어나다, 파다, 풀려나다, 피어나다, 헤어나다, 혼나다, 화나다, 흘러가다

> **활용과 발음**
> - '사다'의 어간 '사'는 양성모음 '아'를 가지므로 '아/어'로 시작하는 어미 중 '아'로 시작하는 어미와 결합하지만, '사(요)', '샀고'와 같이 '아'를 줄여 활용한다.
> - '사다'는 모음으로 끝나므로 매개모음 '으'로 시작하지 않는 어미와 결합하여 '사세요', '사며'와 같이 활용한다.

비싸다 [비싸다] [pis'ada] 형용사: expensive, costly

종결어미			
-거든(요)	비싸거든(요)	-(으)세요	비싸세요
-네(요)	비싸네(요)	-(으)ㄹ걸(요)	비쌀걸(요)
-자	~~비싸자~~	-(으)ㄹ게(요)	~~비쌀게(요)~~
-잖아(요)	비싸잖아(요)	-(으)ㄹ까(요)	~~비쌀까(요)~~
-지(요)	비싸지(요)	-(으)ㄹ래(요)	~~비쌀래(요)~~
-ㅂ/습니다	비쌉니다	-아/어(요)	비싸(요)
-ㄴ/는다, -다	비싸다	-아/어라	~~비싸라~~
연결어미			
-거나	비싸거나	-지만	비싸지만
-거니와	비싸거니와	-ㄴ/는다거나, -다거나	비싸다거나
-거든	비싸거든	-ㄴ/는다고, -다고	비싸다고
-게	비싸게	-ㄴ/는다면, -다면	비싸다면
-고	비싸고	-는데, -(으)ㄴ데	비싼데
-고도	비싸고도	-(으)나	비싸나
-고서	~~비싸고서~~	-(으)니	비싸니
-고자	~~비싸고자~~	-(으)니까	비싸니까
-기에	비싸기에	-(으)ㄹ래야	~~비쌀래야~~
-느라	~~비싸느라~~	-(으)러	~~비싸러~~
-느라고	~~비싸느라고~~	-(으)려고	~~비싸려고~~
-다가	~~비싸다가~~	-(으)면	비싸면
-다시피	~~비싸다시피~~	-(으)면서	비싸면서
-더니	비싸더니	-(으)므로	비싸므로
-더라도	비싸더라도	-아/어	비싸
-던데	비싸던데	-아/어도	비싸도
-도록	~~비싸도록~~	-아/어서	비싸서
-든지	비싸든지	-아/어야	비싸야
-듯이	비싸듯이	-아/어야지	비싸야지
-자마자	~~비싸자마자~~	-았/었더니	~~비쌌더니~~
전성어미			
-는	~~비싸는~~	-(으)ㄴ	비싼
-던	비싸던	-(으)ㄹ	비쌀
선어말어미			

선어말어미 + -고		선어말어미 + -(으)며	
-(으)시-	비싸시고	-(으)시-	비싸시며
-겠-	비싸겠고	-겠-	비싸겠으며
-았/었-	비쌌고	-았/었-	비쌌으며
-(으)시었-	비싸셨고	-(으)시었-	비싸셨으며
-(으)시겠-	비싸시겠고	-(으)시겠-	비싸시겠으며
-(으)시었겠-	비싸셨겠고	-(으)시었겠-	비싸셨겠으며
선어말어미 + -아/어(요)		선어말어미 + -ㅂ/습니다	
-(으)시-	비싸세요	-(으)시-	비싸십니다
-겠-	비싸겠어요	-겠-	비싸겠습니다
-았/었-	비쌌어요	-았/었-	비쌌습니다
-(으)시었-	비싸셨어요	-(으)시었-	비싸셨습니다
-(으)시겠-	비싸시겠어요	-(으)시겠-	비싸시겠습니다
-(으)시었겠-	비싸셨겠어요	-(으)시었겠-	비싸셨겠습니다

동일 유형 용언:

값싸다, 네모나다, 뛰어나다, 못나다, 벅차다, 별나다, 세차다, 솟아나다, 싸다(값이), 알차다, 엄청나다, 우렁차다, 잘나다, 잽싸다, 짜다(소금이), 차다(온도가), 힘차다

활용과 발음

- '비싸다'는 형용사이므로, 동사와만 결합하는 종결어미, 연결어미, 관형사형 어미와는 결합하지 못한다.
- '비싸다'의 어간 '비싸'의 끝음절은 양성모음 '아'를 가지므로 '아/어'로 시작하는 어미 중 '아'로 시작하는 어미와 결합하지만, '비싸(요)', '비쌌고'와 같이 '아'를 줄여 활용한다.
- '비싸다'의 어간 '비싸'는 모음으로 끝나므로 매개모음 '으'로 시작하지 않는 어미와 결합하여 '비싸세요', '비싸며'와 같이 활용한다.

좋아하다 [조:아하다] [tso:ahada] 동사: like, love

종결어미			
-거든(요)	좋아하거든(요)	-(으)세요	좋아하세요
-네(요)	좋아하네(요)	-(으)ㄹ걸(요)	좋아할걸(요)
-자	좋아하자	-(으)ㄹ게(요)	좋아할게(요)
-잖아(요)	좋아하잖아(요)	-(으)ㄹ까(요)	좋아할까(요)
-지(요)	좋아하지(요)	-(으)ㄹ래(요)	좋아할래(요)
-ㅂ/습니다	좋아합니다	-아/어(요)	좋아해(요)
-ㄴ/는다, -다	좋아한다	-아/어라	좋아해라
연결어미			
-거나	좋아하거나	-지만	좋아하지만
-거니와	좋아하거니와	-ㄴ/는다거나	좋아한다거나
-거든	좋아하거든	-ㄴ/는다고, -다고	좋아한다고
-게	좋아하게	-ㄴ/는다면, -다면	좋아한다면
-고	좋아하고	-는데, -(으)ㄴ데	좋아하는데
-고도	좋아하고도	-(으)나	좋아하나
-고서	좋아하고서	-(으)니	좋아하니
-고자	좋아하고자	-(으)니까	좋아하니까
-기에	좋아하기에	-(으)ㄹ래야	좋아할래야
-느라	좋아하느라	-(으)러	좋아하러
-느라고	좋아하느라고	-(으)려고	좋아하려고
-다가	좋아하다가	-(으)면	좋아하면
-다시피	좋아하다시피	-(으)면서	좋아하면서
-더니	좋아하더니	-(으)므로	좋아하므로
-더라도	좋아하더라도	-아/어	좋아해
-던데	좋아하던데	-아/어도	좋아해도
-도록	좋아하도록	-아/어서	좋아해서
-든지	좋아하든지	-아/어야	좋아해야
-듯이	좋아하듯이	-아/어야지	좋아해야지
-자마자	좋아하자마자	-았/었더니	좋아했더니
전성어미			
-는	좋아하는	-(으)ㄴ	좋아한
-던	좋아하던	-(으)ㄹ	좋아할
선어말어미			

선어말어미 + -고		선어말어미 + -(으)며	
-(으)시-	좋아하시고	-(으)시-	좋아하시며
-겠-	좋아하겠고	-겠-	좋아하겠으며
-았/었-	좋아했고	-았/었-	좋아했으며
-(으)시었-	좋아하셨고	-(으)시었-	좋아하셨으며
-(으)시겠-	좋아하시겠고	-(으)시겠-	좋아하시겠으며
-(으)시었겠-	좋아하셨겠고	-(으)시었겠-	좋아하셨겠으며
선어말어미 + -아/어(요)		선어말어미 + -ㅂ/습니다	
-(으)시-	좋아하세요	-(으)시-	좋아하십니다
-겠-	좋아하겠어요	-겠-	좋아하겠습니다
-았/었-	좋아했어요	-았/었-	좋아했습니다
-(으)시었-	좋아하셨어요	-(으)시었-	좋아하셨습니다
-(으)시겠-	좋아하시겠어요	-(으)시겠-	좋아하시겠습니다
-(으)시었겠-	좋아하셨겠어요	-(으)시었겠-	좋아하셨겠습니다

동일 유형 용언:

간과하다, 게을리하다, 겸하다, 고마워하다, 고사하다, 곱하다, 괴로워하다, 구하다, 권하다, 귀여워하다, 그만하다, 기뻐하다, 깜박하다, 깜짝하다, 꾀하다, 달리하다, 당하다, 더하다, 두려워하다, 들락날락하다, 마다하다, 망하다, 맞이하다, 몰두하다, 무서워하다, 반하다, 변하다, 부끄러워하다, 부러워하다, 속하다, 슬퍼하다, 시사하다, 싫어하다, 안타까워하다, 어려워하다, 어찌하다, 원하다, 응하다, 이룩하다, 잘못하다, 잘하다, 재현하다, 전하다, 접하다, 정하다, 즐거워하다, 처하다, 청하다, 체하다, 취하다1, 취하다2, 칠하다, 칭하다, 택하다, 토하다, 통하다, 티격태격하다, 파하다, 패하다, 피하다, 하다, 한정하다, 한하다, 함께하다, 합하다, 행하다, 향하다, 형용하다, 환호하다

활용과 발음

- '좋아하다'의 '하다'는 '아/어'로 시작하는 어미가 붙는 조건에서 '-여'와 결합한다. '좋아하여(요)', '좋아하였고'와 같이 활용하기도 하나 일반적으로 '-하여'가 '-해'로 줄어들어 '좋아해(요)', '좋아했고'로 활용한다.
- '좋아하다'의 어간 '좋아하'는 모음으로 끝나므로 매개모음 '으'로 시작하지 않는 어미와 결합하여 '좋아하세요', '좋아하며'와 같이 활용한다.
- '하다'로 끝나는 동사는 모두 동일한 활용을 한다.

착하다 [차카다] [tsʰakʰada] 형용사: good, nice

종결어미			
-거든(요)	착하거든(요)	-(으)세요	착하세요
-네(요)	착하네(요)	-(으)ㄹ걸(요)	착할걸(요)
-자	착하자	-(으)ㄹ게(요)	착할게(요)
-잖아(요)	착하잖아(요)	-(으)ㄹ까(요)	착할까(요)
-지(요)	착하지(요)	-(으)ㄹ래(요)	착할래(요)
-ㅂ/습니다	착합니다	-아/어(요)	착해(요)
-ㄴ/는다, -다	착하다	-아/어라	착해라
연결어미			
-거나	착하거나	-지만	착하지만
-거니와	착하거니와	-다거나	착하다거나
-거든	착하거든	-ㄴ/는다고, -다고	착하다고
-게	착하게	-ㄴ/는다면, -다면	착하다면
-고	착하고	-는데, -(으)ㄴ데	착한데
-고도	착하고도	-(으)나	착하나
-고서	착하고서	-(으)니	착하니
-고자	착하고자	-(으)니까	착하니까
-기에	착하기에	-(으)ㄹ래야	착할래야
-느라	착하느라	-(으)러	착하라
-느라고	착하느라고	-(으)려고	착하려고
-다가	착하다가	-(으)면	착하면
-다시피	착하다시피	-(으)면서	착하면서
-더니	착하더니	-(으)므로	착하므로
-더라도	착하더라도	-아/어	착해
-던데	착하던데	-아/어도	착해도
-도록	착하도록	-아/어서	착해서
-든지	착하든지	-아/어야	착해야
-듯이	착하듯이	-아/어야지	착해야지
-자마자	착하자마자	-았/었더니	착했더니
전성어미			
-는	착하는	-(으)ㄴ	착한
-던	착하던	-(으)ㄹ	착할
선어말어미			

선어말어미 + -고		선어말어미 + -(으)며	
-(으)시-	착하시고	-(으)시-	착하시며
-겠-	착하겠고	-겠-	착하겠으며
-았/었-	착했고	-았/었-	착했으며
-(으)시었-	착하셨고	-(으)시었-	착하셨으며
-(으)시겠-	착하시겠고	-(으)시겠-	착하시겠으며
-(으)시었겠-	착하셨겠고	-(으)시었겠-	착하셨겠으며
선어말어미 + -아/어(요)		선어말어미 + -ㅂ/습니다	
-(으)시-	착하세요	-(으)시-	착하십니다
-겠-	착하겠어요	-겠-	착하겠습니다
-았/었-	착했어요	-았/었-	착했습니다
-(으)시었-	착하셨어요	-(으)시었-	착하셨습니다
-(으)시겠-	착하시겠어요	-(으)시겠-	착하시겠습니다
-(으)시었겠-	착하셨겠어요	-(으)시었겠-	착하셨겠습니다

동일 유형 용언:

가득하다, 간단하다, 간편하다, 강하다, 고소하다, 공손하다, 굉장하다, 궁금하다, 급하다, 날씬하다, 넓적하다, 느끼하다, 단단하다, 달콤하다, 답답하다, 따뜻하다, 뚱뚱하다, 매콤하다, 무난하다, 미지근하다, 민감하다, 복잡하다, 부지런하다, 분명하다, 비슷하다, 상냥하다, 빡빡하다, 뻔뻔하다, 뾰족하다, 서늘하다, 섭섭하다, 성급하다, 순수하다, 시원하다, 쌀쌀하다, 쓸쓸하다, 씩씩하다, 아늑하다, 어마어마하다, 어색하다, 어수선하다, 억울하다, 엉뚱하다, 영리하다, 위급하다, 위대하다, 위독하다, 자세하다, 저렴하다, 조용하다, 지루하다, 지저분하다, 착실하다, 축축하다, 친하다, 캄캄하다, 통쾌하다, 통통하다, 편하다, 험하다, 화려하다, 화창하다, 확실하다, 환하다, 흔하다, 흥미진진하다, 희한하다

활용과 발음

- '착하다'는 형용사이므로, 동사와만 결합하는 종결어미, 연결어미, 관형사형 어미와는 결합하지 못한다.
- '착하다'의 '하다'는 '아/어'로 시작하는 어미가 붙는 조건에서 '-여'와 결합한다. 따라서 '착하여(요)', '착하였고'와 같이 활용하지만 일반적으로 '-하여'가 '-해'로 줄어들어 '착해(요)', '착했고'로 활용한다.
- '착하다'의 어간 '착하'는 모음으로 끝나므로 매개모음 '으'로 시작하지 않는 어미와 결합하여 '착하세요', '착하며'와 같이 활용한다.
- '-하다'로 끝나는 형용사는 모두 동일한 활용을 한다.

보내다 [보내다] [ponɛda] 동사: send

종결어미			
-거든(요)	보내거든(요)	-(으)세요	보내세요
-네(요)	보내네(요)	-(으)ㄹ걸(요)	보낼걸(요)
-자	보내자	-(으)ㄹ게(요)	보낼게(요)
-잖아(요)	보내잖아(요)	-(으)ㄹ까(요)	보낼까(요)
-지(요)	보내지(요)	-(으)ㄹ래(요)	보낼래(요)
-ㅂ/습니다	보냅니다	-아/어(요)	보내(요)
-ㄴ/는다, -다	보낸다	-아/어라	보내라
연결어미			
-거나	보내거나	-지만	보내지만
-거니와	보내거니와	-ㄴ/는다거나, -다거나	보낸다거나
-거든	보내거든	-ㄴ/는다고, -다고	보낸다고
-게	보내게	-ㄴ/는다면, -다면	보낸다면
-고	보내고	-는데, -(으)ㄴ데	보내는데
-고도	보내고도	-(으)나	보내나
-고서	보내고서	-(으)니	보내니
-고자	보내고자	-(으)니까	보내니까
-기에	보내기에	-(으)ㄹ래야	보낼래야
-느라	보내느라	-(으)러	보내러
-느라고	보내느라고	-(으)려고	보내려고
-다가	보내다가	-(으)면	보내면
-다시피	보내다시피	-(으)면서	보내면서
-더니	보내더니	-(으)므로	보내므로
-더라도	보내더라도	-아/어	보내
-던데	보내던데	-아/어도	보내도
-도록	보내도록	-아/어서	보내서
-든지	보내든지	-아/어야	보내야
-듯이	보내듯이	-아/어야지	보내야지
-자마자	보내자마자	-았/었더니	보냈더니
전성어미			
-는	보내는	-(으)ㄴ	보낸
-던	보내던	-(으)ㄹ	보낼
선어말어미			

선어말어미 + -고		선어말어미 + -(으)며	
-(으)시-	보내시고	-(으)시-	보내시며
-겠-	보내겠고	-겠-	보내겠으며
-았/었-	보냈고	-았/었-	보냈으며
-(으)시었-	보내셨고	-(으)시었-	보내셨으며
-(으)시겠-	보내시겠고	-(으)시겠-	보내시겠으며
-(으)시었겠-	보내셨겠고	-(으)시었겠-	보내셨겠으며
선어말어미 + -아/어(요)		선어말어미 + -ㅂ/습니다	
-(으)시-	보내세요	-(으)시-	보내십니다
-겠-	보내겠어요	-겠-	보내겠습니다
-았/었-	보냈어요	-았/었-	보냈습니다
-(으)시었-	보내셨어요	-(으)시었-	보내셨습니다
-(으)시겠-	보내시겠어요	-(으)시겠-	보내시겠습니다
-(으)시었겠-	보내셨겠어요	-(으)시었겠-	보내셨겠습니다

동일 유형 용언:

가려내다, 가로채다, 개다, 겁내다, 기대다, 깨다1(잠에서), 깨다2(물건을), 꺼내다, 꿰매다, 끄집어내다, 끌어내다, 끝내다, 나타내다, 내다, 내보내다, 눈치채다, 달래다, 대다, 덜렁대다, 돌려보내다, 드러내다, 들이대다, 때다, 뜯어내다, 맞대다, 매다, 매다, 몰아내다, 바래다, 밝혀내다, 밤새다, 배다, 보태다, 불러내다, 빛내다, 빼내다, 빼다, 뽐내다, 뿜어내다, 새다, 손대다, 알아내다, 알아채다, 없애다, 으스대다, 잡아내다, 재다, 지내다, 쩔쩔매다, 쪼개다, 쫓아내다, 찾아내다, 채다, 파내다, 패다, 펴내다, 풀어내다, 해내다, 헤매다, 혼내다, 화내다

활용과 발음

- '보내다'의 어간 '보내'는 음성모음 '애'를 가지므로 '아/어'로 시작하는 어미 중 '어'로 시작하는 어미와 결합하여 '보내어(요)', '보내었고'와 같이 활용한다. '보내어(요)', '보내었고'는 일반적으로 '보내(요)', '보냈고'와 같이 줄여 발음한다.
- '보내다'의 어간 '보내'는 모음으로 끝나므로 매개모음 '으'로 시작하지 않는 어미와 결합하여 '보내세요', '보내며'와 같이 활용한다.

서다 [서다] [səda] 동사: stand

종결어미			
-거든(요)	서거든(요)	-(으)세요	서세요
-네(요)	서네(요)	-(으)ㄹ걸(요)	설걸(요)
-자	서자	-(으)ㄹ게(요)	설게(요)
-잖아(요)	서잖아(요)	-(으)ㄹ까(요)	설까(요)
-지(요)	서지(요)	-(으)ㄹ래(요)	설래(요)
-ㅂ/습니다	섭니다	-아/어(요)	서(요)
-ㄴ/는다, -다	선다	-아/어라	서라
연결어미			
-거나	서거나	-지만	서지만
-거니와	서거니와	-ㄴ/는다거나, -다거나	선다거나
-거든	서거든	-ㄴ/는다고, -다고	선다고
-게	서게	-ㄴ/는다면, -다면	선다면
-고	서고	-는데, -(으)ㄴ데	서는데
-고도	서고도	-(으)나	서나
-고서	서고서	-(으)니	서니
-고자	서고자	-(으)니까	서니까
-기에	서기에	-(으)ㄹ래야	설래야
-느라	서느라	-(으)러	서러
-느라고	서느라고	-(으)려고	서려고
-다가	서다가	-(으)면	서면
-다시피	서다시피	-(으)면서	서면서
-더니	서더니	-(으)므로	서므로
-더라도	서더라도	-아/어	서
-던데	서던데	-아/어도	서도
-도록	서도록	-아/어서	서서
-든지	서든지	-아/어야	서야
-듯이	서듯이	-아/어야지	서야지
-자마자	서자마자	-았/었더니	섰더니
전성어미			
-는	서는	-(으)ㄴ	선
-던	서던	-(으)ㄹ	설
선어말어미			

선어말어미 + -고		선어말어미 + -(으)며	
-(으)시-	서시고	-(으)시-	서시며
-겠-	서겠고	-겠-	서겠으며
-았/었-	섰고	-았/었-	섰으며
-(으)시었-	서셨고	-(으)시었-	서셨으며
-(으)시겠-	서시겠고	-(으)시겠-	서시겠으며
-(으)시었겠-	서셨겠고	-(으)시었겠-	서셨겠으며
선어말어미 + -아/어(요)		**선어말어미 + -ㅂ/습니다**	
-(으)시-	서세요	-(으)시-	서십니다
-겠-	서겠어요	-겠-	서겠습니다
-았/었-	섰어요	-았/었-	섰습니다
-(으)시었-	서셨어요	-(으)시었-	서셨습니다
-(으)시겠-	서시겠어요	-(으)시겠-	서시겠습니다
-(으)시었겠-	서셨겠어요	-(으)시었겠-	서셨겠습니다

동일 유형 용언:

건너다, 나서다, 내려서다, 넘어서다, 늘어서다, 다가서다, 돌아서다, 들어서다, 따라나서다, 맞서다, 물러서다, 앞서다, 앞장서다, 올라서다, 일어서다

활용과 발음

- '서다'의 어간 '서'는 음성모음 '어'를 가지므로 '아/어'로 시작하는 어미 중 '어'로 시작하는 어미와 결합하지만, '서(요)', '섰고'와 같이 '어'를 줄여 활용한다.
- '서다'의 어간 '서'는 모음으로 끝나므로 매개모음 '으'로 시작하지 않는 어미와 결합하여 '서세요', '서며'와 같이 활용한다.

이러다 [이러다] [irəda] 동사: do like this

종결어미			
-거든(요)	이러거든(요)	-(으)세요	이러세요
-네(요)	이러네(요)	-(으)ㄹ걸(요)	이럴걸(요)
-자	이러자	-(으)ㄹ게(요)	이럴게(요)
-잖아(요)	이러잖아(요)	-(으)ㄹ까(요)	이럴까(요)
-지(요)	이러지(요)	-(으)ㄹ래(요)	이럴래(요)
-ㅂ/습니다	이럽니다	-아/어(요)	이래(요)
-ㄴ/는다, -다	이런다	-아/어라	이래라
연결어미			
-거나	이러거나	-지만	이러지만
-거니와	이러거니와	-ㄴ/는다거나, -다거나	이런다거나
-거든	이러거든	-ㄴ/는다고, -다고	이런다고
-게	이러게	-ㄴ/는다면, -다면	이런다면
-고	이러고	-는데, -(으)ㄴ데	이러는데
-고도	이러고도	-(으)나	이러나
-고서	이러고서	-(으)니	이러니
-고자	이러고자	-(으)니까	이러니까
-기에	이러기에	-(으)ㄹ래야	이럴래야
-느라	이러느라	-(으)러	이러러
-느라고	이러느라고	-(으)려고	이러려고
-다가	이러다가	-(으)면	이러면
-다시피	이러다시피	-(으)면서	이러면서
-더니	이러더니	-(으)므로	이러므로
-더라도	이러더라도	-아/어	이래
-던데	이러던데	-아/어도	이래도
-도록	이러도록	-아/어서	이래서
-든지	이러든지	-아/어야	이래야
-듯이	이러듯이	-아/어야지	이래야지
-자마자	이러자마자	-았/었더니	이랬더니
전성어미			
-는	이러는	-(으)ㄴ	이런
-던	이러던	-(으)ㄹ	이럴
선어말어미			

선어말어미 + -고		선어말어미 + -(으)며	
-(으)시-	이러시고	-(으)시-	이러시며
-겠-	이러겠고	-겠-	이러겠으며
-았/었-	이랬고	-았/었-	이랬으며
-(으)시었-	이러셨고	-(으)시었-	이러셨으며
-(으)시겠-	이러시겠고	-(으)시겠-	이러시겠으며
-(으)시었겠-	이러셨겠고	-(으)시었겠-	이러셨겠으며
선어말어미 + -아/어(요)		선어말어미 + -ㅂ/습니다	
-(으)시-	이러세요	-(으)시-	이러십니다
-겠-	이러겠어요	-겠-	이러겠습니다
-았/었-	이랬어요	-았/었-	이랬습니다
-(으)시었-	이러셨어요	-(으)시었-	이러셨습니다
-(으)시겠-	이러시겠어요	-(으)시겠-	이러시겠습니다
-(으)시었겠-	이러셨겠어요	-(으)시었겠-	이러셨겠습니다

동일 유형 용언:

고러다, 그러다, 어쩌다, 요러다, 저러다, 조러다

활용과 발음

- '이러다'의 어간 '이러'의 끝음절은 음성모음 '어'를 가지므로 '아/어'
  로 시작하는 어미 중 '어'로 시작하는 어미와 결합해야 하지만, 어미
  와 융합되어 '이래(요)', '이랬고'와 같이 활용한다.
- '이러다'의 어간 '이러'는 모음으로 끝나므로 매개모음 '으'로 시작하
  지 않는 어미와 결합하여 '이러세요', '이러며'와 같이 활용한다.

메다 [메:다] [me:da] 동사: choke, carry

종결어미			
-거든(요)	메거든(요)	-(으)세요	메세요
-네(요)	메네(요)	-(으)ㄹ걸(요)	멜걸(요)
-자	메자	-(으)ㄹ게(요)	멜게(요)
-잖아(요)	메잖아(요)	-(으)ㄹ까(요)	멜까(요)
-지(요)	메지(요)	-(으)ㄹ래(요)	멜래(요)
-ㅂ/습니다	멥니다	-아/어(요)	메(요)
-ㄴ/는다, -다	멘다	-아/어라	메라
연결어미			
-거나	메거나	-지만	메지만
-거니와	메거니와	-ㄴ/는다거나, -다거나	멘다거나
-거든	메거든	-ㄴ/는다고, -다고	멘다고
-게	메게	-ㄴ/는다면, -다면	멘다면
-고	메고	-는데, -(으)ㄴ데	메는데
-고도	메고도	-(으)나	메나
-고서	메고서	-(으)니	메니
-고자	메고자	-(으)니까	메니까
-기에	메기에	-(으)ㄹ래야	멜래야
-느라	메느라	-(으)러	메러
-느라고	메느라고	-(으)려고	메려고
-다가	메다가	-(으)면	메면
-다시피	메다시피	-(으)면서	메면서
-더니	메더니	-(으)므로	메므로
-더라도	메더라도	-아/어	메
-던데	메던데	-아/어도	메도
-도록	메도록	-아/어서	메서
-든지	메든지	-아/어야	메야
-듯이	메듯이	-아/어야지	메야지
-자마자	메자마자	-았/었더니	멨더니
전성어미			
-는	메는	-(으)ㄴ	멘
-던	메던	-(으)ㄹ	멜
선어말어미			

선어말어미 + -고		선어말어미 + -(으)며	
-(으)시-	메시고	-(으)시-	메시며
-겠-	메겠고	-겠-	메겠으며
-았/었-	멨고	-았/었-	멨으며
-(으)시었-	메셨고	-(으)시었-	메셨으며
-(으)시겠-	메시겠고	-(으)시겠-	메시겠으며
-(으)시었겠-	메셨겠고	-(으)시었겠-	메셨겠으며
선어말어미 + -아/어(요)		선어말어미 + -ㅂ/습니다	
-(으)시-	메세요	-(으)시-	메십니다
-겠-	메겠어요	-겠-	메겠습니다
-았/었-	멨어요	-았/었-	멨습니다
-(으)시었-	메셨어요	-(으)시었-	메셨습니다
-(으)시겠-	메시겠어요	-(으)시겠-	메시겠습니다
-(으)시었겠-	메셨겠어요	-(으)시었겠-	메셨겠습니다

동일 유형 용언:

건네다, 데다, 떼다, 베다, 설레다, 세다

활용과 발음

- '메다'의 어간 '메'는 음성모음 '에'를 가지므로 '아/어'로 시작하는 어미 중 '어'로 시작하는 어미와 결합하여 '메어(요)', '메었고'와 같이 활용한다. 일반적으로는 '메(요)', '멨고'와 같이 줄여 발음한다.
- '메다'의 어간 '메'는 모음으로 끝나므로 매개모음 '으'로 시작하지 않는 어미와 결합하여 '메세요', '메며'와 같이 활용한다.

세다 [세:다] [se:da] 형용사: strong

종결어미			
-거든(요)	세거든(요)	-(으)세요	세세요
-네(요)	세네(요)	-(으)ㄹ걸(요)	셀걸(요)
-자	~~세자~~	-(으)ㄹ게(요)	~~셀게(요)~~
-잖아(요)	세잖아(요)	-(으)ㄹ까(요)	~~셀까(요)~~
-지(요)	세지(요)	-(으)ㄹ래(요)	~~셀래(요)~~
-ㅂ/습니다	셉니다	-아/어(요)	세(요)
-ㄴ/는다, -다	세다	-아/어라	~~세라~~
연결어미			
-거나	세거나	-지만	세지만
-거니와	세거니와	-ㄴ/는다거나, -다거나	세다거나
-거든	세거든	-ㄴ/는다고, -다고	세다고
-게	세게	-ㄴ/는다면, -다면	세다면
-고	세고	-는데, -(으)ㄴ데	센데
-고도	세고도	-(으)나	세나
-고서	~~세고서~~	-(으)니	세니
-고자	~~세고자~~	-(으)니까	세니까
-기에	세기에	-(으)ㄹ래야	~~셀래야~~
-느라	~~세느라~~	-(으)러	~~세러~~
-느라고	~~세느라고~~	-(으)려고	~~세려고~~
-다가	~~세다가~~	-(으)면	세면
-다시피	~~세다시피~~	-(으)면서	세면서
-더니	세더니	-(으)므로	세므로
-더라도	세더라도	-아/어	세
-던데	세던데	-아/어도	세도
-도록	~~세도록~~	-아/어서	세서
-든지	세든지	-아/어야	세야
-듯이	세듯이	-아/어야지	세야지
-자마자	~~세자마자~~	-았/었더니	~~셌더니~~
전성어미			
-는	~~세는~~	-(으)ㄴ	센
-던	세던	-(으)ㄹ	셀
선어말어미			

선어말어미 + -고		선어말어미 + -(으)며	
-(으)시-	세시고	-(으)시-	세시며
-겠-	세겠고	-겠-	세겠으며
-았/었-	셌고	-았/었-	셌으며
-(으)시었-	세셨고	-(으)시었-	세셨으며
-(으)시겠-	세시겠고	-(으)시겠-	세시겠으며
-(으)시었겠-	세셨겠고	-(으)시었겠-	세셨겠으며
선어말어미 + -아/어(요)		**선어말어미 + -ㅂ/습니다**	
-(으)시-	세세요	-(으)시-	세십니다
-겠-	세겠어요	-겠-	세겠습니다
-았/었-	셌어요	-았/었-	셌습니다
-(으)시었-	세셨어요	-(으)시었-	세셨습니다
-(으)시겠-	세시겠어요	-(으)시겠-	세시겠습니다
-(으)시었겠-	세셨겠어요	-(으)시었겠-	세셨겠습니다

동일 유형 용언:

거세다, 드세다, 억세다

활용과 발음

- '세다'는 형용사이므로, 동사와만 결합하는 종결어미, 연결어미, 관형사형 어미와는 결합하지 못한다.
- '세다'의 어간 '세'는 음성모음 '에'를 가지므로 '아/어'로 시작하는 어미 중 '어'로 시작하는 어미와 결합하여 '세어(요)', '세었고'와 같이 활용한다. '세어(요)', '세었고'는 일반적으로 '세(요)', '셌고'와 같이 줄여 발음한다.
- '세다'의 어간 '세'는 모음으로 끝나므로 매개모음 '으'로 시작하지 않는 어미와 결합하여 '세세요', '세며'와 같이 활용한다.

펴다 [펴다] [pʰjəda] 동사: unfold, spread (out)

종결어미			
-거든(요)	펴거든(요)	-(으)세요요	펴세요요
-네(요)	펴네(요)	-(으)ㄹ걸(요)	펼걸(요)
-자	펴자	-(으)ㄹ게(요)	펼게(요)
-잖아(요)	펴잖아(요)	-(으)ㄹ까(요)	펼까(요)
-지(요)	펴지(요)	-(으)ㄹ래(요)	펼래(요)
-ㅂ/습니다	폅니다	-아/어(요)	펴(요)
-ㄴ/는다, -다	편다	-아/어라	펴라
연결어미			
-거나	펴거나	-지만	펴지만
-거니와	펴거니와	-ㄴ/는다거나, -다거나	편다거나
-거든	펴거든	-ㄴ/는다고, -다고	편다고
-게	펴게	-ㄴ/는다면, -다면	편다면
-고	펴고	-는데, -(으)ㄴ데	펴는데
-고도	펴고도	-(으)나	펴나
-고서	펴고서	-(으)니	펴니
-고자	펴고자	-(으)니까	펴니까
-기에	펴기에	-(으)ㄹ래야	펼래야
-느라	펴느라	-(으)러	펴러
-느라고	펴느라고	-(으)려고	펴려고
-다가	펴다가	-(으)면	펴면
-다시피	펴다시피	-(으)면서	펴면서
-더니	펴더니	-(으)므로	펴므로
-더라도	펴더라도	-아/어	펴
-던데	펴던데	-아/어도	펴도
-도록	펴도록	-아/어서	펴서
-든지	펴든지	-아/어야	펴야
-듯이	펴듯이	-아/어야지	펴야지
-자마자	펴자마자	-았/었더니	폈더니
전성어미			
-는	펴는	-(으)ㄴ	편
-던	펴던	-(으)ㄹ	펼
선어말어미			

선어말어미 + -고		선어말어미 + -(으)며	
-(으)시-	펴시고	-(으)시-	펴시며
-겠-	펴겠고	-겠-	펴겠으며
-았/었-	폈고	-았/었-	폈으며
-(으)시었-	펴셨고	-(으)시었-	펴셨으며
-(으)시겠-	펴시겠고	-(으)시겠-	펴시겠으며
-(으)시었겠-	펴셨겠고	-(으)시었겠-	펴셨겠으며
선어말어미 + -아/어(요)		**선어말어미 + -ㅂ/습니다**	
-(으)시-	펴세요	-(으)시-	펴십니다
-겠-	펴겠어요	-겠-	펴겠습니다
-았/었-	폈어요	-았/었-	폈습니다
-(으)시었-	펴셨어요	-(으)시었-	펴셨습니다
-(으)시겠-	펴시겠어요	-(으)시겠-	펴시겠습니다
-(으)시었겠-	펴셨겠어요	-(으)시었겠-	펴셨겠습니다

동일 유형 용언:
켜다, 들이켜다

활용과 발음

- '펴다'의 어간 '펴'는 음성모음 '어'를 가지므로 '아/어'로 시작하는 어미 중 '어'로 시작하는 어미와 결합하며 '펴(요)', '폈고'와 같이 줄여 활용한다.
- '펴다'의 어간 '펴'는 모음으로 끝나므로 매개모음 '으'로 시작하지 않는 어미와 결합하여 '펴세요', '펴며'와 같이 활용한다.

보다 [보다] [poda] 동사: see, watch

종결어미			
-거든(요)	보거든(요)	-(으)세요	보세요
-네(요)	보네(요)	-(으)ㄹ걸(요)	볼걸(요)
-자	보자	-(으)ㄹ게(요)	볼게(요)
-잖아(요)	보잖아(요)	-(으)ㄹ까(요)	볼까(요)
-지(요)	보지(요)	-(으)ㄹ래(요)	볼래(요)
-ㅂ/습니다	봅니다	-아/어(요)	봐(요)
-ㄴ/는다, -다	본다	-아/어라	봐라
연결어미			
-거나	보거나	-지만	보지만
-거니와	보거니와	-ㄴ/는다거나, -다거나	본다거나
-거든	보거든	-ㄴ/는다고, -다고	본다고
-게	보게	-ㄴ/는다면, -다면	본다면
-고	보고	-는데, -(으)ㄴ데	보는데
-고도	보고도	-(으)나	보나
-고서	보고서	-(으)니	보니
-고자	보고자	-(으)니까	보니까
-기에	보기에	-(으)ㄹ래야	볼래야
-느라	보느라	-(으)러	보러
-느라고	보느라고	-(으)려고	보려고
-다가	보다가	-(으)면	보면
-다시피	보다시피	-(으)면서	보면서
-더니	보더니	-(으)므로	보므로
-더라도	보더라도	-아/어	봐
-던데	보던데	-아/어도	봐도
-도록	보도록	-아/어서	봐서
-든지	보든지	-아/어야	봐야
-듯이	보듯이	-아/어야지	봐야지
-자마자	보자마자	-았/었더니	봤더니
전성어미			
-는	보는	-(으)ㄴ	본
-던	보던	-(으)ㄹ	볼
선어말어미			
선어말어미 + -고		선어말어미 + -(으)며	

-(으)시-	보시고	-(으)시-	보시며
-겠-	보겠고	-겠-	보겠으며
-았/었-	봤고	-았/었-	봤으며
-(으)시었-	보셨고	-(으)시었-	보셨으며
-(으)시겠-	보시겠고	-(으)시겠-	보시겠으며
-(으)시었겠-	보셨겠고	-(으)시었겠-	보셨겠으며
선어말어미 + -아/어(요)		**선어말어미 + -ㅂ/습니다**	
-(으)시-	보세요	-(으)시-	보십니다
-겠-	보겠어요	-겠-	보겠습니다
-았/었-	봤어요	-았/었-	봤습니다
-(으)시었-	보셨어요	-(으)시었-	보셨습니다
-(으)시겠-	보시겠어요	-(으)시겠-	보시겠습니다
-(으)시었겠-	보셨겠어요	-(으)시었겠-	보셨겠습니다

동일 유형 용언:

가져오다, 걸어오다, 고다, 꼬다, 나오다, 날아오다, 내다보다, 내려다보다, 내려오다, 내오다, 넘보다, 넘어오다, 노려보다, 눈여겨보다, 다가오다, 다녀오다, 달려오다, 데려오다, 돌보다, 돌아다보다, 돌아보다, 돌아오다, 되돌아보다, 되돌아오다, 둘러보다, 들려오다, 들어오다, 들여다보다, 들여오다, 따라오다, 떠나오다, 뛰어나오다, 뛰어오다, 뛰쳐나오다, 뜯어보다, 몰라보다, 몰려오다, 물어보다, 밀려오다, 바라다보다, 바라보다, 보다, 불러오다, 불어오다, 빠져나오다, 살아오다, 살펴보다, 쏘다, 쏘아보다, 알아보다, 얕보다, 엿보다, 오다, 올라오다, 올려다보다, 지켜보다, 째려보다, 쪼다, 쫓아오다, 찾아보다, 찾아오다, 쳐다보다, 튀어나오다, 훑어보다, 훔쳐보다, 흘러나오다

활용과 발음

- '보다'의 어간 '보'는 양성모음 '오'를 가지므로 '아/어'로 시작하는 어미 중 '아'로 시작하는 어미와 결합하여 '보아(요)', '보았고'와 같이 활용한다. '보아(요)', '보았고'는 '봐(요)', '봤고'와 같이 줄여 발음할 수 있다.
- '보다'의 어간 '보'는 모음으로 끝나므로 매개모음 '으'로 시작하지 않는 어미와 결합하여 '보세요', '보며'와 같이 활용한다.

되다 [되다/뒈다] [tøda/tweda] 동사: be, become

종결어미			
-거든(요)	되거든(요)	-(으)세요	되세요
-네(요)	되네(요)	-(으)ㄹ걸(요)	될걸(요)
-자	되자	-(으)ㄹ게(요)	될게(요)
-잖아(요)	되잖아(요)	-(으)ㄹ까(요)	될까(요)
-지(요)	되지(요)	-(으)ㄹ래(요)	될래(요)
-ㅂ/습니다	됩니다	-아/어(요)	돼(요)
-ㄴ/는다, -다	된다	-아/어라	돼라
연결어미			
-거나	되거나	-지만	되지만
-거니와	되거니와	-ㄴ/는다거나, -다거나	된다거나
-거든	되거든	-ㄴ/는다고, -다고	된다고
-게	되게	-ㄴ/는다면, -다면	된다면
-고	되고	-는데, -(으)ㄴ데	되는데
-고도	되고도	-(으)나	되나
-고서	되고서	-(으)니	되니
-고자	되고자	-(으)니까	되니까
-기에	되기에	-(으)ㄹ래야	될래야
-느라	되느라	-(으)러	되러
-느라고	되느라고	-(으)려고	되려고
-다가	되다가	-(으)면	되면
-다시피	되다시피	-(으)면서	되면서
-더니	되더니	-(으)므로	되므로
-더라도	되더라도	-아/어	돼
-던데	되던데	-아/어도	돼도
-도록	되도록	-아/어서	돼서
-든지	되든지	-아/어야	돼야
-듯이	되듯이	-아/어야지	돼야지
-자마자	되자마자	-았/었더니	됐더니
전성어미			
-는	되는	-(으)ㄴ	된
-던	되던	-(으)ㄹ	될
선어말어미			

선어말어미 + -고		선어말어미 + -(으)며	
-(으)시-	되시고	-(으)시-	되시며
-겠-	되겠고	-겠-	되겠으며
-았/었-	됐고	-았/었-	됐으며
-(으)시었-	되셨고	-(으)시었-	되셨으며
-(으)시겠-	되시겠고	-(으)시겠-	되시겠으며
-(으)시었겠-	되셨겠고	-(으)시었겠-	되셨겠으며
선어말어미 + -아/어(요)		선어말어미 + -ㅂ/습니다	
-(으)시-	되세요	-(으)시-	되십니다
-겠-	되겠어요	-겠-	되겠습니다
-았/었-	됐어요	-았/었-	됐습니다
-(으)시었-	되셨어요	-(으)시었-	되셨습니다
-(으)시겠-	되시겠어요	-(으)시겠-	되시겠습니다
-(으)시었겠-	되셨겠어요	-(으)시었겠-	되셨겠습니다

동일 유형 용언:

간직되다, 간행되다, 감금되다, 개발되다, 개시되다, 공급되다, 공통되다, 그릇되다, 노화되다, 논의되다, 단축되다, 단행되다, 대립되다, 동화되다, 되뇌다, 마비되다, 매혹되다, 문제되다, 민주화되다, 반영되다, 반환되다, 발굴되다, 발전되다, 발표되다, 방송되다, 배출되다, 보급되다, 보호되다, 복제되다, 뵈다, 부담되다, 비롯되다, 삭제되다, 살해되다, 서비스되다, 석방되다, 설립되다, 설치되다, 소외되다, 소화되다, 수립되다, 시작되다, 쐬다, 안되다1, 약화되다, 안정되다, 압류되다, 연구되다, 연장되다, 완성되다, 완쾌되다, 의식되다, 이해되다, 작성되다, 잘되다, 잘못되다, 재편되다, 전제되다, 정복되다, 정지되다, 주되다, 흡수되다

활용과 발음

- '되다'의 어간 '되'는 음성모음 '외'를 가지므로 '아/어'로 시작하는 어미 중 '어'로 시작하는 어미와 결합하여 '되어(요)', '되었고'와 같이 활용한다. '되어(요)', '되었고'는 일반적으로 '돼(요)', '됐고'와 같이 줄여 발음한다.
- '되다'의 어간 '되'는 모음으로 끝나므로 매개모음 '으'로 시작하지 않는 어미와 결합하여 '되세요', '되며'와 같이 활용한다.
- 접미사 '-되다'가 결합한 동사는 모두 위와 같은 활용을 한다.

고되다 [고되다/고뒈다] [kodøda/kodweda] 형용사: hard, toilsome

종결어미			
-거든(요)	고되거든(요)	-(으)세요	고되세요
-네(요)	고되네(요)	-(으)ㄹ걸(요)	고될걸(요)
-자	~~고되자~~	-(으)ㄹ게(요)	~~고될게(요)~~
-잖아(요)	고되잖아(요)	-(으)ㄹ까(요)	~~고될까(요)~~
-지(요)	고되지(요)	-(으)ㄹ래(요)	~~고될래(요)~~
-ㅂ/습니다	고됩니다	-아/어(요)	고돼(요)
-ㄴ/는다, -다	고되다	-아/어라	~~고돼라~~
연결어미			
-거나	고되거나	-지만	고되지만
-거니와	고되거니와	-ㄴ/는다거나, -다거나	고되다거나
-거든	고되거든	-ㄴ/는다고, -다고	고되다고
-게	고되게	-ㄴ/는다면, -다면	고되다면
-고	고되고	-는데, -(으)ㄴ데	고된데
-고도	고되고도	-(으)나	고되나
-고서	~~고되고서~~	-(으)니	고되니
-고자	~~고되고자~~	-(으)니까	고되니까
-기에	고되기에	-(으)ㄹ래야	고될래야
-느라	~~고되느라~~	-(으)러	~~고되러~~
-느라고	~~고되느라고~~	-(으)려고	~~고되려고~~
-다가	~~고되다가~~	-(으)면	고되면
-다시피	~~고되다시피~~	-(으)면서	고되면서
-더니	고되더니	-(으)므로	고되므로
-더라도	고되더라도	-아/어	고돼
-던데	고되던데	-아/어도	고돼도
-도록	~~고되도록~~	-아/어서	고돼서
-든지	고되든지	-아/어야	고돼야
-듯이	고되듯이	-아/어야지	고돼야지
-자마자	~~고되자마자~~	-았/었더니	~~고됐더니~~
전성어미			
-는	~~고되는~~	-(으)ㄴ	고된
-던	고되던	-(으)ㄹ	고될
선어말어미			

선어말어미 + -고		선어말어미 + -(으)며	
-(으)시-	고되시고	-(으)시-	고되시며
-겠-	고되겠고	-겠-	고되겠으며
-았/었-	고됐고	-았/었-	고됐으며
-(으)시었-	고되셨고	-(으)시었-	고되셨으며
-(으)시겠-	고되시겠고	-(으)시겠-	고되시겠으며
-(으)시었겠-	고되셨겠고	-(으)시었겠-	고되셨겠으며
선어말어미 + -아/어(요)		선어말어미 + -ㅂ/습니다	
-(으)시-	고되세요	-(으)시-	고되십니다
-겠-	고되겠어요	-겠-	고되겠습니다
-았/었-	고됐어요	-았/었-	고됐습니다
-(으)시었-	고되셨어요	-(으)시었-	고되셨습니다
-(으)시겠-	고되시겠어요	-(으)시겠-	고되시겠습니다
-(으)시었겠-	고되셨겠어요	-(으)시었겠-	고되셨겠습니다

동일 유형 용언:

못되다, 세련되다, 안되다2, 오래되다, 헛되다, 호되다

활용과 발음

- ‘고되다’는 형용사이므로, 동사와만 결합하는 종결어미, 연결어미, 관형사형 어미와는 결합하지 못한다.
- ‘고되다’의 어간 ‘고되’의 끝음절은 음성모음 ‘외’를 가지므로 ‘아/어’로 시작하는 어미 중 ‘어’로 시작하는 어미와 결합하여 ‘고되어(요)’, ‘고되었고’와 같이 활용한다. ‘고되어(요)’, ‘고되었고’는 일반적으로 ‘고돼(요)’, ‘고됐고’와 같이 줄여 발음한다.
- ‘고되다’의 어간 ‘고되’는 모음으로 끝나므로 매개모음 ‘으’로 시작하지 않는 어미와 결합하여 ‘고되세요’, ‘고되며’와 같이 활용한다.

주다 [주다] [tsuda] 동사: give

종결어미			
-거든(요)	주거든(요)	-(으)세요요	주세요요
-네(요)	주네(요)	-(으)ㄹ걸(요)	줄걸(요)
-자	주자	-(으)ㄹ게(요)	줄게(요)
-잖아(요)	주잖아(요)	-(으)ㄹ까(요)	줄까(요)
-지(요)	주지(요)	-(으)ㄹ래(요)	줄래(요)
-ㅂ/습니다	줍니다	-아/어(요)	줘(요)
-ㄴ/는다, -다	준다	-아/어라	줘라
연결어미			
-거나	주거나	-지만	주지만
-거니와	주거니와	-ㄴ/는다거나, -다거나	준다거나
-거든	주거든	-ㄴ/는다고, -다고	준다고
-게	주게	-ㄴ/는다면, -다면	준다면
-고	주고	-는데, -(으)ㄴ데	주는데
-고도	주고도	-(으)나	주나
-고서	주고서	-(으)니	주니
-고자	주고자	-(으)니까	주니까
-기에	주기에	-(으)ㄹ래야	줄래야
-느라	주느라	-(으)러	주러
-느라고	주느라고	-(으)려고	주려고
-다가	주다가	-(으)면	주면
-다시피	주다시피	-(으)면서	주면서
-더니	주더니	-(으)므로	주므로
-더라도	주더라도	-아/어	줘
-던데	주던데	-아/어도	줘도
-도록	주도록	-아/어서	줘서
-든지	주든지	-아/어야	줘야
-듯이	주듯이	-아/어야지	줘야지
-자마자	주자마자	-았/었더니	줬더니
전성어미			
-는	주는	-(으)ㄴ	준
-던	주던	-(으)ㄹ	줄
선어말어미			

선어말어미 + -고		선어말어미 + -(으)며	
-(으)시-	주시고	-(으)시-	주시며
-겠-	주겠고	-겠-	주겠으며
-았/었-	줬고	-았/었-	줬으며
-(으)시었-	주셨고	-(으)시었-	주셨으며
-(으)시겠-	주시겠고	-(으)시겠-	주시겠으며
-(으)시었겠-	주셨겠고	-(으)시었겠-	주셨겠으며
선어말어미 + -아/어(요)		선어말어미 + -ㅂ/습니다	
-(으)시-	주세요	-(으)시-	주십니다
-겠-	주겠어요	-겠-	주겠습니다
-았/었-	줬어요	-았/었-	줬습니다
-(으)시었-	주셨어요	-(으)시었-	주셨습니다
-(으)시겠-	주시겠어요	-(으)시겠-	주시겠습니다
-(으)시었겠-	주셨겠어요	-(으)시었겠-	주셨겠습니다

동일 유형 용언:

가꾸다, 가누다, 가져다주다, 감추다, 갖추다, 거두다, 건네주다, 겨누다, 견주다, 곤두세우다, 그만두다, 깨우다, 꾸다1(꿈을), 꾸다2(돈을), 꿈꾸다, 끼우다, 나누다, 낮추다, 내세우다, 내주다, 넘겨주다, 놓아두다, 놓아주다, 놔두다, 누다, 늦추다, 다루다, 다투다, 달구다, 데우다, 도와주다, 돋우다, 돌려주다, 드리우다, 들려주다, 들어주다, 들추다, 때우다, 떨구다, 띄우다, 맞추다, 멈추다, 메우다, 물려주다, 미루다, 밀어주다, 바꾸다, 바래다주다, 밤새우다, 배우다, 봐주다, 부수다, 북돋우다, 비우다, 비추다, 새우다, 세우다, 싸우다, 씌우다, 알아주다, 앞두다, 앞세우다, 여쭈다, 외우다, 이루다, 일깨우다, 재우다, 지우다, 채우다, 추다, 춤추다, 치우다, 키우다, 태우다, 푸다, 피우다, 헹구다, 힘주다

활용과 발음

- '주다'의 어간 '주'는 '아/어'로 시작하는 어미 중 '어'로 시작하는 어미와 결합하여 '주어(요)', '주었고'와 같이 활용한다. '주어(요)', '주었고'는 '줘(요)', '줬고'와 같이 줄여 발음할 수 있다.
- '주다'의 어간 '주'는 모음으로 끝나므로 매개모음 '으'로 시작하지 않는 어미와 결합하여 '주세요', '주며'와 같이 활용한다.

쉬다 [쉬:다] [swi:da] 동사: rest, relax

종결어미			
-거든(요)	쉬거든(요)	-(으)세요	쉬세요
-네(요)	쉬네(요)	-(으)ㄹ걸(요)	쉴걸(요)
-자	쉬자	-(으)ㄹ게(요)	쉴게(요)
-잖아(요)	쉬잖아(요)	-(으)ㄹ까(요)	쉴까(요)
-지(요)	쉬지(요)	-(으)ㄹ래(요)	쉴래(요)
-ㅂ/습니다	쉽니다	-아/어(요)	쉬어(요)
-ㄴ/는다, -다	쉰다	-아/어라	쉬어라
연결어미			
-거나	쉬거나	-지만	쉬지만
-거니와	쉬거니와	-ㄴ/는다거나, -다거나	쉰다거나
-거든	쉬거든	-ㄴ/는다고, -다고	쉰다고
-게	쉬게	-ㄴ/는다면, -다면	쉰다면
-고	쉬고	-는데, -(으)ㄴ데	쉬는데
-고도	쉬고도	-(으)나	쉬나
-고서	쉬고서	-(으)니	쉬니
-고자	쉬고자	-(으)니까	쉬니까
-기에	쉬기에	-(으)ㄹ래야	쉴래야
-느라	쉬느라	-(으)러	쉬러
-느라고	쉬느라고	-(으)려고	쉬려고
-다가	쉬다가	-(으)면	쉬면
-다시피	쉬다시피	-(으)면서	쉬면서
-더니	쉬더니	-(으)므로	쉬므로
-더라도	쉬더라도	-아/어	쉬어
-던데	쉬던데	-아/어도	쉬어도
-도록	쉬도록	-아/어서	쉬어서
-든지	쉬든지	-아/어야	쉬어야
-듯이	쉬듯이	-아/어야지	쉬어야지
-자마자	쉬자마자	-았/었더니	쉬었더니
전성어미			
-는	쉬는	-(으)ㄴ	쉰
-던	쉬던	-(으)ㄹ	쉴
선어말어미			

선어말어미 + -고		선어말어미 + -(으)며	
-(으)시-	쉬시고	-(으)시-	쉬시며
-겠-	쉬겠고	-겠-	쉬겠으며
-았/었-	쉬었고	-았/었-	쉬었으며
-(으)시었-	쉬셨고	-(으)시었-	쉬셨으며
-(으)시겠-	쉬시겠고	-(으)시겠-	쉬시겠으며
-(으)시었겠-	쉬셨겠고	-(으)시었겠-	쉬셨겠으며
선어말어미 + -아/어(요)		**선어말어미 + -ㅂ/습니다**	
-(으)시-	쉬세요	-(으)시-	쉬십니다
-겠-	쉬겠어요	-겠-	쉬겠습니다
-았/었-	쉬었어요	-았/었-	쉬었습니다
-(으)시었-	쉬셨어요	-(으)시었-	쉬셨습니다
-(으)시겠-	쉬시겠어요	-(으)시겠-	쉬시겠습니다
-(으)시었겠-	쉬셨겠어요	-(으)시었겠-	쉬셨겠습니다

동일 유형 용언:

꿰다, 나뉘다, 날뛰다, 뒤바뀌다, 뛰다, 바뀌다, 사귀다, 쉬다1(음식이 쉬
다), 쉬다2(집에서 쉬다), 움켜쥐다, 쥐다, 튀다, 휘다,

활용과 발음

- '쉬다'의 어간 '쉬'는 음성모음 '위'를 가지므로 '아/어'로 시작하는 어
  미 중 '어'로 시작하는 어미와 결합하여 '쉬어(요)', '쉬었고'와 같이
  활용한다.
- '쉬다'의 어간 '쉬'는 모음으로 끝나므로 매개모음 '으'로 시작하지 않
  는 어미와 결합하여 '쉬세요', '쉬며'와 같이 활용한다.

꿰다 [꿰:다] [k'we:da] 동사: thread, string

종결어미			
-거든(요)	꿰거든(요)	-(으)세요요	꿰세요요
-네(요)	꿰네(요)	-(으)ㄹ걸(요)	꿸걸(요)
-자	꿰자	-(으)ㄹ게(요)	꿸게(요)
-잖아(요)	꿰잖아(요)	-(으)ㄹ까(요)	꿸까(요)
-지(요)	꿰지(요)	-(으)ㄹ래(요)	꿸래(요)
-ㅂ/습니다	꿴니다	-아/어(요)	꿰어(요)
-ㄴ/는다, -다	꿴다	-아/어라	꿰어라
연결어미			
-거나	꿰거나	-지만	꿰지만
-거니와	꿰거니와	-ㄴ/는다거나, -다거나	꿴다거나
-거든	꿰거든	-ㄴ/는다고, -다고	꿴다고
-게	꿰게	-ㄴ/는다면, -다면	꿴다면
-고	꿰고	-는데, -(으)ㄴ데	꿰는데
-고도	꿰고도	-(으)나	꿰나
-고서	꿰고서	-(으)니	꿰니
-고자	꿰고자	-(으)니까	꿰니까
-기에	꿰기에	-(으)ㄹ래야	꿸래야
-느라	꿰느라	-(으)러	꿰러
-느라고	꿰느라고	-(으)려고	꿰려고
-다가	꿰다가	-(으)면	꿰면
-다시피	꿰다시피	-(으)면서	꿰면서
-더니	꿰더니	-(으)므로	꿰므로
-더라도	꿰더라도	-아/어	꿰어
-던데	꿰던데	-아/어도	꿰어도
-도록	꿰도록	-아/어서	꿰어서
-든지	꿰든지	-아/어야	꿰어야
-듯이	꿰듯이	-아/어야지	꿰어야지
-자마자	꿰자마자	-았/었더니	꿰었더니
전성어미			
-는	꿰는	-(으)ㄴ	꿴
-던	꿰던	-(으)ㄹ	꿸
선어말어미			

선어말어미 + -고		선어말어미 + -(으)며	
-(으)시-	꿰시고	-(으)시-	꿰시며
-겠-	꿰겠고	-겠-	꿰겠으며
-았/었-	꿰었고	-았/었-	꿰었으며
-(으)시었-	꿰셨고	-(으)시었-	꿰셨으며
-(으)시겠-	꿰시겠고	-(으)시겠-	꿰시겠으며
-(으)시었겠-	꿰셨겠고	-(으)시었겠-	꿰셨겠으며
선어말어미 + -아/어(요)		선어말어미 + -ㅂ/습니다	
-(으)시-	꿰세요	-(으)시-	꿰십니다
-겠-	꿰겠어요	-겠-	꿰겠습니다
-았/었-	꿰었어요	-았/었-	꿰었습니다
-(으)시었-	꿰셨어요	-(으)시었-	꿰셨습니다
-(으)시겠-	꿰시겠어요	-(으)시겠-	꿰시겠습니다
-(으)시었겠-	꿰셨겠어요	-(으)시었겠-	꿰셨겠습니다

동일 유형 용언:

내리꿰다

활용과 발음

- '꿰다'의 어간 '꿰'는 음성모음 '웨'를 가지므로 '아/어'로 시작하는 어미 중 '어'로 시작하는 어미와 결합하여 '꿰어(요)', '꿰었고'와 같이 활용한다. '꿰어(요)', '꿰었고'는 '꿰(요)', '꿨고'와 같이 줄여 발음할 수 있다.
- '꿰다'의 어간 '꿰'는 모음으로 끝나므로 매개모음 '으'로 시작하지 않는 어미와 결합하여 '꿰세요, 꿰며'와 같이 활용한다.

모으다 [모으다] [mouda] 동사: gather

종결어미			
-거든(요)	모으거든(요)	-(으)세요	모으세요
-네(요)	모으네(요)	-(으)ㄹ걸(요)	모을걸(요)
-자	모으자	-(으)ㄹ게(요)	모을게(요)
-잖아(요)	모으잖아(요)	-(으)ㄹ까(요)	모을까(요)
-지(요)	모으지(요)	-(으)ㄹ래(요)	모을래(요)
-ㅂ/습니다	모읍니다	-아/어(요)	모아(요)
-ㄴ/는다, -다	모은다	-아/어라	모아라
연결어미			
-거나	모으거나	-지만	모으지만
-거니와	모으거니와	-ㄴ/는다거나, -다거나	모은다거나
-거든	모으거든	-ㄴ/는다고, -다고	모은다고
-게	모으게	-ㄴ/는다면, -다면	모은다면
-고	모으고	-는데, -(으)ㄴ데	모으는데
-고도	모으고도	-(으)나	모으나
-고서	모으고서	-(으)니	모으니
-고자	모으고자	-(으)니까	모으니까
-기에	모으기에	-(으)ㄹ래야	모을래야
-느라	모으느라	-(으)러	모으러
-느라고	모으느라고	-(으)려고	모으려고
-다가	모으다가	-(으)면	모으면
-다시피	모으다시피	-(으)면서	모으면서
-더니	모으더니	-(으)므로	모으므로
-더라도	모으더라도	-아/어	모아
-던데	모으던데	-아/어도	모아도
-도록	모으도록	-아/어서	모아서
-든지	모으든지	-아/어야	모아야
-듯이	모으듯이	-아/어야지	모아야지
-자마자	모으자마자	-았/었더니	모았더니
전성어미			
-는	모으는	-(으)ㄴ	모은
-던	모으던	-(으)ㄹ	모을
선어말어미			

선어말어미 + -고		선어말어미 + -(으)며	
-(으)시-	모으시고	-(으)시-	모으시며
-겠-	모으겠고	-겠-	모으겠으며
-았/었-	모았고	-았/었-	모았으며
-(으)시었-	모으셨고	-(으)시었-	모으셨으며
-(으)시겠-	모으시겠고	-(으)시겠-	모으시겠으며
-(으)시었겠-	모으셨겠고	-(으)시었겠-	모으셨겠으며
선어말어미 + -아/어(요)		선어말어미 + -ㅂ/습니다	
-(으)시-	모으세요	-(으)시-	모으십니다
-겠-	모으겠어요	-겠-	모으겠습니다
-았/었-	모았어요	-았/었-	모았습니다
-(으)시었-	모으셨어요	-(으)시었-	모으셨습니다
-(으)시겠-	모으시겠어요	-(으)시겠-	모으시겠습니다
-(으)시었겠-	모으셨겠어요	-(으)시었겠-	모으셨겠습니다

동일 유형 용언:

다다르다, 담그다, 뒤따르다, 따르다1(뒤를 따르다), 따르다2(물을 따르다), 잇따르다, 잠그다

활용과 발음

- ‘모으다’는 ‘으’ 탈락 규칙 활용 용언이다. 연결어미 ‘-아/어’와 선어말어미 ‘-았/었’과 결합할 때 모음 ‘으’가 탈락한다. ‘모으+아’는 ‘모아’가 되고 ‘모으+았다’는 ‘모았다’가 된다.
- ‘으’ 탈락 규칙 활용 용언은 ‘으’가 탈락한 그 앞선 모음을 기준으로 활용형이 바뀐다. 따라서 ‘모으다’의 어간 ‘모으’는 ‘으’ 앞 음절이 양성모음 ‘오’를 가지므로 ‘아/어’로 시작하는 어미 중 ‘아’로 시작하는 어미와 결합하여 ‘모아(요)’, ‘모았고’와 같이 활용한다.
- ‘모으다’의 어간 ‘모으’는 모음으로 끝나므로 매개모음 ‘으’로 시작하지 않는 어미와 결합하여 ‘모으세요’, ‘모으며’와 같이 활용한다.

아프다 [아프다] [apʰɯda] 형용사: painful, sore

종결어미			
-거든(요)	아프거든(요)	-(으)세요	아프세요
-네(요)	아프네(요)	-(으)ㄹ걸(요)	아플걸(요)
-자	~~아프자~~	-(으)ㄹ게(요)	~~아플게(요)~~
-잖아(요)	아프잖아(요)	-(으)ㄹ까(요)	~~아플까(요)~~
-지(요)	아프지(요)	-(으)ㄹ래(요)	~~아플래(요)~~
-ㅂ/습니다	아픕니다	-아/어(요)	아파(요)
-ㄴ/는다, -다	아프다	-아/어라	~~아파라~~
연결어미			
-거나	아프거나	-지만	아프지만
-거니와	아프거니와	-ㄴ/는다거나, -다거나	아프다거나
-거든	아프거든	-ㄴ/는다고, -다고	아프다고
-게	아프게	-ㄴ/는다면, -다면	아프다면
-고	아프고	-는데, -(으)ㄴ데	아픈데
-고도	아프고도	-(으)나	아프나
-고서	~~아프고서~~	-(으)니	아프니
-고자	~~아프고자~~	-(으)니까	아프니까
-기에	아프기에	-(으)ㄹ래야	아플래야
-느라	~~아프느라~~	-(으)러	~~아프러~~
-느라고	~~아프느라고~~	-(으)려고	~~아프려고~~
-다가	~~아프다가~~	-(으)면	아프면
-다시피	~~아프다시피~~	-(으)면서	아프면서
-더니	아프더니	-(으)므로	아프므로
-더라도	아프더라도	-아/어	아파
-던데	아프던데	-아/어도	아파도
-도록	~~아프도록~~	-아/어서	아파서
-든지	아프든지	-아/어야	아파야
-듯이	아프듯이	-아/어야지	아파야지
-자마자	~~아프자마자~~	-았/었더니	~~아팠더니~~
전성어미			
-는	~~아프는~~	-(으)ㄴ	아픈
-던	아프던	-(으)ㄹ	아플
선어말어미			

선어말어미 + -고		선어말어미 + -(으)며	
-(으)시-	아프시고	-(으)시-	아프시며
-겠-	아프겠고	-겠-	아프겠으며
-았/었-	아팠고	-았/었-	아팠으며
-(으)시었-	아프셨고	-(으)시었-	아프셨으며
-(으)시겠-	아프시겠고	-(으)시겠-	아프시겠으며
-(으)시었겠-	아프셨겠고	-(으)시었겠-	아프셨겠으며

선어말어미 + -아/어(요)		선어말어미 + -ㅂ/습니다	
-(으)시-	아프세요	-(으)시-	아프십니다
-겠-	아프겠어요	-겠-	아프겠습니다
-았/었-	아팠어요	-았/었-	아팠습니다
-(으)시었-	아프셨어요	-(으)시었-	아프셨습니다
-(으)시겠-	아프시겠어요	-(으)시겠-	아프시겠습니다
-(으)시었겠-	아프셨겠어요	-(으)시었겠-	아프셨겠습니다

동일 유형 용언:

가쁘다, 고달프다, 고프다, 나쁘다, 바쁘다, 배고프다

활용과 발음

- '아프다'는 형용사이므로, 동사와만 결합하는 종결어미, 연결어미, 관형사형 어미와는 결합하지 못한다.
- '아프다'는 '으' 탈락 규칙 활용 용언이다. 연결어미 '-아/어'와 선어말어미 '-았/었'과 결합할 때 모음 '으'가 탈락한다. '아프+아'는 '아파'가 되고 '아프+았다'는 '아팠다'가 된다.
- '으' 탈락 규칙 활용 용언은 '으'가 탈락한 그 앞선 모음을 기준으로 활용형이 바뀐다. 따라서 '아프다'의 어간 '아프'는 '으' 앞 음절이 양성모음 '아'를 가지므로 '아/어'로 시작하는 어미 중 '아'로 시작하는 어미와 결합하여 '아파(요)', '아팠고'와 같이 활용한다.
- '아프다'의 어간 '아프'는 모음으로 끝나므로 매개모음 '으'로 시작하지 않는 어미와 결합하여 '아프세요', '아프며'와 같이 활용한다.

쓰다1 [쓰다] [s'uda] 동사: write (down), compose

종결어미			
-거든(요)	쓰거든(요)	-(으)세요	쓰세요
-네(요)	쓰네(요)	-(으)ㄹ걸(요)	쓸걸(요)
-자	쓰자	-(으)ㄹ게(요)	쓸게(요)
-잖아(요)	쓰잖아(요)	-(으)ㄹ까(요)	쓸까(요)
-지(요)	쓰지(요)	-(으)ㄹ래(요)	쓸래(요)
-ㅂ/습니다	씁니다	-아/어(요)	써(요)
-ㄴ/는다, -다	쓴다	-아/어라	써라

연결어미			
-거나	쓰거나	-지만	쓰지만
-거니와	쓰거니와	-ㄴ/는다거나, -다거나	쓴다거나
-거든	쓰거든	-ㄴ/는다고, -다고	쓴다고
-게	쓰게	-ㄴ/는다면, -다면	쓴다면
-고	쓰고	-는데, -(으)ㄴ데	쓰는데
-고도	쓰고도	-(으)나	쓰나
-고서	쓰고서	-(으)니	쓰니
-고자	쓰고자	-(으)니까	쓰니까
-기에	쓰기에	-(으)ㄹ래야	쓸래야
-느라	쓰느라	-(으)러	쓰러
-느라고	쓰느라고	-(으)려고	쓰려고
-다가	쓰다가	-(으)면	쓰면
-다시피	쓰다시피	-(으)면서	쓰면서
-더니	쓰더니	-(으)므로	쓰므로
-더라도	쓰더라도	-아/어	써
-던데	쓰던데	-아/어도	써도
-도록	쓰도록	-아/어서	써서
-든지	쓰든지	-아/어야	써야
-듯이	쓰듯이	-아/어야지	써야지
-자마자	쓰자마자	-았/었더니	썼더니

전성어미			
-는	쓰는	-(으)ㄴ	쓴
-던	쓰던	-(으)ㄹ	쓸

선어말어미			

선어말어미 + -고		선어말어미 + -(으)며	
-(으)시-	쓰시고	-(으)시-	쓰시며
-겠-	쓰겠고	-겠-	쓰겠으며
-았/었-	썼고	-았/었-	썼으며
-(으)시었-	쓰셨고	-(으)시었-	쓰셨으며
-(으)시겠-	쓰시겠고	-(으)시겠-	쓰시겠으며
-(으)시었겠-	쓰셨겠고	-(으)시었겠-	쓰셨겠으며
선어말어미 + -아/어(요)		선어말어미 + -ㅂ/습니다	
-(으)시-	쓰세요	-(으)시-	쓰십니다
-겠-	쓰겠어요	-겠-	쓰겠습니다
-았/었-	썼어요	-았/었-	썼습니다
-(으)시었-	쓰셨어요	-(으)시었-	쓰셨습니다
-(으)시겠-	쓰시겠어요	-(으)시겠-	쓰시겠습니다
-(으)시었겠-	쓰셨겠어요	-(으)시었겠-	쓰셨겠습니다

동일 유형 용언:

끄다, 눈뜨다, 뒤집어쓰다, 들뜨다, 들르다, 뜨다1(물 위에 뜨다), 뜨다2(눈을 뜨다), 뜨다3(장갑을 뜨다), 무릎쓰다, 받아쓰다, 본뜨다, 부릅뜨다, 싹트다, 애쓰다, 치르다, 트다, 힘쓰다

활용과 발음

- '쓰다'는 '으' 탈락 규칙 활용 용언이다. 연결어미 '-아/어'와 선어말어미 '-았/었'과 결합할 때 모음 '으'가 탈락한다.
- '으' 탈락 규칙 활용 용언은 '으'가 탈락한 그 앞선 모음을 기준으로 활용형이 바뀐다. '쓰다'와 같이 '으'가 탈락하여 모음이 없는 경우와 '으' 앞 음절이 음성모음을 가지는 경우에는 '아/어'로 시작하는 어미 중 '어'로 시작하는 어미와 결합하여 '써(요)', '썼고'나 '애써(요)', '애썼고'와 같이 활용한다.
- '쓰다'의 어간 '쓰'는 모음으로 끝나므로 매개모음 '으'로 시작하지 않는 어미와 결합하여 '쓰세요', '쓰며'와 같이 활용한다.

크다 [크다] [kʰuda] 형용사: big

종결어미			
-거든(요)	크거든(요)	-(으)세요	크세요
-네(요)	크네(요)	-(으)ㄹ걸(요)	클걸(요)
-자	~~크자~~	-(으)ㄹ게(요)	~~클게(요)~~
-잖아(요)	크잖아(요)	-(으)ㄹ까(요)	~~클까(요)~~
-지(요)	크지(요)	-(으)ㄹ래(요)	~~클래(요)~~
-ㅂ/습니다	큽니다	-아/어(요)	커(요)
-ㄴ/는다, -다	크다	-아/어라	커라
연결어미			
-거나	크거나	-지만	크지만
-거니와	크거니와	-ㄴ/는다거나, -다거나	크다거나
-거든	크거든	-ㄴ/는다고, -다고	크다고
-게	크게	-ㄴ/는다면, -다면	크다면
-고	크고	-는데, -(으)ㄴ데	큰데
-고도	크고도	-(으)나	크나
-고서	~~크고서~~	-(으)니	크니
-고자	~~크고자~~	-(으)니까	크니까
-기에	크기에	-(으)ㄹ래야	~~클래야~~
-느라	~~크느라~~	-(으)러	~~크라~~
-느라고	~~크느라고~~	-(으)려고	~~크려고~~
-다가	~~크다가~~	-(으)면	크면
-다시피	~~크다시피~~	-(으)면서	크면서
-더니	크더니	-(으)므로	크므로
-더라도	크더라도	-아/어	커
-던데	크던데	-아/어도	커도
-도록	~~크도록~~	-아/어서	커서
-든지	크든지	-아/어야	커야
-듯이	크듯이	-아/어야지	커야지
-자마자	~~크자마자~~	-았/었더니	~~컸더니~~
전성어미			
-는	~~크는~~	-(으)ㄴ	큰
-던	크던	-(으)ㄹ	클
선어말어미			

선어말어미 + -고		선어말어미 + -(으)며	
-(으)시-	크시고	-(으)시-	크시며
-겠-	크겠고	-겠-	크겠으며
-았/었-	컸고	-았/었-	컸으며
-(으)시었-	크셨고	-(으)시었-	크셨으며
-(으)시겠-	크시겠고	-(으)시겠-	크시겠으며
-(으)시었겠-	크셨겠고	-(으)시었겠-	크셨겠으며
선어말어미 + -아/어(요)		선어말어미 + -ㅂ/습니다	
-(으)시-	크세요	-(으)시-	크십니다
-겠-	크겠어요	-겠-	크겠습니다
-았/었-	컸어요	-았/었-	컸습니다
-(으)시었-	크셨어요	-(으)시었-	크셨습니다
-(으)시겠-	크시겠어요	-(으)시겠-	크시겠습니다
-(으)시었겠-	크셨겠어요	-(으)시었겠-	크셨겠습니다

동일 유형 용언:

가냘프다, 기쁘다, 서글프다, 슬프다, 쓰다2, 어설프다, 예쁘다, 헤프다

활용과 발음

- '크다'는 형용사이므로, 동사와만 결합하는 종결어미, 연결어미, 관형사형 어미와는 결합하지 못한다.
- '크다'는 '으' 탈락 규칙 활용 용언이다. 연결어미 '-아/어'와 선어말어미 '-았/었'과 결합할 때 모음 '으'가 탈락한다.
- '으' 탈락 규칙 활용 용언은 '으'가 탈락한 그 앞선 모음을 기준으로 활용형이 바뀐다. '크다'와 같이 '으'가 탈락하여 모음이 없는 경우와 '으' 앞 음절이 음성모음을 가지는 경우에는 '아/어'로 시작하는 어미 중 '어'로 시작하는 어미와 결합하여 '커(요)', '컸고'나 '예뻐(요)', '예뻤고'와 같이 활용한다.
- '크다'의 어간 '크'는 모음으로 끝나므로 매개모음 '으'로 시작하지 않는 어미와 결합하여 '크세요', '크며'와 같이 활용한다.

고르다1 [고르다] [koruda] 동사: choose <르 불규칙>

종결어미			
-거든(요)	고르거든(요)	-(으)세요	고르세요
-네(요)	고르네(요)	-(으)ㄹ걸(요)	고를걸(요)
-자	고르자	-(으)ㄹ게(요)	고를게(요)
-잖아(요)	고르잖아(요)	-(으)ㄹ까(요)	고를까(요)
-지(요)	고르지(요)	-(으)ㄹ래(요)	고를래(요)
-ㅂ/습니다	고릅니다	-아/어(요)	골라(요)
-ㄴ/는다, -다	고른다	-아/어라	골라라
연결어미			
-거나	고르거나	-지만	고르지만
-거니와	고르거니와	-ㄴ/는다거나, -다거나	고른다거나
-거든	고르거든	-ㄴ/는다고, -다고	고른다고
-게	고르게	-ㄴ/는다면, -다면	고른다면
-고	고르고	-는데, -(으)ㄴ데	고르는데
-고도	고르고도	-(으)나	고르나
-고서	고르고서	-(으)니	고르니
-고자	고르고자	-(으)니까	고르니까
-기에	고르기에	-(으)ㄹ래야	고를래야
-느라	고르느라	-(으)러	고르러
-느라고	고르느라고	-(으)려고	고르려고
-다가	고르다가	-(으)면	고르면
-다시피	고르다시피	-(으)면서	고르면서
-더니	고르더니	-(으)므로	고르므로
-더라도	고르더라도	-아/어	골라
-던데	고르던데	-아/어도	골라도
-도록	고르도록	-아/어서	골라서
-든지	고르든지	-아/어야	골라야
-듯이	고르듯이	-아/어야지	골라야지
-자마자	고르자마자	-았/었더니	골랐더니
전성어미			
-는	고르는	-(으)ㄴ	고른
-던	고르던	-(으)ㄹ	고를
선어말어미			

선어말어미 + -고		선어말어미 + -(으)며	
-(으)시-	고르시고	-(으)시-	고르시며
-겠-	고르겠고	-겠-	고르겠으며
-았/었-	골랐고	-았/었-	골랐으며
-(으)시었-	고르셨고	-(으)시었-	고르셨으며
-(으)시겠-	고르시겠고	-(으)시겠-	고르시겠으며
-(으)시었겠-	고르셨겠고	-(으)시었겠-	고르셨겠으며
선어말어미 + -아/어(요)		**선어말어미 + -ㅂ/습니다**	
-(으)시-	고르세요	-(으)시-	고르십니다
-겠-	고르겠어요	-겠-	고르겠습니다
-았/었-	골랐어요	-았/었-	골랐습니다
-(으)시었-	고르셨어요	-(으)시었-	고르셨습니다
-(으)시겠-	고르시겠어요	-(으)시겠-	고르시겠습니다
-(으)시었겠-	고르셨겠어요	-(으)시었겠-	고르셨겠습니다

동일 유형 용언:

기어오르다, 끓어오르다, 나르다, 날아오르다, 달아오르다, 떠오르다, 마르다, 모르다, 자르다, 바르다1, 솟아오르다, 오르다, 조르다1, 조르다2, 타오르다, 피어오르다

활용과 발음

- '고르다'는 '르' 불규칙 활용 동사이다. 연결어미 '-아/어'와 선어말어미 '-았/었'과 결합할 때 모음 '으'가 탈락하고 'ㄹ'이 추가된다.
- '르' 불규칙 활용 동사는 '으'가 탈락한 그 앞선 모음을 기준으로 활용형이 바뀐다. '고르다'의 어간 '고르'에서 '으' 앞 음절의 모음은 양성모음 '오'이므로 '아/어'로 시작하는 어미 중 '아'로 시작하는 어미와 결합하여 '골라(요)', '골랐고'와 같이 활용한다.
- '고르다'의 어간 '고르'는 모음으로 끝나므로 매개모음 '으'로 시작하지 않는 어미와 결합하여 '고르세요', '고르며'와 같이 활용한다.

바르다2 [바르다] [paruuda] 형용사: straight, upright <르 불규칙>

종결어미			
-거든(요)	바르거든(요)	-(으)세요	바르세요
-네(요)	바르네(요)	-(으)ㄹ걸(요)	바를걸(요)
-자	~~바르자~~	-(으)ㄹ게(요)	~~바를게(요)~~
-잖아(요)	바르잖아(요)	-(으)ㄹ까(요)	~~바를까(요)~~
-지(요)	바르지(요)	-(으)ㄹ래(요)	~~바를래(요)~~
-ㅂ/습니다	바릅니다	-아/어(요)	발라(요)
-ㄴ/는다, -다	바르다	-아/어라	발라라
연결어미			
-거나	바르거나	-지만	바르지만
-거니와	바르거니와	-ㄴ/는다거나, -다거나	바르다거나
-거든	바르거든	-ㄴ/는다고, -다고	바르다고
-게	바르게	-ㄴ/는다면, -다면	바르다면
-고	바르고	-는데, -(으)ㄴ데	바른데
-고도	바르고도	-(으)나	바르나
-고서	~~바르고서~~	-(으)니	바르니
-고자	~~바르고자~~	-(으)니까	바르니까
-기에	바르기에	-(으)ㄹ래야	~~바를래야~~
-느라	~~바르느라~~	-(으)러	~~바르라~~
-느라고	~~바르느라고~~	-(으)려고	~~바르려고~~
-다가	~~바르다가~~	-(으)면	바르면
-다시피	~~바르다시피~~	-(으)면서	바르면서
-더니	바르더니	-(으)므로	바르므로
-더라도	바르더라도	-아/어	발라
-던데	바르던데	-아/어도	발라도
-도록	~~바르도록~~	-아/어서	발라서
-든지	바르든지	-아/어야	발라야
-듯이	바르듯이	-아/어야지	발라야지
-자마자	~~바르자마자~~	-았/었더니	~~발랐더니~~
전성어미			
-는	~~바르는~~	-(으)ㄴ	바른
-던	바르던	-(으)ㄹ	바를
선어말어미			

선어말어미 + -고		선어말어미 + -(으)며	
-(으)시-	바르시고	-(으)시-	바르시며
-겠-	바르겠고	-겠-	바르겠으며
-았/었-	발랐고	-았/었-	발랐으며
-(으)시었-	바르셨고	-(으)시었-	바르셨으며
-(으)시겠-	바르시겠고	-(으)시겠-	바르시겠으며
-(으)시었겠-	바르셨겠고	-(으)시었겠-	바르셨겠으며
선어말어미 + -아/어(요)		선어말어미 + -ㅂ/습니다	
-(으)시-	바르세요	-(으)시-	바르십니다
-겠-	바르겠어요	-겠-	바르겠습니다
-았/었-	발랐어요	-았/었-	발랐습니다
-(으)시었-	바르셨어요	-(으)시었-	바르셨습니다
-(으)시겠-	바르시겠어요	-(으)시겠-	바르시겠습니다
-(으)시었겠-	바르셨겠어요	-(으)시었겠-	바르셨겠습니다

동일 유형 용언:

가파르다, 고르다2, 남다르다, 다르다, 메마르다, 목마르다, 빠르다, 색다르다,

활용과 발음

- '바르다'는 형용사이므로, 동사와만 결합하는 종결어미, 연결어미, 관형사형 어미와는 결합하지 못한다.
- '바르다'는 '르' 불규칙 활용 형용사이다. 연결어미 '-아/어'와 선어말어미 '-았/었'과 결합할 때 모음 '으'가 탈락하고 'ㄹ'이 추가된다.
- '르' 불규칙 활용 형용사는 '으'가 탈락한 그 앞선 모음을 기준으로 활용형이 바뀐다. '바르다'의 어간 '바르'에서 '으' 앞 음절의 모음은 양성모음 '아'이므로 '아/어'로 시작하는 어미 중 '아'로 시작하는 어미와 결합하여 '발라(요)', '발랐고'와 같이 활용한다.
- '바르다'의 어간 '바르'는 모음으로 끝나므로 매개모음 '으'로 시작하지 않는 어미와 결합하여 '바르세요', '바르며'와 같이 활용한다.

부르다 [부르다] [puruuda] 동사: call <르 불규칙>

종결어미			
-거든(요)	부르거든(요)	-(으)세요	부르세요
-네(요)	부르네(요)	-(으)ㄹ걸(요)	부를걸(요)
-자	부르자	-(으)ㄹ게(요)	부를게(요)
-잖아(요)	부르잖아(요)	-(으)ㄹ까(요)	부를까(요)
-지(요)	부르지(요)	-(으)ㄹ래(요)	부를래(요)
-ㅂ/습니다	부릅니다	-아/어(요)	불러(요)
-ㄴ/는다, -다	부른다	-아/어라	불러라
연결어미			
-거나	부르거나	-지만	부르지만
-거니와	부르거니와	-ㄴ/는다거나, -다거나	부른다거나
-거든	부르거든	-ㄴ/는다고, -다고	부른다고
-게	부르게	-ㄴ/는다면, -다면	부른다면
-고	부르고	-는데, -(으)ㄴ데	부르는데
-고도	부르고도	-(으)나	부르나
-고서	부르고서	-(으)니	부르니
-고자	부르고자	-(으)니까	부르니까
-기에	부르기에	-(으)ㄹ래야	부를래야
-느라	부르느라	-(으)러	부르러
-느라고	부르느라고	-(으)려고	부르려고
-다가	부르다가	-(으)면	부르면
-다시피	부르다시피	-(으)면서	부르면서
-더니	부르더니	-(으)므로	부르므로
-더라도	부르더라도	-아/어	불러
-던데	부르던데	-아/어도	불러도
-도록	부르도록	-아/어서	불러서
-든지	부르든지	-아/어야	불러야
-듯이	부르듯이	-아/어야지	불러야지
-자마자	부르자마자	-았/었더니	불렀더니
전성어미			
-는	부르는	-(으)ㄴ	부른
-던	부르던	-(으)ㄹ	부를
선어말어미			

선어말어미 + -고		선어말어미 + -(으)며	
-(으)시-	부르시고	-(으)시-	부르시며
-겠-	부르겠고	-겠-	부르겠으며
-았/었-	불렀고	-았/었-	불렀으며
-(으)시었-	부르셨고	-(으)시었-	부르셨으며
-(으)시겠-	부르시겠고	-(으)시겠-	부르시겠으며
-(으)시었겠-	부르셨겠고	-(으)시었겠-	부르셨겠으며
선어말어미 + -아/어(요)		선어말어미 + -ㅂ/습니다	
-(으)시-	부르세요	-(으)시-	부르십니다
-겠-	부르겠어요	-겠-	부르겠습니다
-았/었-	불렀어요	-았/었-	불렀습니다
-(으)시었-	부르셨어요	-(으)시었-	부르셨습니다
-(으)시겠-	부르시겠어요	-(으)시겠-	부르시겠습니다
-(으)시었겠-	부르셨겠어요	-(으)시었겠-	부르셨겠습니다

동일 유형 용언:

가로지르다, 거르다, 거스르다, 구르다, 기르다, 내지르다, 누르다, 문지르다, 벼르다, 서두르다, 아우르다, 앞지르다, 어지르다, 억누르다, 으르다, 이르다1, 저지르다, 주무르다, 지르다, 짓누르다, 찌르다, 타이르다, 휘두르다, 흐르다

활용과 발음

- '부르다'는 '르' 불규칙 활용 동사이다. 연결어미 '-아/어'와 선어말어미 '-았/었'과 결합할 때 모음 '으'가 탈락하고 'ㄹ'이 추가된다.
- '르' 불규칙 활용 동사는 '으'가 탈락한 그 앞선 모음을 기준으로 활용형이 바뀐다. '부르다'의 어간 '부르'에서 '으' 앞 음절의 모음은 음성모음 '우'이므로 '아/어'로 시작하는 어미 중 '어'로 시작하는 어미와 결합하여 '불러(요)', '불렀고'와 같이 활용한다.
- '부르다'의 어간 '부르'는 모음으로 끝나므로 매개모음 '으'로 시작하지 않는 어미와 결합하여 '부르세요', '부르며'와 같이 활용한다.

게으르다 [게으르다] [keuruda] 형용사: lazy, idle <르 불규칙>

종결어미			
-거든(요)	게으르거든(요)	-(으)세요	게으르세요
-네(요)	게으르네(요)	-(으)ㄹ걸(요)	게으를걸(요)
-자	게으르자	-(으)ㄹ게(요)	게으를게(요)
-잖아(요)	게으르잖아(요)	-(으)ㄹ까(요)	게으를까(요)
-지(요)	게으르지(요)	-(으)ㄹ래(요)	게으를래(요)
-ㅂ/습니다	게으릅니다	-아/어(요)	게을러(요)
-ㄴ/는다, -다	게으르다	-아/어라	게을러라
연결어미			
-거나	게으르거나	-지만	게으르지만
-거니와	게으르거니와	-ㄴ/는다거나, -다거나	게으르다거나
-거든	게으르거든	-ㄴ/는다고, -다고	게으르다고
-게	게으르게	-ㄴ/는다면, -다면	게으르다면
-고	게으르고	-는데, -(으)ㄴ데	게으른데
-고도	게으르고도	-(으)나	게으르나
-고서	게으르고서	-(으)니	게으르니
-고자	게으르고자	-(으)니까	게으르니까
-기에	게으르기에	-(으)ㄹ래야	게으를래야
-느라	게으르느라	-(으)러	게으르러
-느라고	게으르느라고	-(으)려고	게으르려고
-다가	게으르다가	-(으)면	게으르면
-다시피	게으르다시피	-(으)면서	게으르면서
-더니	게으르더니	-(으)므로	게으르므로
-더라도	게으르더라도	-아/어	게을러
-던데	게으르던데	-아/어도	게을러도
-도록	게으르도록	-아/어서	게을러서
-든지	게으르든지	-아/어야	게을러야
-듯이	게으르듯이	-아/어야지	게을러야지
-자마자	게으르자마자	-았/었더니	게을렀더니
전성어미			
-는	게으르는	-(으)ㄴ	게으른
-던	게으르던	-(으)ㄹ	게으를
선어말어미			

선어말어미 + -고		선어말어미 + -(으)며	
-(으)시-	게으르시고	-(으)시-	게으르시며
-겠-	게으르겠고	-겠-	게으르겠으며
-았/었-	게을렀고	-았/었-	게을렀으며
-(으)시었-	게으르셨고	-(으)시었-	게으르셨으며
-(으)시겠-	게으르시겠고	-(으)시겠-	게으르시겠으며
-(으)시었겠-	게으르셨겠고	-(으)시었겠-	게으르셨겠으며
선어말어미 + -아/어(요)		선어말어미 + -ㅂ/습니다	
-(으)시-	게으르세요	-(으)시-	게으르십니다
-겠-	게으르겠어요	-겠-	게으르겠습니다
-았/었-	게을렀어요	-았/었-	게을렀습니다
-(으)시었-	게으르셨어요	-(으)시었-	게으르셨습니다
-(으)시겠-	게으르시겠어요	-(으)시겠-	게으르시겠습니다
-(으)시었겠-	게으르셨겠어요	-(으)시었겠-	게으르셨겠습니다

동일 유형 용언:
그르다, 무르다, 배부르다, 부르다2, 이르다2

활용과 발음
- '게으르다'는 형용사이므로, 동사와만 결합하는 종결어미, 연결어미, 관형사형 어미와는 결합하지 못한다.
- '게으르다'는 '르' 불규칙 활용 형용사이다. 연결어미 '-아/어'와 선어말어미 '-았/었'과 결합할 때 모음 '으'가 탈락하고 'ㄹ'이 추가된다.
- '르' 불규칙 활용 형용사는 '으'가 탈락한 그 앞선 모음을 기준으로 활용형이 바뀐다. '게으르다'의 어간 '게으르'에서 '으' 앞 음절의 모음은 음성모음 '으'이므로 '아/어'로 시작하는 어미 중 '어'로 시작하는 어미와 결합하여 '게을러(요)', '게을렀고'와 같이 활용한다.
- '게으르다'의 어간 '게으르'는 모음으로 끝나므로 매개모음 '으'로 시작하지 않는 어미와 결합하여 '게으르세요', '게으르며'와 같이 활용한다.

이르다3 [이르다] [iruda] 동사: arrive (at/in), reach, get (to) <러 불규칙>

종결어미			
-거든(요)	이르거든(요)	-(으)세요	이르세요
-네(요)	이르네(요)	-(으)ㄹ걸(요)	이를걸(요)
-자	이르자	-(으)ㄹ게(요)	이를게(요)
-잖아(요)	이르잖아(요)	-(으)ㄹ까(요)	이를까(요)
-지(요)	이르지(요)	-(으)ㄹ래(요)	이를래(요)
-ㅂ/습니다	이릅니다	-아/어(요)	이르러(요)
-ㄴ/는다, -다	이른다	-아/어라	이르러라
연결어미			
-거나	이르거나	-지만	이르지만
-거니와	이르거니와	-ㄴ/는다거나, -다거나	이른다거나
-거든	이르거든	-ㄴ/는다고, -다고	이른다고
-게	이르게	-ㄴ/는다면, -다면	이른다면
-고	이르고	-는데, -(으)ㄴ데	이르는데
-고도	이르고도	-(으)나	이르나
-고서	이르고서	-(으)니	이르니
-고자	이르고자	-(으)니까	이르니까
-기에	이르기에	-(으)ㄹ래야	이를래야
-느라	이르느라	-(으)러	이르러
-느라고	이르느라고	-(으)려고	이르려고
-다가	이르다가	-(으)면	이르면
-다시피	이르다시피	-(으)면서	이르면서
-더니	이르더니	-(으)므로	이르므로
-더라도	이르더라도	-아/어	이르러
-던데	이르던데	-아/어도	이르러도
-도록	이르도록	-아/어서	이르러서
-든지	이르든지	-아/어야	이르러야
-듯이	이르듯이	-아/어야지	이르러야지
-자마자	이르자마자	-았/었더니	이르렀더니
전성어미			
-는	이르는	-(으)ㄴ	이른
-던	이르던	-(으)ㄹ	이를

선어말어미			
선어말어미 + -고		**선어말어미 + -(으)며**	
-(으)시-	이르시고	-(으)시-	이르시며
-겠-	이르겠고	-겠-	이르겠으며
-았/었-	이르렀고	-았/었-	이르렀으며
-(으)시었-	이르셨고	-(으)시었-	이르셨으며
-(으)시겠-	이르시겠고	-(으)시겠-	이르시겠으며
-(으)시었겠-	이르셨겠고	-(으)시었겠-	이르셨겠으며
선어말어미 + -아/어(요)		**선어말어미 + -ㅂ/습니다**	
-(으)시-	이르세요	-(으)시-	이르십니다
-겠-	이르겠어요	-겠-	이르겠습니다
-았/었-	이르렀어요	-았/었-	이르렀습니다
-(으)시었-	이르셨어요	-(으)시었-	이르셨습니다
-(으)시겠-	이르시겠어요	-(으)시겠-	이르시겠습니다
-(으)시었겠-	이르셨겠어요	-(으)시었겠-	이르셨겠습니다

동일 유형 용언:

없음

활용과 발음

- '이르다'는 '러' 불규칙 활용 동사이다. '이르-'와 결합하는 연결어미 '-아/어'와 선어말어미 '-았/었'은 '-러, -렀'으로 바뀌어 활용된다. 이때 모음 '으'는 탈락하지 않는다. 따라서 '이르러(요)', '이르렀고'와 같이 활용한다.
- '이르다'의 어간 '이르'는 모음으로 끝나므로 매개모음 '으'로 시작하지 않는 어미와 결합하여 '이르세요', '이르며'와 같이 활용한다.

푸르다 [푸르다] [pʰuruda] 형용사: blue <러 불규칙>

종결어미			
-거든(요)	푸르거든(요)	-(으)세요	푸르세요
-네(요)	푸르네(요)	-(으)ㄹ걸(요)	푸를걸(요)
-자	~~푸르자~~	-(으)ㄹ게(요)	~~푸를게(요)~~
-잖아(요)	푸르잖아(요)	-(으)ㄹ까(요)	~~푸를까(요)~~
-지(요)	푸르지(요)	-(으)ㄹ래(요)	~~푸를래(요)~~
-ㅂ/습니다	푸릅니다	-아/어(요)	푸르러(요)
-ㄴ/는다, -다	푸르다	-아/어라	~~푸르러라~~
연결어미			
-거나	푸르거나	-지만	푸르지만
-거니와	푸르거니와	-ㄴ/는다거나, -다거나	푸르다거나
-거든	푸르거든	-ㄴ/는다고, -다고	푸르다고
-게	푸르게	-ㄴ/는다면, -다면	푸르다면
-고	푸르고	-는데, -(으)ㄴ데	푸른데
-고도	푸르고도	-(으)나	푸르나
-고서	~~푸르고서~~	-(으)니	푸르니
-고자	~~푸르고자~~	-(으)니까	푸르니까
-기에	푸르기에	-(으)ㄹ래야	~~푸를래야~~
-느라	~~푸르느라~~	-(으)러	~~푸르라~~
-느라고	~~푸르느라고~~	-(으)려고	~~푸르려고~~
-다가	~~푸르다가~~	-(으)면	푸르면
-다시피	~~푸르다시피~~	-(으)면서	푸르면서
-더니	푸르더니	-(으)므로	푸르므로
-더라도	푸르더라도	-아/어	푸르러
-던데	푸르던데	-아/어도	푸르러도
-도록	~~푸르도록~~	-아/어서	푸르러서
-든지	푸르든지	-아/어야	푸르러야
-듯이	푸르듯이	-아/어야지	푸르러야지
-자마자	~~푸르자마자~~	-았/었더니	~~푸르렀더니~~
전성어미			
-는	~~푸르는~~	-(으)ㄴ	푸른
-던	푸르던	-(으)ㄹ	푸를
선어말어미			

선어말어미 + -고		선어말어미 + -(으)며	
-(으)시-	푸르시고	-(으)시-	푸르시며
-겠-	푸르겠고	-겠-	푸르겠으며
-았/었-	푸르렀고	-았/었-	푸르렀으며
-(으)시었-	푸르셨고	-(으)시었-	푸르셨으며
-(으)시겠-	푸르시겠고	-(으)시겠-	푸르시겠으며
-(으)시었겠-	푸르셨겠고	-(으)시었겠-	푸르셨겠으며
선어말어미 + -아/어(요)		선어말어미 + -ㅂ/습니다	
-(으)시-	푸르세요	-(으)시-	푸르십니다
-겠-	푸르겠어요	-겠-	푸르겠습니다
-았/었-	푸르렀어요	-았/었-	푸르렀습니다
-(으)시었-	푸르셨어요	-(으)시었-	푸르셨습니다
-(으)시겠-	푸르시겠어요	-(으)시겠-	푸르시겠습니다
-(으)시었겠-	푸르셨겠어요	-(으)시었겠-	푸르셨겠습니다

동일 유형 용언:

노르다, 누르다, 검푸르다, 시푸르다, 희누르다, 희푸르다

활용과 발음

- '푸르다'는 형용사이므로, 동사와만 결합하는 종결어미, 연결어미, 관형사형 어미와는 결합하지 못한다.
- '푸르다'는 '러' 불규칙 활용 동사이다. '푸르-'와 결합하는 연결어미 '-아/어'와 선어말어미 '-았/었'은 '-러, -렀'으로 바뀌어 활용된다. 이때 모음 '으'는 탈락하지 않는다. 따라서 '푸르러(요)', '푸르렀고'와 같이 활용한다.
- '푸르다'의 어간 '푸르'는 모음으로 끝나므로 매개모음 '으'로 시작하지 않는 어미와 결합하여 '푸르세요', '푸르며'와 같이 활용한다.

띄다 [띠:다] [t'i:da] 동사: stand out

종결어미			
-거든(요)	띄거든(요)	-(으)세요	띄세요
-네(요)	띄네(요)	-(으)ㄹ걸(요)	띌걸(요)
-자	띄자	-(으)ㄹ게(요)	띌게(요)
-잖아(요)	띄잖아(요)	-(으)ㄹ까(요)	띌까(요)
-지(요)	띄지(요)	-(으)ㄹ래(요)	띌래(요)
-ㅂ/습니다	띕니다	-아/어(요)	띄어(요)
-ㄴ/는다, -다	띈다	-아/어라	띄어라
연결어미			
-거나	띄거나	-지만	띄지만
-거니와	띄거니와	-ㄴ/는다거나, -다거나	띈다거나
-거든	띄거든	-ㄴ/는다고, -다고	띈다고
-게	띄게	-ㄴ/는다면, -다면	띈다면
-고	띄고	-는데, -(으)ㄴ데	띄는데
-고도	띄고도	-(으)나	띄나
-고서	띄고서	-(으)니	띄니
-고자	띄고자	-(으)니까	띄니까
-기에	띄기에	-(으)ㄹ래야	띌래야
-느라	띄느라	-(으)러	띄러
-느라고	띄느라고	-(으)려고	띄려고
-다가	띄다가	-(으)면	띄면
-다시피	띄다시피	-(으)면서	띄면서
-더니	띄더니	-(으)므로	띄므로
-더라도	띄더라도	-아/어	띄어
-던데	띄던데	-아/어도	띄어도
-도록	띄도록	-아/어서	띄어서
-든지	띄든지	-아/어야	띄어야
-듯이	띄듯이	-아/어야지	띄어야지
-자마자	띄자마자	-았/었더니	띄었더니
전성어미			
-는	띄는	-(으)ㄴ	띈
-던	띄던	-(으)ㄹ	띌
선어말어미			

선어말어미 + -고		선어말어미 + -(으)며	
-(으)시-	띄시고	-(으)시-	띄시며
-겠-	띄겠고	-겠-	띄겠으며
-았/었-	띄었고	-았/었-	띄었으며
-(으)시었-	띄셨고	-(으)시었-	띄셨으며
-(으)시겠-	띄시겠고	-(으)시겠-	띄시겠으며
-(으)시었겠-	띄셨겠고	-(으)시었겠-	띄셨겠으며
선어말어미 + -아/어(요)		선어말어미 + -ㅂ/습니다	
-(으)시-	띄세요	-(으)시-	띄십니다
-겠-	띄겠어요	-겠-	띄겠습니다
-았/었-	띄었어요	-았/었-	띄었습니다
-(으)시었-	띄셨어요	-(으)시었-	띄셨습니다
-(으)시겠-	띄시겠어요	-(으)시겠-	띄시겠습니다
-(으)시었겠-	띄셨겠어요	-(으)시었겠-	띄셨겠습니다

동일 유형 용언:

여의다

활용과 발음

- ▪ '띄다'의 어간 '띄'는 '[띠]'로 발음하며 음성모음이므로 '아/어'로 시작
  하는 어미 중 '어'로 시작하는 어미와 결합하여 '띄어(요)', '띄었고'와
  같이 활용한다.
- ▪ '띄다'의 어간 '띄'는 모음으로 끝나므로 매개모음 '으'로 시작하지 않
  는 어미와 결합하여 '띄세요', '띄며'와 같이 활용한다.

희다 [히다] [hida] 형용사: white

<table>
<tr><th colspan="4">종결어미</th></tr>
<tr><td>-거든(요)</td><td>희거든(요)</td><td>-(으)세요</td><td>희세요</td></tr>
<tr><td>-네(요)</td><td>희네(요)</td><td>-(으)ㄹ걸(요)</td><td>흴걸(요)</td></tr>
<tr><td>-자</td><td>희자</td><td>-(으)ㄹ게(요)</td><td>흴게(요)</td></tr>
<tr><td>-잖아(요)</td><td>희잖아(요)</td><td>-(으)ㄹ까(요)</td><td>흴까(요)</td></tr>
<tr><td>-지(요)</td><td>희지(요)</td><td>-(으)ㄹ래(요)</td><td>흴래(요)</td></tr>
<tr><td>-ㅂ/습니다</td><td>흽니다</td><td>-아/어(요)</td><td>희어(요)</td></tr>
<tr><td>-ㄴ/는다, -다</td><td>희다</td><td>-아/어라</td><td>희어라</td></tr>
<tr><th colspan="4">연결어미</th></tr>
<tr><td>-거나</td><td>희거나</td><td>-지만</td><td>희지만</td></tr>
<tr><td>-거니와</td><td>희거니와</td><td>-ㄴ/는다거나, -다거나</td><td>희다거나</td></tr>
<tr><td>-거든</td><td>희거든</td><td>-ㄴ/는다고, -다고</td><td>희다고</td></tr>
<tr><td>-게</td><td>희게</td><td>-ㄴ/는다면, -다면</td><td>희다면</td></tr>
<tr><td>-고</td><td>희고</td><td>-는데, -(으)ㄴ데</td><td>흰데</td></tr>
<tr><td>-고도</td><td>희고도</td><td>-(으)나</td><td>희나</td></tr>
<tr><td>-고서</td><td>희고서</td><td>-(으)니</td><td>희니</td></tr>
<tr><td>-고자</td><td>희고자</td><td>-(으)니까</td><td>희니까</td></tr>
<tr><td>-기에</td><td>희기에</td><td>-(으)ㄹ래야</td><td>흴래야</td></tr>
<tr><td>-느라</td><td>희느라</td><td>-(으)러</td><td>희라</td></tr>
<tr><td>-느라고</td><td>희느라고</td><td>-(으)려고</td><td>희려고</td></tr>
<tr><td>-다가</td><td>희다가</td><td>-(으)면</td><td>희면</td></tr>
<tr><td>-다시피</td><td>희다시피</td><td>-(으)면서</td><td>희면서</td></tr>
<tr><td>-더니</td><td>희더니</td><td>-(으)므로</td><td>희므로</td></tr>
<tr><td>-더라도</td><td>희더라도</td><td>-아/어</td><td>희어</td></tr>
<tr><td>-던데</td><td>희던데</td><td>-아/어도</td><td>희어도</td></tr>
<tr><td>-도록</td><td>희도록</td><td>-아/어서</td><td>희어서</td></tr>
<tr><td>-든지</td><td>희든지</td><td>-아/어야</td><td>희어야</td></tr>
<tr><td>-듯이</td><td>희듯이</td><td>-아/어야지</td><td>희어야지</td></tr>
<tr><td>-자마자</td><td>희자마자</td><td>-았/었더니</td><td>희었더니</td></tr>
<tr><th colspan="4">전성어미</th></tr>
<tr><td>-는</td><td>희는</td><td>-(으)ㄴ</td><td>흰</td></tr>
<tr><td>-던</td><td>희던</td><td>-(으)ㄹ</td><td>흴</td></tr>
<tr><th colspan="4">선어말어미</th></tr>
</table>

선어말어미 + -고		선어말어미 + -(으)며	
-(으)시-	희시고	-(으)시-	희시며
-겠-	희겠고	-겠-	희겠으며
-았/었-	희었고	-았/었-	희었으며
-(으)시었-	희셨고	-(으)시었-	희셨으며
-(으)시겠-	희시겠고	-(으)시겠-	희시겠으며
-(으)시었겠-	희셨겠고	-(으)시었겠-	희셨겠으며
선어말어미 + -아/어(요)		선어말어미 + -ㅂ/습니다	
-(으)시-	희세요	-(으)시-	희십니다
-겠-	희겠어요	-겠-	희겠습니다
-았/었-	희었어요	-았/었-	희었습니다
-(으)시었-	희셨어요	-(으)시었-	희셨습니다
-(으)시겠-	희시겠어요	-(으)시겠-	희시겠습니다
-(으)시었겠-	희셨겠어요	-(으)시었겠-	희셨겠습니다

동일 유형 용언:

희디희다

활용과 발음

- ‘희다’는 형용사이므로, 동사와만 결합하는 종결어미, 연결어미, 관형사형 어미와는 결합하지 못한다.
- ‘희다’의 실제 발음은 [히다]이며 이때 어간 ‘희’는 음성모음 ‘이’를 가지므로 ‘아/어’로 시작하는 어미 중 ‘어’로 시작하는 어미와 결합하여 ‘희어(요)’, ‘희었고’와 같이 활용한다.
- ‘희다’의 어간 ‘희’는 모음으로 끝나므로 매개모음 ‘으’로 시작하지 않는 어미와 결합하여 ‘희세요’, ‘희며’와 같이 활용한다.

기다리다 [기다리다] [kidarida] 동사: wait

종결어미			
-거든(요)	기다리거든(요)	-(으)세요	기다리세요
-네(요)	기다리네(요)	-(으)ㄹ걸(요)	기다릴걸(요)
-자	기다리자	-(으)ㄹ게(요)	기다릴게(요)
-잖아(요)	기다리잖아(요)	-(으)ㄹ까(요)	기다릴까(요)
-지(요)	기다리지(요)	-(으)ㄹ래(요)	기다릴래(요)
-ㅂ/습니다	기다립니다	-아/어(요)	기다려(요)
-ㄴ/는다, -다	기다린다	-아/어라	기다려라
연결어미			
-거나	기다리거나	-지만	기다리지만
-거니와	기다리거니와	-ㄴ/는다거나, -다거나	기다린다거나
-거든	기다리거든	-ㄴ/는다고, -다고	기다린다고
-게	기다리게	-ㄴ/는다면, -다면	기다린다면
-고	기다리고	-는데, -(으)ㄴ데	기다리는데
-고도	기다리고도	-(으)나	기다리나
-고서	기다리고서	-(으)니	기다리니
-고자	기다리고자	-(으)니까	기다리니까
-기에	기다리기에	-(으)ㄹ래야	기다릴래야
-느라	기다리느라	-(으)러	기다리러
-느라고	기다리느라고	-(으)려고	기다리려고
-다가	기다리다가	-(으)면	기다리면
-다시피	기다리다시피	-(으)면서	기다리면서
-더니	기다리더니	-(으)므로	기다리므로
-더라도	기다리더라도	-아/어	기다려
-던데	기다리던데	-아/어도	기다려도
-도록	기다리도록	-아/어서	기다려서
-든지	기다리든지	-아/어야	기다려야
-듯이	기다리듯이	-아/어야지	기다려야지
-자마자	기다리자마자	-았/었더니	기다렸더니
전성어미			
-는	기다리는	-(으)ㄴ	기다린
-던	기다리던	-(으)ㄹ	기다릴
선어말어미			

선어말어미 + -고		선어말어미 + -(으)며	
-(으)시-	기다리시고	-(으)시-	기다리시며
-겠-	기다리겠고	-겠-	기다리겠으며
-았/었-	기다렸고	-았/었-	기다렸으며
-(으)시었-	기다리셨고	-(으)시었-	기다리셨으며
-(으)시겠-	기다리시겠고	-(으)시겠-	기다리시겠으며
-(으)시었겠-	기다리셨겠고	-(으)시었겠-	기다리셨겠으며
선어말어미 + -아/어(요)		선어말어미 + -ㅂ/습니다	
-(으)시-	기다리세요	-(으)시-	기다리십니다
-겠-	기다리겠어요	-겠-	기다리겠습니다
-았/었-	기다렸어요	-았/었-	기다렸습니다
-(으)시었-	기다리셨어요	-(으)시었-	기다리셨습니다
-(으)시겠-	기다리시겠어요	-(으)시겠-	기다리시겠습니다
-(으)시었겠-	기다리셨겠어요	-(으)시었겠-	기다리셨겠습니다

커지다, 동일 유형 용언:

가르치다, 계시다, 고치다, 괴롭히다, 기울이다, 끓이다, 넘어지다, 높아지다, 달리다, 던지다, 돌리다, 두근거리다, 드리다, 때리다, 떨어지다, 마시다, 마치다, 막히다, 만지다, 맞히다, 맡기다, 모시다, 모이다, 밀리다, 반기다, 반짝이다, 밟히다, 버리다, 벗기다, 보이다, 부딪히다, 부서지다, 붐비다, 붙잡히다, 비기다, 비키다, 빌리다, 빠지다, 살피다, 삼키다, 숨기다, 시키다, 씻기다, 아끼다, 안기다, 앉히다, 알리다, 열리다, 올리다, 옮기다, 외치다, 움직이다, 웃기다, 이기다, 이루어지다, 잊어버리다, 잡히다, 주어지다, 죽이다, 즐기다, 지다, 지키다, 찌다, 치다, 튀기다, 틀리다, 팔리다, 퍼뜨리다, 헤아리다, 헤어지다, 훔치다, 흔들리다

활용과 발음

- '기다리다'의 어간 '기다리'의 끝음절은 음성모음 '이'를 가지므로 '아/어'로 시작하는 어미 중 '어'로 시작하는 어미와 결합하여 '기다리어(요)', '기다리었고'와 같이 활용한다. '기다리어(요)', '기다리었고'는 일반적으로 '기다려(요)', '기다렸고'와 같이 줄여 발음한다.

- ‘기다리다’의 어간 ‘기다리’는 모음으로 끝나므로 ‘-(으)세요’, ‘-(으)며’와 같은 매개모음 어미와 결합할 때는 ‘으’가 떨어진 어미와 결합하여 ‘기다리세요’, ‘기다리며’와 같이 활용한다.

느리다 [느리다] [nurida] 형용사: slow

종결어미			
-거든(요)	느리거든(요)	-(으)세요	느리세요
-네(요)	느리네(요)	-(으)ㄹ걸(요)	느릴걸(요)
-자	느리자	-(으)ㄹ게(요)	느릴게(요)
-잖아(요)	느리잖아(요)	-(으)ㄹ까(요)	느릴까(요)
-지(요)	느리지(요)	-(으)ㄹ래(요)	느릴래(요)
-ㅂ/습니다	느립니다	-아/어(요)	느려(요)
-ㄴ/는다, -다	느리다	-아/어라	느려라
연결어미			
-거나	느리거나	-지만	느리지만
-거니와	느리거니와	-ㄴ/는다거나, -다거나	느리다거나
-거든	느리거든	-ㄴ/는다고, -다고	느리다고
-게	느리게	-ㄴ/는다면, -다면	느리다면
-고	느리고	-는데, -(으)ㄴ데	느린데
-고도	느리고도	-(으)나	느리나
-고서	느리고서	-(으)니	느리니
-고자	느리고자	-(으)니까	느리니까
-기에	느리기에	-(으)ㄹ래야	느릴래야
-느라	느리느라	-(으)러	느리라
-느라고	느리느라고	-(으)려고	느리려고
-다가	느리다가	-(으)면	느리면
-다시피	느리다시피	-(으)면서	느리면서
-더니	느리더니	-(으)므로	느리므로
-더라도	느리더라도	-아/어	느려
-던데	느리던데	-아/어도	느려도
-도록	느리도록	-아/어서	느려서
-든지	느리든지	-아/어야	느려야
-듯이	느리듯이	-아/어야지	느려야지
-자마자	느리자마자	-았/었더니	느렸더니
전성어미			
-는	느리는	-(으)ㄴ	느린
-던	느리던	-(으)ㄹ	느릴
선어말어미			

선어말어미 + -고		선어말어미 + -(으)며	
-(으)시-	느리시고	-(으)시-	느리시며
-겠-	느리겠고	-겠-	느리겠으며
-았/었-	느렸고	-았/었-	느렸으며
-(으)시었-	느리셨고	-(으)시었-	느리셨으며
-(으)시겠-	느리시겠고	-(으)시겠-	느리시겠으며
-(으)시었겠-	느리셨겠고	-(으)시었겠-	느리셨겠으며
선어말어미 + -아/어(요)		선어말어미 + -ㅂ/습니다	
-(으)시-	느리세요	-(으)시-	느리십니다
-겠-	느리겠어요	-겠-	느리겠습니다
-았/었-	느렸어요	-았/었-	느렸습니다
-(으)시었-	느리셨어요	-(으)시었-	느리셨습니다
-(으)시겠-	느리시겠어요	-(으)시겠-	느리시겠습니다
-(으)시었겠-	느리셨겠어요	-(으)시었겠-	느리셨겠습니다

동일 유형 용언:

값지다, 건방지다, 기름지다, 기막히다, 끈질기다, 눈부시다, 더디다, 멋지다, 못생기다, 부시다, 시다, 시리다, 쓰리다, 열띠다, 저리다, 지나치다, 질기다, 흐리다

활용과 발음

- '느리다'는 형용사이므로, 동사와만 결합하는 종결어미, 연결어미, 관형사형 어미와는 결합하지 못한다.
- '느리다'의 어간 '느리'의 끝음절은 음성모음 '이'를 가지므로 '아/어'로 시작하는 어미 중 '어'로 시작하는 어미와 결합하여 '느리어(요)', '느리었고'와 같이 활용한다. '느리어(요)', '느리었고'는 일반적으로 '느려(요)', '느렸고'와 같이 줄여 발음한다.
- '느리다'의 어간 '느리'는 모음으로 끝나므로 '-(으)세요, -(으)며'와 같은 매개모음 어미와 결합할 때는 '으'가 떨어진 어미와 결합하여 '느리세요', '느리며'와 같이 활용한다.

이다 [이다] [ida] 조사: to be

종결어미			
-거든(요)	이거든(요)	-(으)세요	이세요
-네(요)	이네(요)	-(으)ㄹ걸(요)	일걸(요)
-자	~~이자~~	-(으)ㄹ게(요)	~~일게(요)~~
-잖아(요)	이잖아(요)	-(으)ㄹ까(요)	~~일까(요)~~
-지(요)	이지(요)	-(으)ㄹ래(요)	~~일래(요)~~
-ㅂ/습니다	입니다	-아/어(요)	이야/이에요
-ㄴ/는다, -다	이다	-아/어라	~~이어라~~

연결어미			
-거나	이거나	-지만	이지만
-거니와	이거니와	-ㄴ/는다거나, -다거나	이라거나
-거든	이거든	-ㄴ/는다고, -다고	이라고
-게	이게	-ㄴ/는다면, -다면	이라면
-고	이고	-는데, -(으)ㄴ데	인데
-고도	이고도	-(으)나	이나
-고서	~~이고서~~	-(으)니	이니
-고자	~~이고자~~	-(으)니까	이니까
-기에	이기에	-(으)ㄹ래야	~~일래야~~
-느라	~~이느라~~	-(으)러	~~이러~~
-느라고	~~이느라고~~	-(으)려고	~~이려고~~
-다가	~~이다가~~	-(으)면	이면
-다시피	~~이다시피~~	-(으)면서	이면서
-더니	이더니	-(으)므로	이므로
-더라도	이더라도	-아/어	이어
-던데	이던데	-아/어도	이어도
-도록	이도록	-아/어서	이어서
-든지	이든지	-아/어야	이어야
-듯이	이듯이	-아/어야지	이어야지
-자마자	~~이자마자~~	-았/었더니	~~이었더니~~

전성어미			
-는	~~이는~~	-(으)ㄴ	인
-던	이던	-(으)ㄹ	일

선어말어미			
선어말어미 + -고		선어말어미 + -(으)며	

-(으)시-	이시고	-(으)시-	이시며
-겠-	이겠고	-겠-	이겠으며
-았/었-	이었고	-았/었-	이었으며
-(으)시었-	이셨고	-(으)시었-	이셨으며
-(으)시겠-	이시겠고	-(으)시겠-	이시겠으며
-(으)시었겠-	이셨겠고	-(으)시었겠-	이셨겠으며
선어말어미 + -아/어(요)		**선어말어미 + -ㅂ/습니다**	
-(으)시-	이세요	-(으)시-	이십니다
-겠-	이겠어요	-겠-	이겠습니다
-았/었-	이었어요	-았/었-	이었습니다
-(으)시었-	이셨어요	-(으)시었-	이셨습니다
-(으)시겠-	이시겠어요	-(으)시겠-	이시겠습니다
-(으)시었겠-	이셨겠어요	-(으)시었겠-	이셨겠습니다

동일 유형 용언:
*아니다

활용과 발음

- '이다'는 서술격조사이지만 형용사처럼 활용을 하므로 동사와만 결합하는 종결어미, 연결어미, 관형사형어미와는 결합하지 못한다.
- '이다'의 어간 '이'는 '아/어'로 시작하는 어미 중 '어'로 시작하는 어미와 결합하여 '이어(요)', '이었고'와 같이 활용하는데 '여(요)', '였고'와 같이 발음할 수 있으며 '이어요'는 '이에요'와 같이 나타나기도 한다. 자음으로 끝나는 말 뒤에서는 '이어요, 이에요'와 같이 나타나고 모음으로 끝나는 말 뒤에서는 '여요, 예요'와 같이 나타난다.
- 앞말이 모음으로 끝날 때는 '이다'의 '이'가 생략되는 것이 일반적이다. 예를 들어 '나이다'는 '나다'와 같이 발음하고 '나+이어요'는 '나예요'와 같이 발음하는 것이 일반적이다.
- 연결어미 '-다고, -다면'은 '이다'와 결합할 때 '-라거나, -라고, -라면'으로 바뀌어 '이라거나', '이라고', '이라면'으로 활용한다.
- 연결어미 '-어서, -어도'와 결합하면 '이라서, 이라도'와 같이 활용하나 최근에는 '이어서, 이어도'와 같이 활용하기도 한다.
- 간접인용문에서 '이다'와 결합하는 종결어미 '-다'는 '-라'로 바뀌어 활용한다. '철수는 영희가 학생이라고 말했다'와 같이 '이라고'로 활용

한다. 그러나 과거형일 경우에는 '철수는 영희가 학생이었다고 말했다'와 같이 종결어미가 '-다'로 나타난다.

- '이다'의 어간 '이'는 모음으로 끝나므로 매개모음 '으'로 시작하지 않는 어미와 결합하여 '이세요', '이며'와 같이 활용한다.
- '이다'는 학교 문법에서 품사를 조사로 분류하고 있지만, 실제 그 활용은 형용사와 동일하다.
- '아니다'는 '아니+이다'에서 온 것으로 활용은 '이다'와 동일하지만 품사는 형용사이다.
- '아니다'의 어간 '아니'는 '아/어'로 시작하는 어미 중 '어'로 시작하는 어미와 결합하여 '아니어(요)', '아니었고'와 같이 활용하는데 '아니어요'는 '아녀요', '아녜요'와 같이 발음할 수 있다.

참고문헌

국립국어원(2000), 용언 활용표(용역 보고서).(https://www.korean.go.kr)

국립국어원(2005), 『외국인을 위한 한국어 문법』, 두산동아.

국립국어원(2020), 『한국어 어문 규범』.(http://kornorms.korean.go.kr).

국립국어원(2020), 『표준국어대사전』.(https://stdict.korean.go.kr)

김정남(2005), 「학습자용 활용형 사전을 위한 제안」, 『한국사전학』2, 한국사전학회, 191-210.

김종덕·이종희(2005), 「용언의 활용형 일람표 연구 : 사전의 부록으로 활용하기 위한 방안을 중심으로」, 『한국사전학』5, 한국사전학회, 185-207.

김종록(2005), 「[외국인을 위한 표준 한국어 동사 활용 사전]을 편찬하기 위한 기초적 연구」, 『한글』270, 한글학회, 149-195.

김종록(2009), 『외국인을 위한 표준 한국어 동사 활용 사전』, 박이정.

김종록(2012), 「[외국인을 위한 표준 한국어 동사 활용 사전] 돌아보기」, 『한글』295, 한글학회, 73-134.

김호정(2012), 『한국어교육 문법 표현 내용 개발 연구(1단계)』, 국립국어원.

남지순(2007), 『한국어 동사·형용사 활용 마법사』, 박이정.

배주채(2010), 「국어사전 용언활용표의 음운론적 연구」, 『한국문화』52, 서울대학교 한국문화연구소, 23-52.

배주채(2013), 『한국어의 발음(개정판)』, 삼경문화사.

양명희(2013), 『한국어교육 문법 표현 내용 개발 연구(2단계)』, 국립국어원.

양명희(2014), 『한국어교육 문법 표현 내용 개발 연구(3단계)』, 국립국어원.

양명희(2015), 『한국어교육 문법 표현 내용 개발 연구(4단계)』, 국립국어원.

연세대학교 언어정보개발연구원(1998), 『연세 한국어사전』, 두산동아.

이삼형(2017), 『국어 기초 어휘 선정 및 어휘 등급화를 위한 기초 연구』, 국립국어원.

이삼형(2018), 『국어 기초 어휘 선정 및 어휘 등급화를 위한 연구』, 국립국어원.

이은경(2017), 「교체의 사전적 처리에 대하여」, 『한국사전학』30, 한국사전학회, 155-189.

이진호(2014), 『국어 음운론 강의』, 삼경문화사.

한송화(2015), 『한국어 교육 어휘 내용 개발(4단계)』, 국립국어원.

Argues, Alexander & Jong Rok Kim. 2005. *Korean Verbal Conjugation.* Dunwoody Press(USA).

Park, Bryan(2009ㄱ), 『한국어 형용사 500 활용사전』, 소통.

Park, Bryan(2009ㄴ), 『한국어 동사 500 활용사전』, 소통.

Song, Seok Choong 1988. *201 Korean Verbs*. Barron's Educational Series. Inc.

이홍식 —————————————————

서울대학교 대학원 국어국문학과 졸업(문학박사)
숙명여자대학교 한국어문학부 교수

강지연 —————————————————

숙명여자대학교 대학원 국어국문학과 석사과정 수료

양지선 —————————————————

숙명여자대학교 대학원 국어국문학과 석사과정 수료

이다빈 —————————————————

숙명여자대학교 대학원 국어국문학과 석사과정 졸업(문학석사)

홍소영 —————————————————

숙명여자대학교 대학원 국어국문학과 석사과정 졸업(문학석사)

한국어 동사 형용사 활용 길잡이

초판인쇄 2020년 12월 30일
초판발행 2020년 12월 30일

지은이 이홍식 · 강지연 · 양지선 · 이다빈 · 홍소영
펴낸이 채종준
펴낸곳 한국학술정보㈜
주소 경기도 파주시 회동길 230(문발동)
전화 031) 908-3181(대표)
팩스 031) 908-3189
홈페이지 http://ebook.kstudy.com
전자우편 출판사업부 publish@kstudy.com
등록 제일산-115호(2000. 6. 19)

ISBN 979-11-6603-271-4 93710